【基金资助】本书获得国家社科基金一般项目"数字经济背景下轴辐协议的反垄断理论及政策研究"（批准号：21BJL039）、"平台企业并购垄断效应与反垄断规制研究"（批准号：21BGL100），以及"平台经济反垄断规制问题研究"（批准号：22BFX105）的联合资助。

广西社会科学院新型智库出版资助项目

企业市场圈定行为研究

余莹靖◎著

RESEARCH ON
THE FORECLOSURE CONDUCT OF
DOMINANT FIRMS

经济管理出版社
ECONOMY & MANAGEMENT PUBLISHING HOUSE

图书在版编目（CIP）数据

企业市场圈定行为研究 / 余莹靖著. -- 北京 ： 经
济管理出版社，2024. -- ISBN 978-7-5243-0038-0

Ⅰ. F272

中国国家版本馆 CIP 数据核字第 2024MC4939 号

组稿编辑：高　娅
责任编辑：高　娅
责任印制：许　艳

出版发行：经济管理出版社
　　　　　（北京市海淀区北蜂窝 8 号中雅大厦 A 座 11 层　100038）
网　　址：www. E-mp. com. cn
电　　话：（010）51915602
印　　刷：北京飞帆印刷有限公司
经　　销：新华书店
开　　本：787mm×1092mm/16
印　　张：12.5
字　　数：199 千字
版　　次：2024 年 11 月第 1 版　　2024 年 11 月第 1 次印刷
书　　号：ISBN 978-7-5243-0038-0
定　　价：98.00 元

前　　言

　　市场圈定问题一直以来都是反垄断问题的焦点和难点，市场圈定涉及一系列价格与非价格策略性行为。有的市场圈定行为虽已有研究，如终端产品搭售，但鲜有在不确定性分析框架下的剖析；有的市场圈定行为的新的表现形式少有文献提及，如中间产品搭售；还有的市场圈定行为在平台经济背景下呈现新特点，如最惠国条款。长期来看，市场圈定行为很可能将更有效率的潜在竞争对手排挤出市场或将其阻挡在市场之外，引发市场结构变化，给市场竞争秩序和社会福利造成较大负面影响。本书选取两种典型的市场圈定行为——搭售和最惠国条款，进一步拓展企业市场圈定行为的反垄断经济学研究，以期为我国反垄断执法工作与市场经济健康发展建言献策。

　　随着互联网平台经济的快速发展，国内外反垄断问题层出不穷，市场圈定作为企业行为的长期限制竞争效应，受到各国政府监管部门和反垄断机构的高度关注。由于平台经济拥有网络外部性、动态随机性以及"赢家通吃"等传统经济所不具备的新特征，对反垄断司法实践和判案提出新的挑战，这要求反垄断经济学必须针对其建立一套分析框架。迄今为止，大多数产业组织理论和反垄断经济学研究文献以确定性环境为假设前提，然而，现实中的市场经济环境往往是不确定的，尤其是平台经济的新特征更加剧了环境的不确定性，因此本书考察市场环境这一因素变得尤为重要。同时，上下游企业间签订的合约本质上是秘密合约，在此前提下企业进行博弈决策的信念显著影响研究结论，目前相关研究文献较为单薄。2022 年 8 月，已实施十多年的《反垄断法》首次修正施行，表现出当下我国政府监管部门和反垄断机构对于反垄断立法执法工作的重视。本书选取企业市场圈定行为中最典型的搭售和最惠国条款，首先在平台经济与传统经济中纵向关系分析框架相统一的基础上，分别基于不确定性环境和秘密合约的视角，在合谋效应的基础上聚焦圈定效应，对企业的福利效应进行反垄断经济学分析；其次基于研究结论对典型案例进行经济和法学层面的剖析；最后提出市场圈定行为反垄断监管的启示。为纵向约束合约相关的反垄断法律条文立法提供可靠的理论依据，并与反垄断司法实践互促互进。研究表明，上游主导企业很可能通过市场圈定行为（及其合谋效应）把更有效率的潜在进入者排除在外，或者为上游潜在竞争者进入市场设置壁垒，形成市场圈定效应；在市场环境不确定的情况下，上下游企业之间的风险分担机制或者主导企业与竞争对手之间的风险偏好有所不同；特别是，圈定行为会扭曲极端风险厌恶企业的期望利润，对其在资本市场上的融资能力造成更加负面的影响。现实中的市场环境与企业的情况非常复杂，必须将经济学与反垄断法结合起来，根据具体的案例分析市场圈定行为后果，为反垄断案件的执法判定提供参考借鉴，确保各类市场主体平等、公平地参与市场竞争，推动我国市场经济高质量发展。

目　　录

第一章　导论

市场圈定行为对社会福利效应造成不同程度的影响，市场圈定效应作为企业实施纵向约束合约的长期限制竞争效应，受到各国政府监管部门和反垄断机构的高度关注，尤其平台经济凸显新特征要求产业组织理论对其建立完善分析框架体系，这对市场圈定行为反垄断经济学的研究提出新的挑战。本书选取企业市场圈定行为中最典型的搭售和最惠国条款，首先在平台经济与传统经济中纵向关系分析框架相统一的基础上，分别基于不确定性环境和秘密合约的视角，在合谋效应的基础上聚焦圈定效应，对企业的福利效应进行反垄断经济学分析；其次基于研究结论对典型案例进行经济和法学层面的剖析；最后提出市场圈定行为反垄断监管的启示。

第一节　研究背景

随着互联网经济和平台经济的快速发展，世界范围内行业垄断问题和企业不正当竞争行为不断涌现，市场圈定作为企业实施纵向约束合约的长期限制竞争效应，受到各国政府监管部门和反垄断机构的高度关注。同时，我国《反垄断法》实施十余年来，反垄断执法活动越发频繁，案件数量呈显著增长趋势，案件内容涉及医药、食品、交通、水电、高科技、信息网络等多个行业领域。在反垄断制度建设方面，2019 年国家市场监管总局先后颁布实施《禁止垄断协议暂行规定》

《禁止滥用市场支配地位行为暂行规定》（均已失效），有助于维护市场公平竞争，进一步推动反垄断法律法规的不断完善和执法水平的不断提高；2022年8月，已实施十多年的《反垄断法》首次修正施行，表现出当下我国政府监管部门和反垄断机构对于反垄断立法执法工作的重视。平台经济发展如火如荼之际，2021年2月，《国务院反垄断委员会关于平台经济领域的反垄断指南》制定发布，反映反垄断监管机构在规范平台有序创新健康发展方面所做的努力。平台经济具有其独特性、网络外部性、动态随机性及"赢家通吃"等传统经济所不具备的新特征，对反垄断司法实践和判案提出新的挑战。我国市场经济运行时间较短，《反垄断法》的实施仅十余年，这导致有关市场圈定反垄断经济学与法学的学术研究和发达国家相比不可同日而语，只是近年来平台反垄断问题才受到人们普遍关注，相关理论研究依然薄弱，需要不断修正和更新发展。反垄断监管和司法实践现状，以及平台经济凸显新特征要求产业组织理论对其建立分析框架体系，这对市场圈定行为反垄断经济学的研究提出更高要求。

传统的芝加哥学派反对纵向约束合约对市场的圈定作用，认为市场具有自我调节机制，不应将企业的策略行为界定为一种阻挠潜在竞争者进入市场的障碍。20世纪80年代以后，随着产业组织理论与实证发展，以及博弈论对企业纵向约束合约行为分析能力增强，芝加哥学派的反垄断思想逐渐遭到许多专家与学者的反对。尤其是后芝加哥学派修正芝加哥学派自由主义反垄断思想，他们认为市场存在重大缺陷，现实市场环境中的企业策略性行为所导致的垄断无法依靠市场力量消除，占优企业有能力且有动机通过整合或合约的手段，达到圈定市场的目的。

芝加哥学派与后芝加哥学派的理论交锋迫使产业经济学家重新思考市场圈定的理论基础。本书沿着后芝加哥学派的思路进一步拓展市场圈定的反垄断经济学研究工作，以期为我国反垄断执法工作与市场经济健康发展建言献策。首先，考虑到现实市场环境的不确定性，尤其是平台经济背景更强化随机竞争态势，我们将产业组织理论和反垄断经济学中的SCP分析范式拓展为包含市场环境E的新范式ESCP。既有研究大多假定市场环境是确定性的，然而，现实的市场环境往往是不确定的，由此引发的企业风险偏好不对称可能导致确定性环境下的市场圈定行为，在不确定性环境下对市场竞争的负面影响更为严重，不利于消费者和社会总福利；又或者优化风险分担机制，反而有益于风险承受能力弱者。本书将市场环境确定情况下企业市场圈定行为的反垄断问题拓展到不确定性情境下研究，进一步完善传统的产业组织理论和反垄断经济学分析框架体系，使最终的均衡解以及福利效应更贴近现实，为反垄断案件判决提供新的视角。其次，虽然平台经济具备传统经济所没有的新特征，但其商业运行模式从本质上看并未脱离传统经济，平台经济所涉及的合约协议在传统经济中同样存在，本书依据博弈论原理将企业博弈的行动顺序和决策权分配作为定义企业上下游关系的标准，就此将平台经济与传统产业组织理论中的纵向约束合约反垄断问题分析框架进行统一。最后，上下游企业间签订的合约本质上是 B to B（Business to Business）秘密合约，在此前提下企业博弈决策的信念显著影响均衡结果。已有关于市场圈定行为的合约较少涉及合约类型和企业信念，本书将结合市场圈定行为考察秘密合约及其相关的对称信念和被动信念，分析均衡结果和市场绩效，深化对相关反垄断案例的认知。市场圈定包含一系列行为，有的市场圈定行为虽已有研究，如终端产品搭售，但鲜有在不确定性分析框架下的剖析；有的市场圈定行为新的表现形式少有文献提及，如中间产品搭售；还有的市场圈定行为在平台经济背景下呈现新特点，如最惠国条款。从长期来看，市场圈定行为很可能将更有效率的潜在竞争对手排挤出市场或将其阻挡在市场之外，引发市场结构变化，给市场竞争秩序和社会福利造成较大负面影响。

第二节 文献综述

一、国外文献回顾

市场圈定是企业实施纵向约束合约后，产生的长期限制竞争效应，长期而言，市场圈定行为本质是纵向约束行为。纵向约束合约反垄断的经济学思想最早可以追溯到 1838 年法国经济学家古诺的经济学模型。古典学派时期（1776～1883 年）的寡占模型属于传统产业组织理论的重要组成部分，至今仍为分析产业组织与反垄断问题最常用的理论模型工具。哈佛学派时期（1890~1950年），代表人物贝恩和梅森构建著名的SCP分析范式，成为产业组织的基本分析框架；随后斯坦克尔伯格将古诺模型发展到上下游企业的纵向关系问题，为之后研究企业纵向合约行为的反垄断问题奠定了理论基础。到芝加哥学派时期（1950~1980年），代表人物普遍支持纵向约束合约，如博克（Bork，1978）认为，若上游为垄断市场，下游为完全竞争市场，上游生产商纵向整合或者实施纵向约束合约，无法增加其垄断利润，即垄断者只能赚得一份垄断租金；后芝加哥学派时期（1980年至今），随着博弈论和信息经济学的发展，反垄断经济学研究进入一个崭新的时代。其代表人物以博弈论和信息经济学作为基础理论分析工具，从秘密合约的角度，重构纵向整合与纵向约束合约的理论模型，分析企业私人动机与社会福利，本书主题正是深受后芝加哥学派的研究启发。

已有研究对市场圈定产生的社会影响褒贬不一。芝加哥学派认为消费者往往不情愿将自己锁定在排他性契约中，作为交换，会要求合适的补偿，而这又会降低提供排他性契约企业的利润率。后芝加哥学派认为垄断企业可以通过纵向整合或者纵向约束合约达到圈定竞争市场的目的。麦修森和温特（Mathewson and Winter，1984）发现制造商可以通过与区域分销商签订排他性契约来圈定区域市场的竞争对手，尽管制造商可以获得收益，但社会总福利可能会降低。阿吉翁和博尔顿（Aghion and Bolton，1987）指出，在位企业通过有条件的排他性契约可能会形成合谋，以达到遏制更有效率的潜在竞争对手进入市场的目的。塞林格（Salinger，1988）基于上下游均是双寡头的连续线性需求模型首次提出市场圈定理论，假设上下游在规模收益不变的情况下进行同质产品的数量竞争，研究认为上游垄断企业对下游企业纵向整合会对竞争对手产生限制效应，这种市场排斥效应称为市场圈定，但并没有对纵向整合的动机和内在作用机理做出理论解释。派瑞和波特（Perry and Porter，1989）讨论纵向一体化的其他动机，如价格歧视、攫取垄断租金或避免双重加价问题。随后，奥多尔等（Ordover et al.，1990）构建四阶段博弈模型（亦称OSS模型），假设企业在连续双寡头的纵向市场结构且产品同质化的条件下进行价格竞争，分析上游垄断企业纵向整合对中间产品和最终产品的影响，研究表明，整合后的企业市场份额和利润增加，而竞争对手受到限制，纵向整合通过提高竞争对手的成本和最终产品价格来弱化市场竞争，导致社会总福利降低。斯班克特（Spector，2007）证明若分销商不知道每个消费者的需求函数，制造商将进行非线性定价，制造商和区域分销商的排他性契约影响企业的利润率。随着产权契约理论和博弈论的不断成熟与完善，有学者从交易成本和机会主义行为角度研究纵向整合的反竞争效应，认为具有市场支配地位的企业圈定市场并不一定属于滥用市场支配地位，有可能是恢复市场垄断势力，这与传统观点有所差异，对反垄断案件的执法判定具有一定参考价值。哈特和泰勒尔（Hart and Tirole，1990）从交易费用和不完全合约两个角度出发，构建具有上游（潜在）竞争对手的纵向整合模型，成为后续研究的重要参照，标志着市场圈定在理论模型研究上的突破性进展。瑞和泰勒尔（Rey and Tirole，2003）从契约理论和承诺问题两个维度，解释了纵向整合的市场圈定效应，认为纵向整合降低了机会主义风险，通过价格歧视或排他性交易行为恢复上游企业的市场势力，增加整合企业的利润，减少竞争对手的利润，对消费者福利产生负面影响。瑞奥丹和塞勒普（Riordan and Salop，1995）发现，当上游企业对下游企业的纵向圈定导致下游企业用替代生产要素进行生产时，下游企业的生产缺乏效率，拥有较小市场份额，但投入品是完全替代品时，这种情况不会发生。

除纵向圈定外，横向圈定也是市场圈定的重要表现形式，其典型的企业行为是搭售。芝加哥学派普遍认为垄断企业只能获得一个市场的垄断利润，如果一个垄断企业进行搭售，其动机不可能是圈定市场。温斯顿（Whinston，1990）认为芝加哥学派之所以认定搭售不具有市场圈定效应，是因为模型假设被捆绑产品的市场结构是完全竞争的，且规模报酬不变，若将假设条件改为寡头垄断的市场结构且存在规模经济，垄断企业的收益将增加。研究考察一个多产品生产企业模型，企业在基本品市场上具有垄断势力，同时和竞争企业在互补品市场上竞争，结果表明搭售导致竞争对手产品被排挤在市场之外，可竞争市场被同时销售基本品与可竞争产品的主导企业圈定。卡尔顿和沃尔曼（Carlton and Waldman，2002）扩展了温斯顿的研究，转而聚焦占优企业通过搭售阻止潜在竞争企业进入基本品市场和新产品市场，从而增加未来的盈利能力，研究发现，网络外部性使搭售不仅稳固占优企业在基本品市场的垄断地位，还能将垄断势力延伸到新产品市场。乔伊和史蒂芬勒蒂斯（Choi and Stefanadis，2001）证明，当一个在位的多产品垄断企业同时面临几个市场的潜在进入者时，该企业会运用搭售圈定市场，阻挠竞争对手进入以及开展创新活动，造成社会福利损失。内尔巴夫（Nalebuff，2003）依据经典反垄断案例提供关于捆绑问题更全面的讨论，认为只有当多产品生产企业具有垄断势力时才会使用搭售达到市场圈定的目的，且在第二阶段是贝特朗价格竞争的条件下，搭售成为阻挠进入市场的可置信工具。

尽管关于市场圈定理论的实证研究相当单薄，但却是一个值得进一步探索的领域。辛德（Snyder，1995）通过事件研究，考察当主导企业公开宣布合并或反垄断当局撤销合并申请时，下游竞争对手股票市场的价格反应，进一步研究英国啤酒制造商和酒吧的纵向一体化，着眼于吉尼斯（当时唯一一家公开上市的非一体化大型啤酒生产商）因圈定行为受反垄断机构调查时，酿酒业的股票价格反应。马丁等（Martin et al.，2001）运用实证方法，分析比较公开合约与秘密合约的非整合与纵向整合情形的均衡结果，找到部分证据证明上游垄断企业有动机对下游竞争企业实施纵向圈定。齐普提（Chipty，2001）研究有线电视行业时发现，一体化有线电视运营商排挤竞争对手频道；但豪泰克苏和斯瓦森（Hortacsu and Syverson，2007）收集美国水泥和混凝土行业 34 年间的产业数据，考察垂直整合行为产生的市场圈定效应，结果表明，该行业的垂直整合行为并没有产生排他性。

关于不确定性环境下企业市场圈定行为的研究，最早可追溯到瑞和泰勒尔（Rey and Tirole，1986），这篇文章引入企业风险偏好异质性分析纵向合约问题，研究表明，当信息问题（或交易成本）阻碍制造商实施合同时，反竞争的限制不一定有利于企业利润，符合私人激励的合约不一定有利于社会福利。布斯科特等（Bousquet et al.，1998）研究发现，上游垄断企业（创新者）向厌恶风险的下游竞争企业推销新技术，除非创新者签订独家合同，否则下游企业担心竞争对手以较低费率获得这项技术。随后，一些研究相继扩展企业风险偏好问题。班纳尔艾斯塔诺和奥泰维安尼（Banal-Estañol and Ottaviani，2006）发现当制造商提供新的原创产品供应合约时，新产品需求不确定性导致流动性限制，零售商可能表现出规避风险的行为。吉尔特和苏博拉曼尼安（Giat and Subramanian，2013）建立动态委托代理模型，分析不完全公开信息和支付相关参数的不对称信念、代理冲突以及代理人通过其不可观测的行为影响委托人后验信念的动机，对最优动态契约的影响。将不完善公共信息和不对称信念结合起来，可能调和风险与激励的模糊关系，以及企业价值与激励的非单调关系。范等（Fan et al.，2017）指出下游企业无从知晓竞争对手的合约，也不能预测最终产品的产量和价格。有的学者认为风险分担机制对上下游企业的竞争效应以及市场的发展影响深远。罗默（Lømo，2020）指出当零售商厌恶风险并面临需求不确定性时，上游垄断企业签订秘密合约的机会主义问题就会消失，风险厌恶和不确定性创造了双边风险分担激励机制，使均衡投入价格高于边际成本。

二、国内文献回顾

过去几十年，发达市场经济国家的专家学者们已经对市场圈定的理论研究进行了充分关注且积累了一定成果，得出许多具有深刻洞察力的研究结论，产生深远的政策影响力。相对于国外研究，我国市场经济运行时间较短，《反垄断法》的实施仅十余年，这导致有关市场圈定反垄断经济学与法学的学术研究和发达国家相比不可同日而语，其学术影响力和政策影响力都不显著。只是近年来市场圈定的反垄断问题才受到人们的关注，也开始出现一些学术成果，主要从理论评述、案例研究和数理建模分析三个方面展开研究。在理论评述方面，已有研究从文献梳理出发，多角度分析市场圈定问题。周江（2003）从产业经济学的角度分析市场圈定现象的本质和工具，以及监管策略，以消除市场圈定效应。徐杨和管锡展（2006）通过阐述独占交易的基本理论，分析独占交易的市场圈定效果和对社会福利的影响。于立宏和郁义鸿（2006）从确保供应和市场圈定两种动机出发对买方垄断后向一体化的理论研究和监管政策进行系统综述。赵玻等（2009）系统评述基于"瓶颈要素"视角的市场圈定研究，分析纵向圈定、横向圈定和独占交易的作用机制和福利效应。李凯和郭晓玲（2017）从理论探索与实证研究相结合的角度梳理和评述产业链垂直整合的主要动因，考察垂直整合策略产生的正反双重效应及对整个产业链上下游社会福利和企业绩效的影响。李凯等（2018）建构思想框架，厘清纵向排他研究的理论脉络。在案例研究方面，既有研究从电信、汽车、医药等具有代表性的产业出发，探讨企业市场圈定行为及其产生的竞争效应。高维和和王震国（2005）认为我国移动通信市场存在贝特朗悖论的最根本原因在于，消费者对已购买通信产品存在的转换成本，导致市场圈定现象，并最终对产业结构产生根本性的影响。于立宏（2008）以我国煤电产业链为例，指出从煤电产业长远发展来看，一体化是一种有利的纵向安排，但其负面效应不容忽视。王勇和张雷（2009）重构分析我国广电业制播分离改革的SCP-R框架，揭示播出机构买方垄断的市场结构和圈定动机，以及由此产生市场圈定行为和市场效应。白让让（2009）构建差异化产品价格竞争下的纵向约束模型，通过产业和企业层面的案例分析发现，在中国轿车产业"后WTO"时期，跨国公司纵向控制力不断强化，在下游市场挤出本土品牌的同时，还具有弱化大型国企自主创新的效应。常峰和张子蔚（2009）运用贝特朗双寡头垄断模型，考察由同种药品构成的市场中，企业实行药品差比价规则前后的定价策略，发现合理的制定剂型差比价有助于推进常见药物（基本药物）的使用，并降低药品的总费用。李美娟（2011）通过构建两阶段博弈模型，分析电信企业基于价格行为的纵向市场圈定与接入监管问题，指出电信企业能否达到圈定市场的目的，与上下游市场的成本差异有关；当主导企业的下游附属企业具有成本优势时，实施价格策略性行为能够圈定市场；当其处于成本劣势时，则无法实现。在数理建模分析方面，霍光顺和李仕明（2004）考察连续双寡头的市场结构中，当下游市场需求相互独立、中间产品不完全替代时，企业通过纵向兼并可能降低中间产品价格，削弱上游竞争对手的市场势力，降低下游竞争对手的总成本。张福利等（2004）运用纵向结构模型和博弈论建模分析认为，纵向兼并企业是否有利可图以及产生的均衡行业结构既取决于最初行业中上下游企业的数目，也取决于下游市场结构和下游企业的战略力量。顾永红（2007）指出竞争性研发联盟的进入壁垒会导致市场圈定的发生。钟洲和王麒植（2018）构建允许产品或消费者存在异质性、"小企业"存在产能约束的理论模型，指出"大企业"可能会通过忠诚折扣排挤竞争对手，也可能借此强行分割市场，形成竞争壁垒。司马林和杜晶晶（2018）从买方抗衡势力视角构建三阶段动态博弈模型，研究发现买方抗衡势力导致忠诚折扣在下游市场上的排他性，消费者并不能真正享受买方抗衡势力带来的好处。郭晓玲等（2019）以纵向质量差异化模型为研究框架，认为在低质量企业垂直整合的情况下，任何一方的质量提升均会降低其竞争对手的创新激励；高、低质量企业的垂直整合策略降低最终产品价格，并将这种成本节约传递给消费者。章伟果和扈文秀（2022）研究表明，纵向并购提升并购参与企业的收益，但是降低非并购参与供应商、非并购参与零售商以及供应链的收益；当行业随机冲击超过该临界值时，采取市场圈定策略总是最优的。

随着平台经济蓬勃发展，学术界对于平台反垄断经济学研究投入充分关注。白让让等（2012）分析互联网骨干网接入环节"接入歧视行为"的反垄断问题，认为不对称寡头垄断结构使部分一体化运营商在接入和互联环节获得垄断势力，通过接入价格或质量歧视，对上下游的竞争者产生圈定效应。曲创和刘洪波（2017）认为随着互联网的普及和平台经济的迅速发展，掌握关键设施的平台企业控制着消费者和企业的匹配效率，指出平台的非中立性策略能够促使多数消费者转移到平台自有企业中，其他竞争性企业将被迫退出该市场，形成市场圈定效应。曲创和刘洪波（2018）发现平台异质性程度增强会加强对角兼并对关键性投入品价格上升的作用，交叉网络外部性则会进一步加剧对角兼并对竞争性平台利润的侵蚀，最终形成市场圈定效应。曲创和刘龙（2021）认为对平台排他性协议竞争效应的判定不能一概而论，需要个案具体分析。曲创等（2022）基于平台经济领域多起反垄断案例的特征事实，构建非对称平台用户竞争分析框架，研究表明平台独家交易的反竞争效应并没有确定结论，是否产生市场圈定效应、是否对商家和消费者福利造成损害，以及损害的程度取决于两个平台间的规模差距和交叉网络外部性强度。

梳理已有国内外研究不难发现，市场圈定的反垄断研究仍然存在很大的拓展空间。第一，已有对市场圈定行为的研究大多基于确定性环境，鲜有基于不确定性的角度分析；第二，现有文献关于平台经济背景下纵向约束合约（如最惠国条款）反垄断问题的理论分析框架尚未与传统经济的纵向关系相统一；第三，已有纵向合约的研究，如搭售和最惠国条款，鲜见对其市场圈定效应进行分析的文献，即使有少量文献涉及企业行为的市场圈定效应分析，也是在"公开合约"的基础上进行的；第四，已有对搭售的研究大多聚焦终端产品搭售，从中间产品搭售的角度研究的文献非常单薄。因此，本书选取企业市场圈定行为中最典型的搭售和最惠国条款，在平台经济与传统经济中纵向关系分析框架相统一的基础上，分别基于不确定性环境和秘密合约的视角，在合谋效应的基础上聚焦圈定效应，对企业的福利效应进行反垄断经济学分析，是对企业市场圈定行为问题反垄断经济学分析的有益补充。

第三节　研究意义

一、理论意义

确定性环境属于不确定性环境的特例，从不确定性环境角度研究市场圈定的反垄断问题是对已有市场圈定理论研究的继承和发展。传统的 SCP 分析范式隐含的基本假设为市场环境是确定性的，也就是说，无论是需求侧参数还是供给侧参数都是确定性的，简化的前提使均衡解和结论对现实问题缺乏可靠的解释力。现实中的市场经济环境往往是不确定的，在不确定性环境的分析框架下，上下游企业签订纵向约束协议的行为动机可能不仅仅是提高自身利润，还有可能是抬高潜在竞争对手的进入成本，构筑进入壁垒，导致一些在确定性环境下的市场圈定行为，在不确定性环境下更加强化其市场圈定效应，如搭售。本书将市场环境的假设前提放松为不确定性的，考察不同融资规模或者财务水平的企业期望利润和价格产量，以及对社会福利的影响，有助于深化反垄断机构对相关案例的认知，为反垄断案件判决提供一个新的视角。另外，在不确定性环境下，风险分担也可能是除上下游企业联合利润最大化之外的另一重要动因，这一点在最惠国条款合约中很明显。因此，本书将从不确定性环境和风险分担的视角考察搭售和最惠国条款的社会福利效应，把产出或产量作为测度指标，这是本书研究的独到学术价值之一。

平台最惠国条款随着平台经济的发展应运而生，虽然平台经济拥有传统经济所不具备的新特征，但最惠国条款在传统经济中同样存在，已有研究关注传统供应链中的最惠国条款较多，对平台经济中的最惠国条款关注较少。平台经济背景下平台对企业和消费者影响范围更广、程度更深，尽管平台与商家分别签订合约，但有可能在造成平台企业合谋的基础上产生不同层面的市场圈定效应，因此，平台最惠国条款的市场圈定效应更为凸显，如 2016 年的"苹果电子书案"。平台最惠国条款具有怎样的市场圈定效应？其作用机制如何？相对于传统经济的最惠国条款有何新变化？这些都是值得我们关注的问题。因此，有必要从反垄断的视角出发，厘清平台最惠国条款市场圈定的内在逻辑，为相关平台反垄断法律条文的细化提供可靠的理论依据。

已有纵向合约行为研究，如搭售和最惠国条款，较少从市场圈定的角度展开分析，对于市场圈定的认识都是建立在瑞和泰勒尔（Rey and Tirole，2003）论文的基础上，其研究结论还有许多值得拓展之处，本书沿着前人研究指引，选取搭售和最惠国条款，从市场圈定和秘密合约的角度对市场圈定的动机和后果展开研究，以丰富人们对该问题的认识，为企业市场圈定行为问题的反垄断经济学分析提供有益补充。

综上，鉴于反垄断经济学理论体系需不断深入的现状，以及当前反垄断工作的实践需要，许多研究需要不断地修正和发展，进一步探讨企业市场圈定行为的反垄断经济学具有重要的理论意义。

二、现实意义

美国、欧盟等发达国家和组织在反垄断实践中积累了许多宝贵经验，我国近年来对反垄断领域的关注度逐年提高，但现实执法水平仍远远落后于发达国家。反垄断经济学研究的宗旨是为反垄断法的立法执法提供法理学理论支撑，推动反垄断司法实践。任何法律制度都是在不断地理论探讨和司法实践中丰富和完善的，过去发达国家的反垄断之路证明了这一道理，我国的反垄断法律制度建设也不例外。然而，现实是，发达国家的反垄断法律建设来源于其反垄断经济学研究成果的启发，我国的反垄断法律建设则借鉴发达国家的法律制度。与国外较为系统的理论法律体系相比，我国关于反垄断经济学理论研究基础薄弱，相关立法有待完善，执法水平有待提高，不符合市场经济快速发展的发展中国家所面临的具体国情。本书的研究为我国反垄断法律制度的改进提供一定的理论依据，进而推动反垄断领域司法实践，并在国际反垄断判案时掌握自主话语权，这是本书最重要的现实意义。

纵观国内外反垄断执法，美国反垄断监管部门对于纵向约束行为较为包容，如搭售、区别定价、转售价格维持、区域独占交易等。美国100多年来的反垄断判决受到反垄断经济学的巨大影响，判案原则逐渐从本身违法原则（Illegal Per Se Rule）过渡到论辩原则（the Rule of Reason）。欧盟遵循条文法，《欧盟运行条约》第101条和第102条中对纵向约束合约做出相关规定，包括禁止企业之间签订协议和采取一致行动来影响成员国之间的贸易，以及限制欧盟内部的市场竞争，禁止具有支配地位的企业通过单方面的行动圈定市场，这些行为包括独占协议、高额接入定价等。在过去十几年间，中国的纵向约束行为反垄断执法相关判例层出不穷。党的二十届三中全会再次强调"强化反垄断和反不正当竞争"，为当下反垄断问题研究定下基调，研究该问题的重要性和现实意义无须赘言。从具体的法律条文来看，2021年2月颁布的《国务院反垄断委员会关于平台经济领域的反垄断指南》第七条第二款明确指出"平台经营者要求平台内经营者在商品价格、数量等方面向其提供等于或者优于其他竞争性平台的交易条件的行为可能构成垄断协议，也可能构成滥用市场支配地位行为"。这是我国关于平台最惠国问题最直接的反垄断法律文件。2022年8月，颁布十余年的《反垄断法》首次修正后公布实施，增设第十九条规定"经营者不得组织其他经营者达成垄断协议或者为其他经营者达成垄断协议提供实质性帮助"，又对这类协议做出禁止性规定。然而现实中平台最惠国条款这类既有横向合谋效应又有纵向圈定效应的协议在反垄断执法机关执法判案时仍会遇到不同程度的困难。比如在判案原则上，本身违法原则与论辩原则适用范围的界定，反垄断豁免条款的举证申请，以及宽大政策的适用性等，需要进一步研究，为反垄断法律法规细化提供理论依据，具有重要的现实意义。

本书探究企业市场圈定行为问题的反垄断经济学分析，能够为我国反垄断判案提供新的思路，有助于为相关反垄断法律条文提供可靠的理论依据。在严格践行反垄断法执法精神的同时，确保各类市场主体平等、公平地参与市场竞争，促进企业实现优胜劣汰，推动我国市场经济高质量发展。

第四节 研究思路及方法

一、研究思路

很多纵向约束合约都能实现圈定的私人动机，比如搭售与最惠国条款等。大多数文献研究表明，市场圈定可能导致终端产品市场的价格上升，销量下降，损害消费者福利。市场圈定行为来自具有市场支配地位的大企业，然而这并不意味着圈定行为一定会损害消费者福利。圈定市场行为导致的社会福利评估复杂性在于：并非所有的市场圈定行为都会产生负面影响。这需要在实际的反垄断审查工作中系统分析、仔细权衡：何种环境下哪些市场圈定行为对社会福利产生怎样的影响？最终商品的产出或价格水平是衡量市场绩效的重要指标。如果一种企业行为或商业合同能够提高最终商品的产出水平或降低其价格水平，则这种企业行为或商业合同是促进竞争的；反之，就是限制竞争的。在不确定性环境的分析框架下，需求系统或者供给系统确定性变为不确定性的，不同企业风险承受能力可能不一样，对产品需求或成本的预期不一致，需要考察占优企业的行为动机不仅是租金和利润，还可能是风险转移分担，是二元动机的权衡。这导致在市场绩效评价方面，一些在确定性环境下的市场圈定行为，在不确定性环境下的结论有所不同。面对反垄断案例判决时应当考虑：如果一种企业行为或商业合同对具有市场势力的企业而言是有利的，但是，对消费者或者整个社会而言是不利的，可能是滥用市场势力的垄断行为，则应该受到反垄断机构的监管；相反，如果一种企业行为或商业合同对企业而言是有利的，同时对消费者或者整个社会而言也是有利的，则不应该受到反垄断机关的监管处罚。

本书的研究思路如图1-1所示，研究思路与反垄断判案推理过程与处理办法有一些相似之处。本书的分析过程主要遵循这一思路流程：第一，收集反垄断典型案例，并梳理相关理论和文献。第二，基于ESCP分析范式，将平台经济和传统经济中纵向关系的研究框架统一，构建数理模型，分别对确定性环境与不确定性环境下的模型求局部均衡解。第三，对比各个模型的均衡解，分析该行为对市场竞争、消费者和社会福利的影响，如果圈定行为导致市场竞争程度降低，社会总福利减少，则说明是反竞争的。然而，某些情况导致其最终效果是不确定的，因此，分析主导企业市场圈定行为的影响，最好在合理推断原则下进行。第四，结合国内外典型案例进行经济学层面的剖析，分析主导企业实施圈定行为的目的：是为排挤竞争对手，提高自身利润？还是实现风险分担？第五，提出相关反垄断监管启示，以期为反垄断法律立法与政策制定提供新的认识与视角。

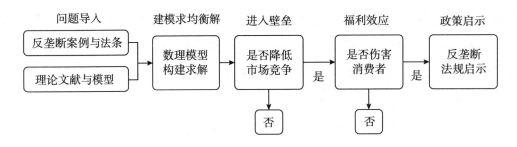

图1-1 本书的研究思路

本书的技术路线如图1-2所示，上下游为垄断与双寡头两种市场结构，上游企业实施市场圈定行为（作为基准模型参照，先分析不实施市场圈定行为的市场绩效）将投入品销售给下游企业，下游企业将最终产品销售给消费者，市场圈定行为包括纵向整合或签订各种纵向约束合约。

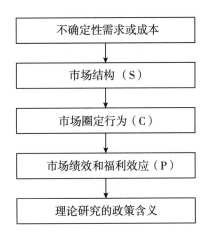

图1-2 本书的技术路线

二、研究方法

本书针对企业市场圈定行为的问题进行反垄断经济学研究，以现代产业组织理论、博弈论原理和后芝加哥学派反垄断规制经济学为理论基础，采用高级微观经济学求最优解，并融入金融学风险偏好的相关理论进行分析。将理论分析与经验性分析、实证分析与规范分析有机结合在一起，运用数理经济学与案例分析相结合的方法，对可能产生市场圈定效应行为的市场绩效、社会福利进行分析与探讨。虽然由于数据缺乏，本书无法运用计量经济学分析方法，但与大样本统计的计量经济学研究方法相比，典型丰富的案例研究对于反垄断执法同样具有研究价值。因此，本书采取理论模型与案例研究相结合的研究方法。具体如下：

（一）数理分析法

首先，在 ESCP 分析框架下，通过构建数理模型对市场圈定行为进行推导和归纳，最终得出结论。构建局部均衡模型时，纳入参与约束与激励相容的条件，运用博弈论逆向归纳法求出企业均衡解，得出企业利润最大化的决策最优值。其次，运用比较静态分析法将企业最终产量、价格变化、市场绩效与社会总福利的变动进行对比分析，进一步考察不确定性环境下企业实施市场圈定行为所产生的影响。

（二）案例分析法

选取美国、欧盟、中国有关市场圈定的典型案例，通过梳理国外发达国家与我国《反垄断法》的立法演变和执法情况，结合前文研究结论和案例有针对性地进行分析，并提出相应的政策启示。

第五节　研究框架与创新点

一、研究框架

本书通过梳理相关文献和案例，选取企业市场圈定行为中最典型的搭售和最惠国条款，在将平台经济与传统经济中纵向关系分析框架进行统一的基础上，首先分别基于不确定性环境和秘密合约的视角，在合谋效应的基础上聚焦圈定效应，对企业的福利效应进行反垄断经济学分析；其次基于研究结论对典型案例进行经济和法学层面的剖析；最后提出市场圈定行为反垄断监管的启示。本书分为五章，各章内容如下：

第一章是导论。主要阐述研究背景、文献回顾以及研究的理论和现实意义，同时概括本书的研究思路、方法和结构安排，以及可能存在的创新点。

第二章是市场圈定的经济学逻辑。首先阐明市场圈定的概念，按照市场圈定的表现形式、控制方式和动机进行分类阐述，探讨常见的市场圈定行为和相关反垄断实践，以及市场圈定行为的监管，结合本书研究对传统经济和平台经济中的市场圈定经典案例进行分析；其次进一步分析产权控制型圈定行为和合约控制型圈定行为的重点与难点，讨论纵向整合（或曰纵向约束合约）如何改变上游或下游市场的结构，并且探究在何种条件下，上游企业有激励实施圈定行为，从而产生市场圈定效应，为下文各类合约控制型圈定行为的研究做铺垫。

第三章是搭售与市场圈定。首先，阐述搭售的概念，梳理相关文献研究，剖析"微软案""利乐案"等典型反垄断实践；其次，根据典型案件分别构建终端产品搭售 B to C（Business to Customer）竞争模型和中间产品搭售 B to B（Business to Business）竞争模型，推导局部均衡解；最后，探讨确定性环境和不确定性环境下搭售的市场绩效和圈定效应。

第四章是最惠国条款与市场圈定。首先，阐述最惠国条款的概念，梳理相关文献研究，剖析"苹果电子书案"等典型反垄断实践；其次，根据典型案件分别构建承诺性最惠国条款和限制性最惠国条款理论模型，推导局部均衡解；最后，探讨确定性环境和不确定性环境下最惠国条款的企业动机、市场绩效和圈定效应。

第五章是主要结论及研究展望。总结本书主要结论，依据研究结论提出相关政策启示，再指出本书的局限性以及未来进一步研究的方向。

二、本书的创新点

本书的重难点主要有四个方面：第一，构建不确定性环境下企业市场圈定行为模型，考察不同企业风险偏好的局部均衡解；第二，将平台经济与传统经济的纵向关系研究框架进行统一；第三，把企业信念转化为可计算的数理表达式，引入公开合约与秘密合约分析市场圈定行为；第四，结合典型案例分析纵向约束合约的市场圈定行为及其社会福利效应。

本书的创新点主要有以下三点：

第一，将确定性框架下企业市场圈定行为的反垄断问题拓展到不确定框架下进行研究，将传统的 SCP 分析范式拓展为新范式 ESCP。在不确定性环境的分析框架下，需求或者供给系统确定性变为不确定性，导致不同企业风险承受能力可能不一样，对产品需求或成本的预期不一致。从企业的角度看，其决策动机不仅仅是利润最大化，还可能是风险转移分担，是利润最大化的一元动机转向利润和风险的二元动机的权衡；这导致在市场绩效评价方面，一些在确定性环境下的市场圈定行为，在不确定性环境下的结论有所不同。因此，通过构建上下游企业风险偏好异质性的纵向结构模型，基于搭售和最惠国条款两种典型市场圈定行为，考察平台企业纵向圈定以及商家之间横向合谋的局部均衡，其结论与确定情形相比一定存在差异。

第二，将平台经济与传统经济中的纵向约束行为反垄断问题分析框架进行统一。虽然平台经济具备传统经济所没有的新特征，但其商业运行模式从本质上看并未脱离传统经济，平台经济所涉及的合约协议在传统经济中同样存在；本书依据博弈论原理将企业博弈的行动顺序和决策权分配作为定义企业上下游关系的标准，就此来看，平台经济背景下的纵向约束协议本质上和传统经济中的纵向关系极其相似。

第三，从秘密合约的视角对纵向约束合约行为的市场圈定效应进行分析。上下游企业间签订的合约本质上是 B to B 秘密合约，在此前提下企业博弈决策的信念显著影响均衡结果。目前对于市场圈定的认识都是建立在瑞和泰勒尔（Rey and Tirole，2003）论文的基础上，其研究结论还有许多值得拓展之处，本书沿着前人研究指引，选取搭售和最惠国条款，从秘密合约的角度，结合对称信念和被动信念，就市场圈定的动机和后果进行拓展研究。

第二章 市场圈定的经济学逻辑

为便于研究工作的开展，本章首先阐明市场圈定的概念，按照市场圈定的表现形式、控制方式和动机进行分类阐述，探讨常见的市场圈定行为和相关反垄断实践，以及市场圈定行为的监管，结合本书研究对传统经济和平台经济中的市场圈定经典案例进行分析；其次进一步分析产权控制型圈定行为和合约控制型圈定行为的重点与难点，为下文各类合约控制型圈定行为的研究做铺垫。作为后续三章建模的理论基础，本章主要讨论纵向整合（或曰纵向约束合约）如何改变上游或下游市场的结构，并且探究在何种条件下，上游企业有激励实施圈定行为，从而产生市场圈定效应。后面章节将扩展该部分理论模型，详细分析典型合约控制型圈定行为及其市场绩效，由此得出一些政策启示。

第一节 市场圈定概述

一、什么是市场圈定？

市场圈定在产业组织理论与反垄断经济学中主要是指，具有市场支配地位的企业，限制竞争对手的进入或退出，迫使更有效率的竞争对手退出市场，甚至抬高潜在进入者的进入成本，推迟或阻碍更有效率的潜在竞争对手进入市场，延缓低效率的企业退出市场，从而引发市场结构变化，对市场竞争秩序和社会总福利造成很大的负面影响。比如，为了将垄断势力从关键品市场延伸到潜在竞争市场，具有市场支配地位的企业利用其关键品市场的优势地位，通过纵向整合或者纵向约束合约的形式，拒绝其他竞争企业对其经营的关键设施（或生产的关键品）的合理接入，从而达到市场圈定的目的。上述提到的关键品（或关键设施）主要指的是具有市场支配地位的企业（即占优企业，下同）在关键品市场提供的投入品，这种投入品在一定时间内不能被禁止接入的客户生产出来或者廉价复制，同时占优企业有动机垄断下游市场。被反垄断机构认定为关键品（亦称关键设施）的有铁路桥梁、车站、港口、电力传输、电信网络，以及操作系统软件等。美国联邦最高法院首次在 1912 年的铁路运输协会诉联邦政府案中阐述这一观点，当时一个铁路运营商联盟组建的一个合资企业，拥有一座横跨密西西比河和圣路易斯终点站入口的关键桥梁，并且将非会员竞争者排除在外，当局最终裁定这种做法违反《谢尔曼法》。再如，为了将垄断势力从基本品市场延伸到互补品市场，具有市场支配地位的企业利用其基本品市场的优势地位，通过捆绑搭售的形式，拒绝其他竞争企业对其经营的基本品的合理接入，从而达到市场圈定的目的。上述提到的基本品主要指的是具有市场支配地位的企业在基本品市场销售的产品，这种产品在一定时间内不能被禁止接入的客户生产出来或者廉价复制，同时占优企业有动机垄断互补品市场。被反垄断机构认定为基本品的有操作系统软件等。

市场圈定一般在以下两种情况下发生：第一，当下游竞争企业需要将关键品市场生产的关键品投入生产经营活动中时，上游在位占优企业通过拒绝或限制下游竞争企业接入，改变市场结构，可能出现纵向圈定；第二，上游关键品不是一种投入品，它与下游竞争企业的产品是互补关系（如系统商品或售后服务），两种产品需要组合起来直接销售给终端客户使用，那么当占优企业将关键品与可竞争产品搭售时，可能出现横向圈定。第一种情形，（潜在）竞争对手在竞争市场被拒绝接入关键品的现象被称为"挤压"。而第二种情形，在位占优企业通过搭售将垄断势力延伸到潜在竞争市场上，通过限制竞争对手的行为，抑制互补市场中高效率竞争对手的竞争。

二、市场圈定的类型

(一) 纵向圈定与横向圈定

按照市场圈定的表现形式，分为纵向圈定与横向圈定。从本质上来看，两种市场圈定形式中两个市场之间的关系都是互补的，只是表现形式不同：前者是上下游之间的纵向关系，后者是将纵向关系横置；或者说，前者是将后者的横向互补关系转置为上下游形式。本书将进一步探讨纵向圈定与横向圈定的经济学原理。

1. 纵向圈定

纵向圈定是指具有市场支配地位的上游企业（该企业经营上游关键品产业）以纵向整合或者纵向约束合约的形式控制部分下游企业（该企业经营下游竞争性产业），从而排挤竞争对手或阻挠潜在竞争者进入市场的机会的一类行为的总称，纵向圈定也被认为是一种纵向约束行为的长期限制竞争效应。芝加哥学派的反垄断经济学（Bork，1978；Posner，1976）认为纵向圈定使上游占优企业的市场势力延展到下游竞争市场，是一种杠杆行为，应被判定为违法。然而，哈特和泰勒尔（Hart and Tirole，1990）首次提出具有市场圈定效应的纵向协议是作为一种承诺机制来恢复上游占优企业的市场势力的，并不是将市场势力延展到下游的杠杆行为，该理论同样适用于横向圈定中的协议。

传统的芝加哥学派反对纵向约束合约对市场的圈定作用，认为市场具有自我调节的机制。提出垄断利润只有一个来源，关键品垄断者不需要将其市场势力延伸到相关竞争市场就可以获得全部垄断利润，在缺乏效率的情况下，即使占优企业纵向整合也不能提高一体化企业的盈利能力。同时，他们对上游关键品企业排除下游竞争对手的说法提出质疑，认为提高产品多样性和降低成本，可以成为额外垄断利润来源。不仅如此，芝加哥学派还认为，特许经营、转售价格保持、独占交易和掠夺性定价等企业策略性行为无法达到阻碍竞争的效果，还有可能使占优企业得不偿失，因此，不应将企业的策略性行为界定为一种阻挠潜在竞争者进入市场的行为。20 世纪 80 年代以后，随着实证产业组织经济学的理论发展，以及博弈论对纵向结构中的企业行为分析能力增强，芝加哥学派的反垄断思想逐渐遭到许多产业经济学者与反垄断专家的反对。后芝加哥学派修正了芝加哥学派自由主义反垄断思想，他们认为市场存在重大的缺陷，即它无法消除现实市场中的企业策略性行为所导致的垄断，在位占优企业有动机通过纵向整合或纵向约束合约达到圈定市场的目的。

芝加哥学派与后芝加哥学派的理论交锋迫使产业经济学家重新思考市场圈定的理论基础。阿吉翁和博尔顿（Aghion and Bolton，1987）首次对芝加哥学派的观点提出反对意见，他们认为上游占优企业可通过与下游企业签订合约，让出一部分利润，达到阻挠潜在竞争者进入市场的目的。如果上游垄断者不实施排他性行为，就不能充分发挥其垄断势力。但是，专利许可和特许经营的特定情况除外，这一观点很少得到认可。例如，一项专利，专利授权方可以看作关键品所有者，如果专利授权方不能承诺不向市场大量发放许可证，那么它就不太可能获利。因为，如果每个人都拥有专利许可证，激烈的下游竞争就会破坏专利所创造的利润。因此，专利授权方希望能够向专利持有者承诺限制许可证的数量。然而，一旦专利授权方授予 N 个许可证，它就有动机出售更多的专利许可证。这种专利授权对于专利授权方来说是事后盈利的，一旦专利持有者预期专利授权方在后期出售更多的专利许可证，降低之前 N 个许可证的价值，那么专利授权方的事前利润就会减少。

关键品所有者面临着类似于耐用品的垄断者承诺问题：一旦上游关键品企业与下游市场的竞争企业签订允许其接入关键品的合同，即使下游市场的其他企业与第一个签约的企业竞争并争夺利润，上游关键品企业也有动机与向其他竞争企业签订同样的合约和提供接入机会。这种事前机会主义行为减少关键品所有者的利润。关键品所有者的分析模型与科斯的耐用品模型类似，众所周知，一个耐用品垄断者通常不能获得所有垄断利润，因为它"创造了自己的竞争"：如果在某一时点销售更多耐用品，那么在此之前销售的商品的价值就会降低；未来销售更多的预期，又会反过来使早期的耐用品购买者减少甚至不愿意购买。垄断者的利润会随着修改价格变得越来越频繁而消失，正如上文所述，耐用品模型也可以用于分析市场圈定问题，即关键品所有者为恢复垄断势力采取一系列排他性措施。

在市场经济活动中，很少出现上游只有一个单独的关键品企业的情形，更为普遍的是，上游占优关键品企业经常与另一个或几个更低效率上游企业竞争。存在潜在竞争者的情况下，上游关键品所有者必须同时面临承诺问题和下游企业向上游第二货源采购的威胁。首先，拥有关键品的一体化企业通常希望将部分产品提供给下游子公司的竞争对手，否则下游竞争企业会转而购买上游低效率企业的产品。其次，具有市场支配地位的企业（或者说关键品企业）处于上游市场还是下游市场非常重要。从社会福利的角度来看，关键品处于上游市场有两个好处：一是关键品处于上游市场会存在承诺问题，进而削弱关键品所有者的垄断势力；若关键品处于下游市场则不仅不会遇到垄断者承诺问题，反而增强其垄断势力。二是在存在潜在竞争者的情况下，如果关键品处于上游市场，则会淘汰上游低效率企业生产的替代品，防止上游市场低效率生产。此外，值得注意的是非歧视法律条款的使用条件，当一个上游关键品企业通过在下游竞争者之间实施区别定价来圈定市场时，人们很容易提出要求让所有竞争对手获得相同的商业条件。不过，在某些情况下，非歧视条款（统一定价条款）有利于上游关键品企业，因为该条款有利于上游关键品企业解决承诺问题，即承诺其关键品不会在市场上泛滥。在这种情况下，非歧视法律条款①不仅没有阻止具有市场支配地位的企业圈定市场，反而还恢复其市场势力。

2. 横向圈定

横向圈定指的是具有市场支配地位的企业将其垄断势力从关键品（基本品）市场延伸到不具备垄断势力的可竞争产品（互补品）市场，把原本不具备垄断势力的可竞争产品（互补品）市场变为垄断市场，从而排挤竞争对手或阻挠潜在竞争者进入市场的机会的一类行为的总称，这一思想也被称作杠杆理论（Leverage Theory）。杠杆理论遭到芝加哥学派经济学家和法学家的强烈质疑，因其只有在可竞争产品（互补品）B 市场为完全竞争市场的假设条件下才成立。后芝加哥学派反垄断经济学专家更改模型假设条件后，证明其市场圈定效应是可能存在的。最典型的杠杆行为就是搭售，即垄断企业 M 可能通过将具有互补关系的基本品 A 与互补品 B 捆绑在一起，以达到在 B 产品市场圈定竞争对手的目的。比如，一个垄断企业 M 销售两种具有互补性的产品 A 和 B 给终端市场，企业 M 在 A 产品市场具有市场支配地位，将 A 产品市场定义为"垄断市场"，企业 M 在

---

① 本书将以最惠国条款来阐述该问题。

B 产品市场面临另一个（潜在）企业竞争，将 B 产品市场定义为"竞争市场"，在这种情况下，杠杆理论认为，具有垄断势力的企业可以通过纵向约束合约将其市场势力从垄断市场延伸到另一个竞争市场。许多备受瞩目的反垄断案件都利用了杠杆理论——尤其是当 B 产品价值较低时，如果它不与 A 产品捆绑可能毫无用处，难以单独出售，比如内存或 CPU 软件和电脑主机、零部件或维护服务等。

具体来说，杠杆理论遭到芝加哥学派经济学家尤其是法学家的强烈质疑（Director and Levi，1956；Posner，1976；Bork，1978），其关键是假设竞争市场的市场结构为完全竞争市场，他们认为生产两种产品的企业只能攫取一份垄断利润，无法利用其在垄断市场上的势力将完全竞争市场变为垄断市场，因而杠杆理论不成立。假设生产 A 产品的市场为垄断市场，V_A 为消费者购买 A 产品所获的效用；假设生产 B 产品的市场为竞争市场，P_B 为 B 产品的价格，$P_B = C_B$，V_B 为消费者购买 B 产品所获得的效用。当 M 企业将 A 产品和 B 产品分开销售时，A 产品定价为 $P_{A+B} - C_B$；M 企业将 A 产品和 B 产品搭售，即产品组合（$A+B$）的最优价格为 P_{A+B}。消费者购买产品组合（$A+B$）获得的效用为 V_{A+B}，当 $V_{A+B} \geqslant P_{A+B}$ 时，消费者才会购买产品组合（$A+B$），若此时消费者购买 A 产品所获得的效用 $V_A < P_{A+B} - C_B$，意味着购买 B 产品所获得的效用 $V_B > C_B$，那么即使企业 M 将 A 产品和 B 产品分开销售，消费者也会购买 B 产品；如果企业 M 将 A 产品和 B 产品分开销售，那么 A 产品的销量不会减少，垄断利润也不会改变，同时 B 产品的销量反而还会上升。然而，当企业 M 将 A 产品和 B 产品搭售，若 $V_A = P_{A+B} - C_B$ 且 $V_B < C_B$，那么 $V_{A+B} < P_{A+B}$，此时消费者不会购买产品组合（$A+B$），但愿意单独购买 A 产品。总而言之，M 企业通过搭售后的产品组合攫取的垄断利润，分开销售都能获得，而且还能得到更多。因此，搭售不能增加垄断利润，杠杆现象不存在。正如芝加哥学派所言，当 B 产品市场为完全竞争市场时，M 企业搭售并不是理性的反竞争策略。他们认为即使 A 产品单独出售，M 企业也能够在两个市场获得两份利润，因为垄断产品本身就可以获得垄断定价的利润，而不需要利用竞争市场来攫取利润。尤其当竞争市场上竞争对手生产的 B 产品是低成本、高质量的互补品时，在 A 产品市场已占据垄断地位的 M 企业更没有利用市场势力排除 B 产品市场上竞争对手产品的积极性。这是因为，竞争对手销售高品质的 B 产品能让 A 产品对消费者来说更具吸引力，有助于增加 A 产品的销量，此时对于 M 企

业来说不捆绑搭售更有利。温斯顿（Whinston，1990）开创性地提出如果互补品市场是寡头市场而非完全竞争市场时，M 企业有动机搭售 B 产品，销售产品组合（A+B），从而降低 B 产品市场上的竞争对手的利润，最终将竞争对手逐出寡头市场，获取在 A 产品市场上的垄断地位。

（二）产权控制与合约控制

按照控制方式，市场圈定分为产权控制与合约控制。从本质上来看，两种市场圈定实施方式的目的和所要达到的效果都是一致的，只是方式不同：前者通过产权控制，后者通过合约控制。本书将重点研究合约控制的经济学原理。

1. 产权控制

产权控制主要是指具有市场支配地位的企业以纵向整合的形式，达到市场圈定目的。主要表现为上游关键品企业与下游竞争市场的企业整合，或生产基本品的企业与互补品市场的企业整合，整合后的一体化企业拒绝与可竞争产品市场的（潜在）竞争对手交易，或占优企业利用市场势力让竞争对手的产品或服务处于竞争劣势。典型案件是美国联邦航空管理局于 1984 年对航班预订系统这项关键设施做出规定，要求上游掌握关键设施的大型航空公司对小型航空公司实行平等接入条件。当时美国的航班预订系统是由大型航空公司开发的，而与一体化航空公司正面竞争的小型航空公司，必须为接入预订系统支付高昂的费用，并且相对于大型航空公司的优势地位而言，它们的航班信息排序在旅行社屏幕显示的次序上处于劣势。另外，占优企业还可以让关键品（基本品）与竞争对手的产品或技术不兼容，或者直接搭售，从而达到拒绝竞争对手接入关键品（基本品）的目的。比如在欧洲，欧盟委员会于 1980 年指控 IBM 在大型主机计算机 CPU 中滥用市场支配地位，将内存或基本软件等搭售。又如在利乐包装案（1994 年）中，纸箱被捆绑在灌装机上搭售。

2. 合约控制

合约控制主要是指具有市场支配地位的企业以纵向约束合约的形式，达到市场圈定目的。主要表现为上游关键品企业与下游竞争市场的企业签订纵向约束合约，或生产基本品的企业与互补品市场的企业签订纵向约束合约，其目的和所要达到的效果与产权控制是一致的。比如处于同一市场的企业需要通过合作或订立合约实现范围经济和规模经济，而具有市场支配地位的企业拒绝合作或接入，从而使竞争对手处于不利地位。著名的案例是 1985 年的 Aspen Skying 公司诉 Aspen Highlands Skying 公司案，占据市场支配地位的企业拥有滑雪场地上的三座山，并且中断了 All-Aspen 滑雪道，而这个滑雪道可以让滑雪者连同独立经营的第四座山一起滑行使用，三座山上滑雪道的中断压缩了其他竞争企业的利润空间。在非整合情况下，上游关键品企业可以授予子公司专有权，或者将其关键品与互补品捆绑销售，从而将其竞争对手排除在外。例如，欧盟委员会调查了欧洲隧道公司与现有运营商专营权合同，发现上游关键品企业将客运和货运列车的全部可用运力专有权授予下游两个企业，阻碍其他竞争对手进入市场。经调查之后，欧盟委员会要求将两个运营商运力的 25% 分配给客运和货运服务的新进入者。

（三）滥用市场支配地位与恢复市场垄断势力

按照动机，市场圈定分为滥用市场支配地位与恢复市场垄断势力。虽然两种市场圈定动机的表现形式和控制方式可能一样，但其目的和效果大不相同：前者将受到反垄断法监管制裁，而后者是合法的。一般我们所说的市场圈定指的是具有市场支配地位的企业滥用市场支配地位的违法行为，但本书聚焦研究现有文献资料相对匮乏的恢复市场垄断势力的经济学原理，再扩展到滥用市场支配地位的反垄断经济学研究。

1. 滥用市场支配地位

滥用市场支配地位主要是指具有市场支配地位的企业利用市场优势地位排挤竞争对手或阻挠潜在竞争者进入市场，妨碍市场公平竞争秩序，损害社会福利的限制竞争行为，即使垄断势力"一生二"。

滥用市场支配地位行为不仅仅是占优企业将其垄断势力从关键品（基本品）A 市场延伸到不具备垄断势力的可竞争产品（互补品）B 市场，而且还在重获其市场垄断势力的基础上，滥用市场势力排除或限制竞争，圈定市场，获取超额垄断利润。如果说恢复市场垄断势力是占优企业的短期动机，那么从长期动态视角来看，滥用市场支配地位很可能成为占优企业的长期动机。

2. 恢复市场垄断势力

恢复市场垄断势力主要是指当关键品（基本品）A 市场和可竞争产品（互补

品）B市场的企业签订秘密合约时，具有市场支配地位的关键品（基本品）A供应商为保证获取垄断利润，避免其供货的两个企业在终端市场上形成竞争关系，而削弱其垄断势力，减少其垄断利润，把原本不具备垄断势力的可竞争产品（互补品）B市场也变为垄断市场的市场结构，重获其市场垄断势力，即保证垄断势力"一生一"。通常来说，两个市场的企业发生供货关系所签订的商业合约往往非常隐秘，由于可竞争产品（互补品）B市场的企业看不见关键品（基本品）A供应商与对手的秘密合约，抑或可竞争产品（互补品）B市场的企业不会相信关键品（基本品）A供应商承诺给对手的合约，关键品（基本品）A供应商是有积极性扩大供给的，最终可竞争产品（互补品）B市场的企业在终端市场上相互竞争，削弱关键品（基本品）A供应商的垄断力量，这时关键品（基本品）A供应商为重新获得市场垄断势力，保证垄断利润而实施圈定行为。关键品（基本品）A供应商如果不圈定市场会形成自己与自己的竞争，导致可竞争产品（互补品）B市场古诺竞争减少关键品（基本品）A供应商的垄断利润。这样关键品（基本品）A市场的垄断力量不仅没有延伸到可竞争产品（互补品）B市场，反而因为该市场两个企业竞争减少原本的垄断利润。

最典型的恢复市场垄断势力行为就是独占交易，是占优企业为解决与下游签订秘密合约导致的承诺问题而为之。只有签订独占交易合约，才能激励下游企业付出高额加盟费，相信销售利润不会因上游占优企业与下游其他企业交易而锐减。但从长期视角来看，独占交易可能演变为滥用市场支配地位的市场圈定行为，造成破坏市场竞争秩序和损害社会福利的后果，触犯反垄断法。可能出现的情况是，关键品（基本品）A供应商的短期动机是恢复因承诺问题削弱的市场势力，恢复原本垄断者的利润；关键品（基本品）A供应商很可能实施的是一种掠夺性行为，为降低竞争对手的盈利能力，通过市场圈定行为减少当期利润，诱导竞争对手退出或成功阻挠潜在竞争者后，最终收回前期损失的利润，实现市场圈定。所以说，企业出于恢复市场垄断势力动机而实施的市场圈定行为在长期内都有可能产生滥用市场支配地位所带来的后果，当下是否违反反垄断法需要结合具体案例中企业的市场地位、所实施行为及其后果具体分析。

三、常见的市场圈定行为

市场圈定行为有很多种，比如独占交易条款、忠诚折扣条款、自我优待、最惠国条款和搭售等，最惠国条款和搭售将在后文详细建模分析。

（一）独占交易条款

1. 独占交易条款与市场圈定

独占交易也被称为排他性交易，指的是交易的一方要求另一方在与自己交易时，必须放弃与自己的竞争对手同时交易的机会。比如，具有市场支配地位的企业通过与产业链上的另一企业签订独占交易合约，禁止竞争市场的企业同时分销其（潜在）竞争对手的产品，迫使（潜在）竞争对手建立自己的分销系统，如果分销行业的范围或规模经济很大，这些排他性协议将额外增加分销渠道成本，提高潜在竞争对手的进入成本，使其以更低效率的方式分销产品，抬高进入壁垒。这类合约通过限制竞争市场的企业与其竞争对手交易的权利来达到阻碍竞争的目的，并以此圈占市场。例如，"利乐案"中，利乐公司（Tetra Pak）在中国要求其上游的纸张原料供应商不得同时向其竞争对手供货的独占交易合约，限制其他企业接入货源，明显利用独占交易合约圈定上游原料市场，阻碍对手参与公平竞争。还有近年互联网平台淘宝和美团等对商家实施"二选一"政策，要求合作商家只能与其合作而不能同时入驻竞争对手平台开展业务，本质上也是独占交易合约。

2. 独占交易条款的反垄断实践

1890 年，美国《谢尔曼法》明确提出反对独占交易行为。1922 年，在标准时尚公司诉马格瑞恩—休斯敦公司（Standard Fashion Company vs. Magrane-Houston Company）一案中，美国联邦法庭认为标准时尚公司通过签订独占交易合约，垄断当地服装零售市场，形成对其竞争对手的市场圈定，判定这一合约违法。换句话说，上游企业通过签订独占交易合同限制竞争对手与下游企业交易，将潜在竞争者排除在市场之外，降低社会福利效率，导致市场圈定。1949 年，美国最高法院在标准石油（Standard Oil Company）案中首次引入对独占交易合约排他性效果的定量分析，认为独占交易合约帮助标准石油公司获取更多市场份额。在1961 年的 Tampa Electric Co. vs. Nashville CoalCo 案中，美国法院指出，由于该独占交易合约覆盖了不到1%的相关市场份额，因此不能被认定为违法，以论辩原则替代当然违法原则判定独占交易合约问题。目前，美国反垄断当局判断独占交易行为违法性的关键依据是考察独占交易合约对市场份额的影响以及潜在进入者进入市场的难易程度，认为如果企业在相关市场份额超过75%，则被认定为具有市场支配地位。而这些判断标准在"英特尔诉讼案"中得到了体现，"英特尔诉讼案"影响广泛，牵涉美国、欧盟等多个欧美国家和组织。欧盟委员会于2009年控诉英特尔滥用市场支配地位排挤AMD公司，并对其处以14.5亿美元巨额罚款。同年，美国联邦贸易委员会（FTC）指控该公司滥用市场支配地位，为获取垄断利润排斥竞争对手，减少了用户选择的机会，同时阻碍了芯片行业的技术创新。

与美国类似的是，欧盟对独占交易合约的反垄断监管也经历了从当然违法原则到适用论辩原则的发展过程。无论在美国还是欧盟，反垄断当局正在逐渐深化对独占交易合约的认识，在判定独占交易合约对社会福利的影响时，考察更多的条件和因素。比如，企业的市场份额占有率、生产成本、市场进入条件、独占交易合约的时效性和排他性、是否存在反竞争效应等。当前，世界各国对于独占交易合约条款基本适用论辩原则，对独占交易行为的反垄断推定主要从主体因素、行为及结果要件两个方面来考察，前者指的是企业必须拥有市场支配地位，后者指的是具有市场支配地位的企业不仅签订独占交易合约，还具有排除或限制竞争效果。独占交易合约的福利效果不是一成不变的，在不同的条件下会导致不一样的后果，这也说明当前反垄断法执法对独占交易合约适用的论辩原则的合理性。

（二）忠诚折扣条款

1. 忠诚折扣条款与市场圈定

忠诚折扣是指在某一特定时期内，当采购量达到特定数量门槛值，并满足相关折扣条件时，对该时期所有采购量均提供返利或折扣的非线性定价策略。与价格折扣相比，忠诚折扣的重点在于购买数量。对于实施忠诚折扣的占优企业而言，一方面其目的是激励并奖励下游企业提高对特定产品的采购量，降低其以前采购的货款总额，同时根据对不同产品的偏好区别对待下游企业，这是非常有效的区别定价策略。一旦采购量稍有增加，达到门槛值，下游企业就能够获得之前一定时期内所购买产品的追溯性折扣，总支付在门槛值处出现陡降。为以更低的总价获得更多的产品，下游企业往往继续采购直到该门槛值数量。可见，忠诚折扣能够持续吸引客户尽可能多地购买产品，以便达到门槛值享受更高折扣，获得总支付优惠，短期利好下游企业，形成诱导效应。另一方面又变相惩罚下游企业转向其他上游（潜在）竞争对手采购，增加其转移购买的机会成本。其目的是排挤上游竞争对手或阻挠潜在竞争者，长期圈定交易量大的下游企业，在上游竞争对手被逐出市场后再提价，效果与独占交易和掠夺性定价类似，因此忠诚折扣条款又具有排他性与反竞争性。上游占优企业可以对下游企业所购买的不同数量的货款提供折扣补偿，门槛值越高，折扣幅度越高，且折扣幅度随着销量门槛值增加表现出逐步累进增大的非线性特征，在门槛值附近采购量的实际价格为零甚至为负数。一般小客户支付较高的货款，而大客户支付较低的货款，从而使大客户受益于忠诚折扣带来的规模经济。这种完备的忠诚折扣计划具有锁定大客户效应，一旦下游企业将部分采购合约转让给上游（潜在）供应商，由于数量没有达到门槛值，反而失去原有供应商给予的忠诚折扣，这时下游企业没有动力转换供应商，上游（潜在）竞争对手可能难以在市场上竞争，长期来看，忠诚折扣可能具有市场圈定效应。

对于上游竞争对手而言，忠诚折扣中接近门槛值的产品增量价格为零或者负值的这一特点可能成为其进入市场参与竞争的壁垒。具有市场支配地位的企业可以设计一份完备的忠诚折扣条款，使下游企业没有动力转移采购量。上游潜在竞争企业如果要获得转移采购量，必须保证下游企业总采购费用不变甚至更低，也就是说，除达到占优企业的报价之外，还需补偿下游企业因转移采购产生的折扣损失。只有上游潜在竞争企业提供的总折扣金额不低于下游企业因转移采购而失去的总折扣金额时，它们之间的交易才会发生。而一般忠诚折扣针对大客户的折扣更多，这反过来让上游潜在竞争企业的销量和利润受到限制，上游潜在竞争者无法接触大客户，长此以往，竞争对手只能争夺较小客户的部分需求量，不具备争夺大客户需求量的能力，导致长期产能利用率不足，难以扩大市场，如果是行业投资成本高、市场份额较小的企业则会被排挤出市场，最终形成占优企业圈定市场的局面。可能出现的一种极端局面：一个高效率的上游潜在竞争企业为向下游竞争企业供货，必须将价格定在低于其生产成本的水平，而上游占优企业可能仍然获利，因为其忠诚折扣是对所有产品在更大的销售量上货款的平均。如果忠诚折扣设置的进入障碍足够大，当上游潜在竞争企业无法在短期内实现必要的利润回报，且无法通过在随后的时期向下游竞争企业供货弥补前期的亏损时，上游潜在竞争企业就无法承诺在足够长的时间内保持较低的价格。假若行业投资成本较高，则更加剧潜在竞争企业进入壁垒。如此看来，忠诚折扣可能通过圈定下游企业来排挤高效率的上游潜在竞争企业。

2. 忠诚折扣条款的反垄断实践

忠诚折扣条款常见的签约形式为追溯累计折扣，是"利乐案"忠诚折扣体系的核心，追溯累计折扣在适用时间范围的追溯性和数量范围的累积性方面与其他数量折扣有明显区别。根据产品种类分为单一产品追溯累计折扣（简称单一产品折扣）和复合产品追溯累计折扣（简称复合产品折扣）。比如2009年利乐砖（TBA）、利乐枕（TFA）的年度包材销量折扣（AVD）和单品设计折扣（IDI）等，属于单一产品折扣，是利乐基本折扣政策之一。又如2013年包材销量折扣的基础产品基数方案中，将多种包材的年度销量总数设定为计算基数，实施不同种类包材的不同折扣率，属于复合产品折扣。利乐在包材业务上实施的折扣种类有数十种，在"利乐案"中，竞争对手的销量折扣幅度可能高于利乐的追溯累计折扣一倍左右，迫使竞争对手以更大的生产成本参与市场竞争。短期内，可能对下游企业有利；但若竞争对手长期受到利乐忠诚折扣限制，将导致长期的销量不足、产能闲置和利润减少，造成上游潜在竞争企业投资意愿和市场预期的下降，妨碍其扩大利用产能，削弱盈利能力，降低抗风险能力，甚至投资因此止步，最终对竞争对手造成圈占效应，损害社会福利。数据显示，在市场需求快速增长的背景下，2009~2013年中国大陆市场众多中小包材企业经营状况一直没有得到明显改善，无论是毛利率还是产能利用率一直在低位徘徊，一定程度上也说明忠诚折扣严重阻碍（潜在）竞争企业生存发展的现实。利乐实施忠诚折扣条款构成旧《反垄断法》第十七条第一款第（七）项规定的"国务院反垄断执法机构认定的其他滥用市场支配地位的行为"，该案无疑在中国大陆的忠诚折扣反垄断案件上开了先河。

（三）自我优待

1. 自我优待与市场圈定

自我优待是指企业偏袒自营（或附属企业）的产品或服务。尤其是具有市场支配地位的平台企业通过给予自营（或附属企业）的产品或服务特殊优待，巩固强化自身市场势力，使独立方竞争对手的产品或服务处于竞争劣势，甚至阻挠高效率竞争对手进入市场，抬高竞争企业的进入壁垒。平台经济背景下，具有市场势力的平台主要借助算法和大数据实施自我优待行为，通过将自己的商品和服务置于检索结果排序前列或展示优势位置，或者在经营过程中形成选品决策交易优势，一方面有可能提升消费者体验感，增加消费者福利，促使平台企业改进产品或服务；另一方面可能限制消费者选择权，使其难以合理成本获得更好的商品和客观的服务信息，同时限制竞争对手展示范围或交易权限，致使其他经营者交易机会下降，削弱竞争对手实力，甚至将高效率竞争对手排除在市场之外，圈定整个市场，最终损害消费者利益。比如亚马逊作为平台企业，既是平台运营服务商和运营商也是参与竞争商家，其买家盒（Buy Box）占据80%的销量，通过算法和大数据决策展示一些特定卖家的商品，便利买家直接添加到其中购买。欧美反垄断机构指控其对产品实施自我优待，干预买家盒里的商品，因为一般商家要向亚马逊支付巨额费用才能进入买家盒，这样来看，亚马逊存在明显地利用其平台算法实施自我优待以达到圈占市场的目的。在我国，尽管电商平台尚无类似买家盒的操作，但随着数字经济和电商平台的飞速发展，也可能存在利用平台大数据和算法圈占市场的风险。

2. 自我优待的反垄断实践

在立法方面，2020年以来欧盟《数字市场法案》和美国《创新与选择在线法案》（草案）均明确禁止平台利用控制搜索结果和非公开数据优势等实施自我优待行为，提出数字"守门人"概念和相关标准，为平台反垄断提供法律依据，以保障平台公平竞争环境。目前，多国也正在酝酿限制自我优待的法案，虽然我国还没有关于自我优待的反垄断立法和执法，但相关研究先行实属必要，须为法律修订打下坚实的理论基础。随着数字经济的飞速发展，"自我优待"案件日益增多。2017年的欧盟诉"谷歌购物比价案"中，谷歌利用其在线搜索引擎市场的支配地位，干涉算法结果，将其比价购物放在优先位置，降级竞争对手搜索展示权限，扭曲了比价购物服务市场的公平竞争，属于滥用市场支配地位优待己方。作为"自我优待"被处罚的第一案，欧盟对谷歌滥用市场支配地位优待旗下比价购物服务做出24.2亿欧元罚款。又如，苹果商店和谷歌商店均强制要求开发者使用其支付系统并支付30%的佣金，否则下架其产品。Epic Games公司分别指控苹果和谷歌应用商店要求应用内购买独立第三方游戏的消费者只能使用App内购买支付系统，存在偏袒自身支付系统嫌疑，且收取高额佣金进行价格压榨，后法院判定苹果和谷歌自我优待等指控罪名成立。

四、市场圈定行为的监管

（一）结构性政策

剥离和业务范围限制等结构性政策往往被视为最终手段，因为这些政策可能涉及分离业务的大量交易成本，并可能消除整合的积极影响。因此，反垄断当局可能会考虑较为温和的纵向分离形式，比如，要求关键设施由市场上的竞争企业共同拥有。

（二）接入价格监管

在受监管行业中，反垄断当局为限制占优企业制定垄断高价，实现资源的有效配置，对产品的价格及其成本进行度量和比较，监管行业价格水平，但边际成本的测量是一个难以实证的问题。一般来说，竞争者比当局有更好的成本信息，反托拉斯当局研究行业成本需要大量专业知识和工作人员，执法成本和工作量是巨大的。

（三）接入数量监管

该监管的主要目的是防止具有市场势力的企业滥用市场支配地位，通过纵向圈定排除下游竞争企业，为潜在进入者设置进入壁垒，减少下游企业进入市场的机会，以避免造成最终价格上升，产品数量减少。

（四）垄断企业接入价格与终端零售价格关联监管

反垄断当局将终端零售产品的价格作为接入价格基准，比较著名的规则包括有效成分定价规则（ECPR）、鲍莫尔—威力（Baumol-Willig）规则、归责原则、平等原则和非歧视规则（Non Discrimination Rule）等。该监管是为避免"利润挤压"，使同样有效率的竞争对手能够进入下游市场。

（五）信息披露规定

监管的另一种手段是要求上市公司公开披露中间产品合同，通过供应合同的"透明度"，促进下游企业竞争。虽然公开披露信息，增加合约透明度并不等同于禁止接入区别定价，但可以在一定程度上改变竞争市场企业的预期和信念假设，从而影响最终产品的价格和产出。

五、经典案例

（一）传统经济中的市场圈定案例（"利乐案"）

为顺利进入中国市场，培育下游采购商，利乐以低价提供生产线设备的方式，将昂贵的灌装机器与包材捆绑销售，既缓解下游企业生产线投产初期的资金压力，又培育中国包材市场和下游软包装市场。由于生产设备成本高昂，利乐生产线一旦投产则难以撤换。即便之后国内包装市场逐渐发展起来，且包材生产企业提供更优惠的价格，鉴于既有订立合约，下游企业也只能用价格更贵的利乐包材，而无法转而使用竞争对手生产的价格更低的包材。尽管利乐与下游企业订立的忠诚折扣条款从表面上看是给予企业未来订购包材折扣优惠，甚至低于平均价，但若将包材原销售价和增量价合计，其平均价格仍高于竞争对手；同时忠诚折扣条款让增量包材订单单价远低于行业平均价，导致其他包材供应企业为争夺增量订单，不得不在利乐定价的基础上大幅度降价，才能补偿客户既有忠诚折扣条款下的返利优惠。利乐的搭售行为与忠诚折扣条款严重妨碍市场公平竞争，即将其他包材商阻挡在市场之外，圈定包材生产市场和下游软包装市场。2016年，国家工商总局判定2009~2013年，利乐实施没有正当理由搭售包材、没有正当理由限定交易和排除、限制竞争的忠诚折扣等滥用市场支配地位行为，对利乐开出6.68亿元的巨额罚单。

从终端产品搭售的角度而言，利乐通过生产设备与包材捆绑搭售，监控其包材的使用数量，制定下游差异化定价策略，实现不同包材的区别定价，最大限度攫取垄断利润。虽然短期对下游企业和消费者福利变化没有显著影响，但长期来看，妨碍可竞争市场的正常竞争秩序，对社会福利造成一定负面影响。利乐要求下游企业只使用其提供的包材，并规定有权检查设备，这样便于利乐监控下游企业是否全部使用其包材，以及估计下游企业原料采购规模和设备产量，确保企业购买相应数量的纸箱，通过区别定价榨取更多垄断利润。从中间产品搭售的角度而言，利乐在进入中国市场初期，降低高昂的关键基础设备定价，培育下游市场，增加下游企业数量；当下游市场逐渐成熟之后，高价的包材却阻碍下游企业投资扩张的步伐。利乐通过限制包材购买渠道将潜在进入者阻挡在市场之外，而潜在进入者为打入市场，必须按照利乐包材标准和设备标准进行生产，无形中增加新进入者的生产成本，抬高进入壁垒，降低竞争对手进入的可能性。而且即便利乐下游企业转售设备，二手设备的买家也被要求遵守既有合同的规定，这样下游企业则难以隐藏其类型。简而言之，利乐通过实施中间产品搭售，同时调整基础设备（关键基础设施）与包材（可竞争产品）定价，压缩包材市场的利润空间，提高竞争对手进入包材市场的难度，达到圈定包材市场的目的。

利乐的中间产品搭售行为迫使其潜在竞争对手以更低价格参与市场竞争。短期来看，可竞争产品价格降低产生的下游竞争效应可能对消费者有利；但长期来看，中间产品搭售使上游潜在进入者定价抬高，尤其是如果初始生产成本高或进入壁垒高，那么潜在进入者难以扩大市场，甚至难以进入市场与利乐展开竞争。进一步地，在不确定性环境下，利乐的中间产品搭售行为会影响上游潜在进入者的投资意愿，导致其市场预期下降，进一步损害社会福利。通过梳理"利乐案"发现，企业之间签订的往往是较为隐蔽的秘密合约，反垄断机构一般难以察觉。利乐与其下游企业签订的合约属于纵向合约，同时又具有忠诚折扣和搭售等行为特点，因而该合约融合了纵向圈定与横向圈定双重效应。"利乐案"无疑在中国的反垄断案件上开了先河，因此，本书以"利乐案"为基础，重点将中间产品搭售这一反垄断行为进行建模分析，以期填补反垄断理论研究在这方面的空白，为反垄断监管机构判案提供一种全新视角。

（二）平台经济中的市场圈定案例（阿里巴巴"二选一"案）

为遏制竞争对手发展，维持、巩固自身市场地位，阿里巴巴集团（以下简称阿里）滥用其在网络零售平台服务市场的支配地位，以协议或口头形式胁迫合作商家在"6·18""双 11"等促销活动期间"二选一"，要求合作商家从京东和唯品会等平台退出，只能在天猫商城一个平台开设店铺进行经营，否则将受到削减活动资源、搜索降权、取消资格或权益等处罚。2021 年 4 月，阿里因"二选一"被国家市场监管总局行政处罚 182.28 亿元。

　　"二选一"行为本质上是平台企业实施的独占交易行为，主要是指具有市场支配地位的平台企业与平台内经营者达成的排他性契约。比如，以协议或口头形式禁止平台内经营者与其他竞争性平台交易，只能与自己进行交易。为争取更多的市场份额，阿里依靠市场势力通过独占交易合约限制平台内经营者在其他竞争性平台开店或者参加其他竞争性平台促销活动，形成锁定效应，严重排除、限制相关市场经营者之间的公平竞争，阻挠（潜在）平台竞争对手参与竞争，以减少自身竞争压力，圈定下游市场，属于滥用市场支配地位的行为，损害平台内经营者和消费者的福利，阻碍平台经济规范有序创新健康发展。这是因为：一方面，平台经济具有跨边网络效应，阿里实施"二选一"行为在直接导致其他竞争性平台上经营者流失的同时，进一步减少其他竞争性平台上的消费者数量，两者数量减少形成循环反馈，削弱其他竞争性平台的竞争能力；另一方面，平台经济具有网络效应和规模经济特点，阿里实施"二选一"行为在将经营者圈定在自身平台的同时，增加潜在进入者与相关经营者达成合作协议的难度，使其难以获取进入市场开展竞争所需的必要资源，提高进入壁垒。通过梳理阿里"二选一"案发现，平台经济与传统经济中的市场圈定的影响机制有所不同，这是由平台经济的特性所决定的，但平台经济中所出现的商业行为并非新生事物，其在传统经济中也存在。若从理论范式来看，以博弈论的决策行动分析平台经济与传统经济，两者本质上存在极大的相似之处。因此，本书将平台经济与传统经济统一到一个分析框架下进行建模分析。

第二节　产权控制型圈定行为的重点与难点

一、产权控制型圈定行为的重点

在上游垄断—下游双寡头市场结构的简单框架中，纵向整合导致非一体化的下游企业被完全排挤出市场，如图 2-1 所示。这是因为下游企业 D_2 缺乏上游可替代的潜在供应商，这显然是一个极端的结果。接下来，采用同样的分析思路，引入另一个上游替代供应商 $\hat{U}$，上游市场由原来的一个企业变为现在的两个，这个上游替代供应商 $\hat{U}$ 对于下游竞争市场的两个企业而言，是第二货源选择，其生产效率比占优企业 U 低，属于低效率企业，单位成本更高，即 $\hat{c}>c$。下游竞争市场仍为双寡头市场结构。

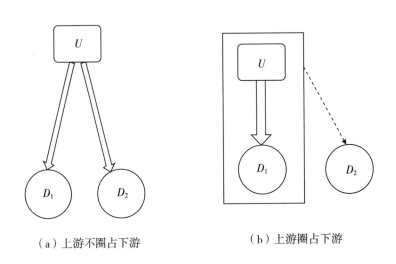

（a）上游不圈占下游　　　　　　（b）上游圈占下游

图 2-1　上游垄断—下游双寡头市场结构框架

由于第二货源企业 $\hat{U}$ 的出现，一体化企业 U-D_1 会改变供应策略，宁愿自己供应下游竞争市场的竞争对手 D_2，也不愿意让第二货源企业 $\hat{U}$ 产生实际产出，与其瓜分市场。而当上游第二货源企业 $\hat{U}$ 不存在时，一体化企业 U-D_1 拒绝供应下游竞争市场的竞争对手 D_2。初步预判，上游第二货源改变了下游市场结构。

（一）基本假设

在讨论假设之前，需要明确事前阶段和事后阶段两个概念。事前阶段是指解决上游企业成本不确定性之前做出决策的阶段，主要决策内容包括是否纵向整合与具体行业的投资成本大小。事后阶段是在解决信息不确定之后做出决策的阶段，即知晓上游企业成本与其他企业的生产决策之后再做出反应的阶段。

企业纵向整合是一种商业行为，现实中的纵向整合远比数理模型复杂。为便于本书聚焦分析市场圈定效应，现做出关于事前阶段纵向整合的 8 个基本假设[①]：

假设 1：任何一个上游企业和一个下游企业纵向整合后发生的效率损失，我们称为纵向整合成本。

尽管纵向整合消除上下游之间定价和交易政策方面的利益冲突，但是也伴随着整合成本。首先，纵向整合之后，一体化企业所有者已经支付所有的资产投资，在降低生产成本或提高产品质量方面，下级管理者可能缺乏动力为企业的生产运营建言献策。其次，由于纵向整合降低或消除了下属企业股票市场的流动性，可能导致下属单位业绩信息的丢失，从而降低改进动力。最后，纵向整合可能涉及法律费用。在这里用一个固定的数值 E 来表示所有的整合成本。

假设 2：纵向整合后，投资不可收回，且不能恢复到之前的纵向分离状态。

投资是企业的私人成本，是企业进入行业的必要投入，只有投资的企业才可以在事后交易。在选择是否整合之后，上游企业和下游企业将进行行业专项投资。其中，I 表示上游企业的投资成本，J 表示下游企业的投资成本。$I=0$ 或者 $J=0$ 意味着该企业没有投资，不能在事后交易阶段进行交易，并且投资后企业不能主动撤资，这个假设设定了企业最后退出市场的原因，即若企业退出市场一定是由于外部原因被排挤出市场的。

在实践中，纵向整合后的资产剥离非常复杂，成本非常高。本书假设纵向整合后不可能再出现资产剥离，纵向整合成本 E 已经成为沉没成本。这个限制性假设对于需求和成本变化快、受经济周期影响巨大的行业来说不太适用，但由于本

---

① 该假设同样适用于后面章节的建模。

书研究范围限制，暂时不讨论企业的剥离决策和周期性整合。

假设3：上下游企业纵向整合后所获得的总利润要分成。

纵向整合后企业生产与销售模块联合经营，虽然内部管理成本可能有所提高，但有利于节约交易成本，控制稀缺资源，保证关键品投入和营销质量，达到增加总利润的目的。纵向整合之后，上下游企业的利润融为一体，虽难以界定各自绩效，但势必需要利润分成。这里假设纵向一体化企业实施利润分成，一体化企业提供的合约中，批发价格等于上游企业的边际成本，上游企业以边际成本向下游企业提供任何数量水平的报价。未整合的下游企业同时选择接受或拒绝合同。

遵循有关所有权和剩余索取权理论，假设上游或下游企业事先并不知道什么样的中间产品适合交易，并且潜在产品种类繁多，签订有效的长期合约成本过高。利润分成影响纵向整合行为之后的唯一途径就是资产控制的剩余索取权。纵向整合后允许上游与下游企业分享总利润，因此，所有关于价格和交易的利益冲突就不存在了，这样，纵向一体化企业与计划利润分成的独立签约者之间没有本质区别。而在没有纵向整合的情况下，利润分成方案可能难以实施，因为独立的企业可以转移资金或者虚报利润。

假设4：企业可以对竞争对手的整合决策迅速反应，并效仿其立即整合。

下文模型中，上游企业向下游企业提供一个两部制定价合约，非整合企业对一体化的整合决策做出最优的反应：要么保持非整合，之后退出行业，要么自己整合。如果 U 与 D_1 纵向整合，上游企业 $\hat{U}$ 和下游企业 D_2 也可以立即效仿并整合。首先，上游企业可以同时决定是否整合；其次，如果上游企业 U 已经整合，而 $\hat{U}$ 没有整合，那么 $\hat{U}$ 可以立即做出整合决策，但是如果企业在第一阶段没有整合，那么这些企业则不能在第二阶段整合。

假设5：为方便建模分析，假设上游不允许横向兼并，上游企业 U 只能与下游企业 D_1 整合，下游企业是相同且对称的。

在这里规定反垄断法禁止任何横向兼并，即上游关键品市场的两个企业不会兼并，因为横向兼并提高了市场集中度，形成上游垄断的局面。同时，假设一个上游企业不能同时与两个下游企业纵向整合，即一个上游企业只允许与一个下游企业纵向整合。事实上，上游企业 U 也能与下游企业 D_2 整合，这里的假设限制只是为便于讨论。

假设下游企业是相同且对称的，是为避免上游企业与一个下游企业进行谈判时，因为下游企业的不同而造成损失。进一步假设上游企业 U 和下游企业 D_1 在纵向整合时，均以自身利润最大化为前提做出最优的整合决策，而纵向整合后的利润分成取决于企业之间的议价能力。本书不对议价能力展开讨论，因为它不影响产业结构和整体市场绩效。

假设 6：市场上不存在威胁、贿赂等不公平竞争行为。

市场上的商业行为纷繁复杂，通常来说，上游企业 U 具有市场支配地位，可能利用市场势力威胁下游企业 D_1 接受自己更低的报价，否则就与下游企业 D_2 整合，并在这之后圈定下游企业 D_1，这样 U 与 D_1 纵向整合之后的利润相对于非整合时可能会下降。也可能存在这种情况，上游企业 $\hat{U}$ 或下游企业 D_2 通过贿赂的手段，阻挠上游企业 U 或下游企业 D_1 纵向整合，因为通过后文证明可知，U 与 D_1 纵向整合通常会使上游企业 $\hat{U}$ 或下游企业 D_2 或者两者的利益受损。还可能存在这种情况，上游企业 U 和下游企业 D_1 为避免签订纵向合约，以间接方式共同成立一个控股企业。本书假设以上情形都不存在。

假设 7：需求函数性状"表现良好"。

也就是说，利润函数在 q 处是严格凹函数，且二次可微。由于下游两个企业的产品既不属于完全替代品也不属于无关产品的范畴，而是部分替代品，因此，$R'(q)$ 是唯一且可微的。反应曲线的斜率介于 -1 和 0 之间，即 $-1 < R'(q) < 0$。

假设 8：一体化企业没有外生成本优势。

纵向整合后的企业不会比非整合的企业具备更强的成本优势。如果 U 与 D_1 纵向整合后，U 给 D_1 的批发价格和给 D_2 的批发价格一致，U 在不会通过将一个较高的批发价格给 D_2 的同时，将一个较低的批发价格给 D_1，使一体化企业获得外生成本优势。

（二）博弈顺序

博弈顺序分为事前（纵向整合之前）阶段博弈顺序与事后（纵向整合之后）阶段博弈顺序。

1. 事前阶段博弈顺序

阶段一：纵向整合与投资。

首先，企业决定是否进行纵向整合。其次，上游企业和下游企业将决策是否投资进入行业，如果不投资则退出市场。假设没有企业退出市场，即四个企业都已投资，形成的产业结构为下述四种（NI、PI_1、PI_2、FI）之一。

（1）非整合（NI），四个企业都分开经营。

（2）部分整合（PI_1），U 与 D_1 已经纵向整合，而 $\hat{U}$ 与 D_2 仍然保持独立经营。为不失一般性可以假设 U 与 D_i 纵向整合，因为下游两个企业是对称的。

（3）部分整合（PI_2），$\hat{U}$ 与 D_2 已经纵向整合，而 U 与 D_1 仍然保持独立经营。

（4）完全整合（FI），U 与 D_1 和 $\hat{U}$ 与 D_2 都已经纵向整合。

此外，还需要研究事前垄断的可能性。也就是说，一个上游企业和一个下游企业的纵向整合是否会引发另一个上游企业或下游企业乃至两者的退出？这些产业结构分别用 M_d^i、M_u^i、M_{ud}^i 来表示。M_d^i 意味着 U 与 D_1 的纵向整合引发 D_2 的退出，从而形成下游市场（但不是上游市场）的事前垄断；M_u^i 意味着 U 与 D_1 的纵向整合引发 $\hat{U}$ 的退出，从而形成上游市场（但不是下游市场）的事前垄断。M_{ud}^i 意味着 U 与 D_1 的纵向整合引发 $\hat{U}$ 和 D_2 的退出，从而获取市场全部垄断利润。

2. 事后阶段博弈顺序

阶段二：解决信息不确定性。

事后阶段一开始，则不存在信息不对称。各方知晓中间产品交易信息，以及企业彼此的边际成本和需求曲线。为不失一般性，假设 $c \leq \hat{c}$。

阶段三：订立合约。

上游或下游企业就中间产品的交易量确定合约，假设上游企业向下游企业提供的是两部制定价合约，然后上游两个企业进行贝特朗竞争。

阶段四：生产和交付。

下游企业决策接受或拒绝合约后，上游企业按照合约规定的中间产品生产和交付，下游企业向上游企业支付款项。交易过程不存在上游企业利用市场势力敲诈勒索下游企业等不公平的交易手段。

阶段五：最终产品市场竞争。

下游企业 D_1 和 D_2 将中间产品转化为最终产品（下游企业的边际成本为 0），产量分别为 q_1 和 q_2，并以价格 $P(q_1+q_2)$ 出售，假设它们在确定价格之前知晓彼此的产量，并且上游成本 c 足够大。

（三）模型构建

由于哈特和泰勒尔（Hart and Tirole，1990）针对产权控制型圈定行为做了详细分析，本节简要概括其相关论述。本部分的基本模型包含两个上游企业 U 和 $\hat{U}$ 以及两个下游企业 D_1 和 D_2。下游企业在最终产品市场上竞争，销售完美替代品。

四个企业从阶段三开始博弈，假设上游企业与下游企业订立两部制定价合约，提供报价和货物数量，并进行贝特朗竞争。上游企业以不变的边际成本供应相同的中间产品，但由于受到生产能力限制，上游两个企业的边际成本不同，分别是 c 和 $\hat{c}$。下游企业进行古诺竞争，然后下游向上游缴纳货款，最后下游两个企业收取市场出清价格 $P=P(Q)$，其中，$Q=(q_1+q_2)$。基于以上分析可知，企业利润函数为 $\pi(q_1, q_2)=[P(q_1+q_2)-c]q$，收入函数为 $r(q_1, q_2)=P(q_1+q_2)q$。

依据前文假设可知，对于任意成本 $(c, \hat{c})$，反应曲线 R 和 $\hat{R}$ 有一个唯一的交点，也就是唯一的均衡，即古诺均衡。反应曲线为 $R^c(q_2^c)=\arg\max\limits_{q_1}\pi(q_1, q_2)$，$R^c(q_1^c)=\arg\max\limits_{q_2}\pi(q_1, q_2)$。

在阶段三，上游两个企业同时向还未整合的下游两个企业提供一份秘密合约，并进行贝特朗竞争，我们从这一步开始讨论事后的两阶段博弈顺序，利用逆向归纳法求出最优均衡解。为了简化，首先考虑企业边际成本确定且投资成本为 0 的情形，随后将分析扩展到不确定边际成本和投资成本为正的情形，即产权控制型圈定行为的难点部分。

阶段三：上游企业 U 和 $\hat{U}$ 与下游企业 D_i 签订秘密合约，这里分为四种组合情况：U 与 D_1 和 D_2 同时签约，$\hat{U}$ 与 D_1 和 D_2 同时签约，U 只与 D_1 签约且 $\hat{U}$ 只与 D_2 签约，U 只与 D_2 签约且 $\hat{U}$ 只与 D_1 签约。由假设 5 可知，下游企业相同且对称，D_1 和 D_2 的边际成本均为 0，因此第三种与第四种情况是一样的，可以合并为同一种情况①讨论。

---

① 在这里称为第三种情况，即 U 只与 D_1 签约且 $\hat{U}$ 只与 D_2 签约。

阶段四：生产和交付。下游企业交付给上游企业的货款总额分别为 T 与 $\hat{T}$，具体来说，每一个 D_i 向供应商订购合约中规定数量的中间产品，即 q_i 或者 $\hat{q_i}$，并分别支付货款 $T_i(q_i)$，$\hat{T_i}(\hat{q_i})\,[\,\hat{T_i}(\hat{q_i})=\hat{F}+\hat{c}q_i\,]$。

阶段五：两个下游企业 D_1 与 D_2 同时将中间产品转化为最终产品，并观察到彼此的产量，为最终产品设定价格。

（四）纵向整合均衡分析

接下来分析在事前阶段没有企业退出的情况下，当上游企业 U 生产效率更高时，即 $c\leqslant\hat{c}$，四种产业结构的均衡解。

情形一：非整合 NI。将非整合上游企业利润定义为 U^{NI}，非整合下游企业利润定义为 D^{NI}。

结论1：在未整合的情况下［见图2-2（a）］，下游两个企业 D_1 与 D_2 从上游企业 U 处购买中间产品 $q^c=q^c(c)$，并分别向 U 支付 T_1 和 T_2。$\hat{U}$ 不供货，没有利润收入 $U^{NI}(\hat{c},\,c)=0$。下游企业所获得利润为 $\max\limits_{\hat{R}(q^c)}\{[P(\hat{R}(q^c)+q^c)-\hat{c}]\hat{R}(q^c)-\hat{F}\}$，上游占优企业 U 的利润等于行业总利润 $2\pi^c$ 减去下游两个企业的利润 $2\max\limits_{\hat{R}(q^c)}\{[P(\hat{R}(q^c)+q^c)-\hat{c}]\hat{R}(q^c)-\hat{F}\}$。

按照逆向归纳法求均衡解的逻辑，先从下游企业的角度分析，当满足不等式 $r(q^c,\,q^c)-T_i\geqslant r[\hat{R}(q^c),\,q^c]-[\hat{c}\hat{R}(q^c)+\hat{F}]$ 的条件时，下游企业 D_i 一定从 U 购买中间品，其中，$r[\hat{R}(q^c),\,q^c]-[\hat{c}\hat{R}(q^c)+\hat{F}]=\max\limits_{\hat{R}(q^c)}\{[P(\hat{R}(q^c)+q^c)-\hat{c}]\hat{R}(q^c)-\hat{F}\}$。也就是说，当任一下游企业接受上游企业 U 的合约以报价 T_i 购买中间产品 q^c 时，只要其所获利润大于以单位 $\hat{c}$ 的成本从 $\hat{U}$ 买入 q^c 的最佳反应数量 $\hat{R}(q^c)$，那么，下游企业 D_i 一定会从 U 购买。当这个约束是紧的时，意味着下游企业 D_i 无论是从 U 还是从 $\hat{U}$ 处购买都是无差异的。下游企业是否接受上游提供的合约报价，主要取决于上游两家企业竞争结果。为让下游企业接受其报价，上游企业进行贝特朗竞争，竞相报出最低价，最终一定是价低者得下游市场。虽然 $\hat{U}$ 愿意以等于或者高于 $\hat{c}$ 的价格供应，只要满足 $\hat{p}\geqslant\hat{c}$ 即可；但由于 $c\leqslant\hat{c}$，$\hat{U}$ 最低定价只能是 $\hat{c}$，否则会被 U 挤出市场，此时 $\hat{F}=0<F$，说明 $\hat{U}$ 无法获取加盟费，最多只能维持成本。即使这样也无法卖出一单位产品，鉴于 U 成本小于等于 $\hat{U}$ 成本，U 具有成

本优势，只要 U 的中间价格降低一点就可以抢走 $\hat{U}$ 的客户，赢得下游市场，所以不等式符号是可以成立的。

从上游企业的角度分析，上游企业 U 从下游企业 D_i 收到的货款总额 T_i 是根据 D_i 向 U 报告的产品数量制定的，即 $T_i(q_i)$。只要不超过 D_i 向 U 和 $\hat{U}$ 购买的产品数量总额，D_i 可以向 U 报告任意数量的产品。由于 $c \leqslant \hat{c}$，D_i 向上游企业 U 报告从 $\hat{U}$ 购买的产品数量一定小于等于实际从 $\hat{U}$ 购买的产品数量，利润最大化后，约束是紧的，取等号；若 D_i 瞒报，会偏离最优均衡结果，导致利润下降。上游企业 U 总能提供一个比替代企业 $\hat{U}$ 更低的批发价格，因而下游企业更倾向于向上游企业 U 买货，最终 $\hat{U}$ 不供货，没有利润收入。

从以上分析可知，$\hat{U}$ 不具备成本优势，无法向下游供货，没有利润收入，但这与上游不存在企业 $\hat{U}$ 的情况存在差别，即上游企业 $\hat{U}$ 改变了 U 与下游两个企业之间的利润分配。在非整合情况下，虽然每个下游企业都可以向上游第二货源 $\hat{U}$ 购买中间产品，但上游企业 U 总能利用其成本优势将中间价格降低一点抢走 $\hat{U}$ 的所有客户。倘若上游企业 U 不分配部分利润给下游企业，那么下游企业会转而与上游企业 $\hat{U}$ 签订合约。上游企业 U 不得不分配部分利润给下游企业，以此锁定客户。在均衡状态下，上游企业 $\hat{U}$ 能够分配给下游企业的利润，是其若与下游企业签订合约时所获的所有利润。由此看来，上游企业 $\hat{U}$ 的存在使 U 必须分配这部分利润给下游企业，自己留存剩余部分作为自身利润。因此，模型中引入上游替代供应商 $\hat{U}$ 并不影响最终价格和数量，但它改变了上游企业 U 和下游两个企业之间的利润分配，可以说上游存在可替代的潜在供应商 $\hat{U}$ 更有利于下游企业的利润分配。

接下来详细考察非整合情况下的均衡解，在均衡状态下，每个下游企业作为理性人都会预期其竞争对手从低成本上游企业购买均衡的古诺产量，下游企业预期自己不会比从低成本企业购买 q^c 更好。上游占优企业 U 以价格 $\hat{c}$ 供应两个下游企业 D_1 和 D_2 后，还可收取部分固定费用①。下游企业的均衡产量②仍为 q^c，总产出为 $2q^c$，任一下游企业支付货款总额等于 $\pi^c - \max_q \{ [P(\hat{R}(q^c) + q^c) - \hat{c}]q - \hat{F} \}$，

---

① 可理解为加盟费。
② 这里的均衡解是基于 B to B 常见的秘密合约与被动信念假设求解得出，下文将详细分析。

上游占优企业 U 的利润等于行业总利润 $2\pi^c$ 减去下游企业的利润 $2\max_{\hat{R}(q^c)}\{[P(\hat{R}(q^c)+q^c)-\hat{c}]\hat{R}(q^c)-\hat{F}\}$。

然而，在公开合约①的情况下，情况可能并非如此。当上游替代供应商 $\hat{U}$ 不存在时，U 可以维持垄断产出，同时供应下游两个企业 D_1 和 D_2，合约货款总额 $T_i=P^mQ^m/2$，均衡产量 $q_i=Q^m/2$，由于没有第二货源选择，下游企业的利润均为 0。当上游替代供应商 $\hat{U}$ 存在时，U 仍然可以维持垄断产出，同时供应下游两个企业 D_1 和 D_2，均衡产量仍为 $q_i=Q^m/2$，但此时货款总额 T_i 变为 $\dfrac{P^mQ^m}{2}-\max_q\{[P(Q^m/2+q)-\hat{c}]q\}$。第二项 $\max_q\{[P(Q^m/2+q)-\hat{c}]q\}$，表示由于上游替代供应商 $\hat{U}$ 的存在，U 不得不分给下游企业的那部分利润，此时下游每一个企业均可以在原先利润为 0 的基础上，多获得利润 $\max_q\{[P(Q^m/2+q)-\hat{c}]q\}$。再次说明上游替代供应商的存在改变了产业间利润分配，有利于下游企业利润增加。如果替代供应商 $\hat{U}$ 是高效率企业，即 $\max_q\{[P(q)-\hat{c}]q\}>Q^m/2$，$\hat{U}$ 会打破下游企业的合约均衡状态，此时，下游企业会接受 $\hat{U}$ 提供的合同，任何一个下游企业均不会接受企业 U 的报价。公开合约竞争的分析比较复杂，为专注于本章重点，在这里不再展开讨论，详见瑞和卫基（Rey and Vergé，2016）的研究。

情形二：部分整合 PI_1。假设 U 与 D_1 整合，且 U_2 与 D_2 非整合。将整合的上下游企业利润定义为 $V^{PI}(c,\hat{c})$，非整合上游企业利润定义为 $U^{PI}(\hat{c},c)$，非整合下游企业利润定义为 $D^{PI}(c,\hat{c})$。令 $q_1^c=q_1^c(c,\hat{c})=R^c(q_2^c)$，$q_2^c=q_2^c(c,\hat{c})=\hat{R}^c(q_1^c)$，且 $q_1^c\geqslant q^c(c)\geqslant q_2^c$。$\pi_1^c$、$\pi_2^c$ 分别表示相应的非对称古诺模型利润。

结论 2：在部分整合 PI_1 的情况下［见图 2-2（b）］，上游企业 U 为下游企业 D_1 供货 q_1^c，以 $\hat{T}=\hat{F}+\hat{c}q_2^c$ 的报价向 D_2 供货 q_2^c。$\hat{U}$ 不供货，没有利润收入，$U^{PI}(\hat{c},c)=0$。下游企业 D_2 所获得均衡利润为 $\pi_2^c=D^{PI}(c,\hat{c})=\max_q\{[P(q_1^c+q_2^c)-\hat{c}]q_2^c\}$。一体化企业 U-D_1 的均衡利润等于整合后的一体化企业利润减去整合耗费的成本 E，即 $V^{PI}(c,\hat{c})-E$。

---

① 与秘密合约相对的是公开合约，这里是基于下游企业对称信念求均衡解，详见下文分析。

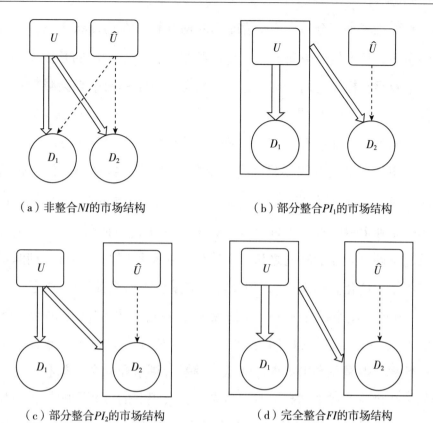

（a）非整合*NI*的市场结构   （b）部分整合*PI₁*的市场结构

（c）部分整合*PI₂*的市场结构   （d）完全整合*FI*的市场结构

图2-2 四种产业结构均衡解

上下游企业 U 与 D_1 整合后，如果第二货源 $\hat{U}$ 不存在，一体化企业 U-D_1 不会向下游企业 D_2 供货，而是直接获取垄断利润。如果第二货源 $\hat{U}$ 存在，为最大化利润，一体化企业 U-D_1 有动机向下游企业 D_2 供货，同时尽可能限制 $\hat{U}$ 向 D_2 供货，抢夺替代供应商 $\hat{U}$ 的市场。因为如果一体化企业 U-D_1 不向 D_2 供货，外部买家 D_2 就会转而向 $\hat{U}$ 购买，但一体化企业 U-D_1 会在优先满足 D_1 的供货后，再向 D_2 供应。

我们知道，在非整合情况下，下游企业 D_1 和 D_2 接入高效率上游企业 U 的机会是均等的；但 U 与 D_1 纵向整合后导致 U 给 D_2 的供应减少，D_2 现在面临着更高的机会成本 $\hat{c}$。由于 $c \leqslant \hat{c}$，虽然不能阻止替代供应商 $\hat{U}$ 向 D_2 供货，但由于存在行业利润，只要低成本的一体化企业 U-D_1 出价比 $\hat{U}$ 稍微低一点，即可实现自己向外部买家 D_2 供货 q_2^c，从下游企业 D_2 处获得 $(\hat{c}-c)q_2^c$ 的利润。

接下来详细考察部分整合 PI_2 情况下的均衡解，在均衡状态下，U 仍然供应所有下游企业，$\hat{U}$ 不供应中间产品，均衡数量 $\{q_1^c, q_2^c\}$ 对应的是成本为 c 与 $\hat{c}$ 的非对称古诺双寡头模型均衡产出。这个非对称的古诺均衡结果会减少总产量。鉴于前文假设 $-1 < R'(q) < 0$，虽然 q_1 增加，但是增加的量小于 q_2 减少的量，最终总产出介于垄断产出与非整合总产出之间，均衡时 $q_1^c + q_2^c \leqslant 2q^c(c)$。此时行业生产依然是高效率的，虽然 U 想要尽可能减少向 D_2 供应的数量 q_2，但它仍然更愿意自己供应 q_2^c 而不是让替代供应商 $\hat{U}$ 供应。均衡时，上游低效率供应商 $\hat{U}$ 没有供货。一体化企业 $U\text{-}D_1$ 的总利润 $\pi_{U+D_1} = \pi_1^c + (\hat{c}-c)q_2^c$，经证明 π_{U+D_1} 一定大于等于非整合情况下两个企业的利润之和。一体化企业总利润上升，行业利润增加，纵向整合有利于一体化企业 $U\text{-}D_1$，却损害了非整合下游企业 D_2。由于一体化企业 $U\text{-}D_1$ 圈定市场，使下游企业 D_2 失去接入上游企业 U 的均等机会，下游企业 D_2 产量急剧减少，所获得利润小于等于非整合情况下的利润。虽然还是保持较高的生产效率，但是总产出减少，降低了消费者剩余和社会总福利。此外，关键品企业的替代供应商成本越高，对消费者和社会福利的负面影响越大。如果纵向整合利润越高，潜在竞争者的竞争力会越弱，因为 $\hat{c}$ 更大。试想若 $\hat{c}$ 趋于无穷大，则相当于替代供应商 $\hat{U}$ 不存在，那么上游企业只剩下 U，而圈定的动机也是为恢复某一细分市场的现有市场势力。

情形三：完全整合 FI。假设 U 与 D_1 整合，且 $\hat{U}$ 与 D_2 整合，一体化企业 $U\text{-}D_1$ 利润定义为 $V^{FI}(c, \hat{c})$，一体化企业 $\hat{U}\text{-}D_2$ 利润定义为 $V^{FI}(\hat{c}, c)$。

结论3：在完全整合 FI 的情况下 [见图 2-2（d）]，利润分配情况与情形二的部分整合 PI_1 时相同，上游高效率企业 U 仍然向 D_1 和 D_2 分别供货 q_1^c，q_2^c。而 $\hat{U}$ 不供货，没有利润收入，一体化企业 $\hat{U}\text{-}D_2$ 多了整合后的成本损失 E，均衡利润为 $V^{FI}(\hat{c}, c)-E$。一体化企业 $U\text{-}D_1$ 的均衡利润为 $V^{FI}(c, \hat{c})-E$。

虽然上游低效率企业 $\hat{U}$ 与下游企业 D_2 纵向整合，但由于 $c \leqslant \hat{c}$，低成本的一体化企业 $U\text{-}D_1$ 出价只要比 $\hat{U}$ 稍微低一点，即可以向一体化企业 $\hat{U}\text{-}D_2$ 供货 q_2^c，并获得 $(\hat{c}-c)q_2^c$ 的利润。假设 U 相对于 $\hat{U}$ 拥有更大的成本优势，如果 U 与一个下游企业 D_1 交易，则它可以获得垄断利润；如果 D_2 留在市场上，U 面临承诺问题，则它无法承诺不向两个下游企业供应产品，我们称为承诺效应。因此，一体

化企业 $U\text{-}D_1$ 的总利润是 $\pi_{U+D_1}=\pi_1^c+(\hat{c}-c)q_2^c$，即 $V^{FI}(c,\hat{c})=V^{PI}(c,\hat{c})$。$\hat{U}$ 虽然不向 D_2 供货，但由于两者整合，一体化企业 $U\text{-}D_1$ 不得不分给一体化企业 $\hat{U}\text{-}D_2$ 部分利润，否则 $\hat{U}$ 自己向 D_2 内部供货，一体化企业 $\hat{U}\text{-}D_2$ 分得的总利润与两者非整合时下游企业 D_2 所获得均衡利润一样，即 $V^{FI}(\hat{c},c)=D^{NI}(c,\hat{c})$。均衡利润则多了整合后的成本损失 E，表示为 $V^{FI}(\hat{c},c)-E$。

因此，高成本上游企业 $\hat{U}$ 的纵向整合，反而会对一体化企业造成效率损失。因为低效率上游供应商 $\hat{U}$ 没有机会向 D_1 和 D_2 供货。如果 $c<\hat{c}$，在一阶随机占优的前提下，U 比 $\hat{U}$ 有更大的动机进行纵向整合。尤其在成本确定的情况下，如果 U 与 D_1 已经纵向整合，$\hat{U}$ 与 D_2 就更不会有整合的动机，因为要多付出整合成本 E。相对而言，在成本不确定的情况下，可能发生追随整合。

情形四：部分整合 PI_2。假设 $\hat{U}$ 与 D_2 整合，且 U 与 D_1 不整合。将整合的上下游企业利润定义为 $V^{PI}(c,\hat{c})$，非整合上游企业利润定义为 $U^{PI}(\hat{c},c)$，非整合下游企业利润定义为 $D^{PI}(c,\hat{c})$。

结论4：在部分整合 PI_2 的情况下［见图2-2（c）］，利润分配情况与情形一的非整合 IN 时相同，上游高效率企业 U 仍然向 D_1 和 D_2 分别供货 $q^c=q^c(c)$。而 $\hat{U}$ 不供货，没有利润收入，一体化企业 $\hat{U}\text{-}D_2$ 多了整合后的成本损失 E，均衡利润为 $V^{FI}(\hat{c},c)-E$。上游高效率企业 U 的均衡利润为 $U^{PI}(c,\hat{c})=U^{NI}(c,\hat{c})$，下游企业 D_1 的均衡利润为 $D^{PI}(\hat{c},c)=D^{NI}(c,\hat{c})$。

同上文分析相似，虽然上游低效率企业 $\hat{U}$ 与下游企业 D_2 纵向整合，如果与 $\hat{U}$ 相比，U 具有成本优势，上游企业之间的贝特朗竞争意味着当两个下游企业都在市场上时，上游低成本企业 U 出价只要比 $\hat{U}$ 稍微低一点，即可以向一体化企业 $\hat{U}\text{-}D_2$ 供货 q^c，并获得 $(\hat{c}-c)q^c$ 的利润。因此，上游高效率企业 U 的均衡利润与非整合时的上游企业 U 所获得均衡利润一样，表示为 $2q^c(c)(\hat{c}-c)$，其中 $q^c(c)$ 为对称的古诺产出，满足 $U^{PI}(c,\hat{c})=U^{NI}(c,\hat{c})$。因为古诺行业产出水平大于垄断产出水平，$\hat{U}$ 供应两个下游企业时，利润更高，我们称为需求效应。一体化企业 $\hat{U}\text{-}D_2$ 分得的总利润与两者非整合时下游企业 D_2 所获得均衡利润一样，即 $V^{PI}(c,\hat{c})=D^{NI}(c,\hat{c})$。均衡利润则多了整合后的成本损失 E，表示为 $V^{PI}(c,\hat{c})-E$。由于 $c\leqslant\hat{c}$，下游企业 D_1 优先选择上游企业 U 提供的合约，且由于上游替代供应商的存在，留存部分利润，其所获得均衡利润与非整合时其所得均衡利润一样，即 $D^{PI}(\hat{c},\ c)=D^{NI}(c,\ \hat{c})$。

如前文所述，高成本上游企业 $\hat{U}$ 的纵向整合，反而对一体化企业造成效率损失 E。在事前阶段，当 U 和 $\hat{U}$ 的成本确定知晓，且投资成本为 0 时，无论企业 U 与 D_1 是否有激励进行整合，企业 $\hat{U}$ 和 D_2 是没有激励进行整合的。因此，可能出现的均衡市场结构是非整合和 U–D_1 部分整合。当且仅当一体化企业 U–D_1 部分整合时的利润高于非整合时的利润，U–D_1 部分整合的情况才会出现，即 $V^{PI}(c,\ \hat{c})-[U^{NI}(c,\ \hat{c})+D^{NI}(c,\ \hat{c})]-E>0$。

以上是属于纵向整合短期效应的分析，即确定性边际成本和投资成本为 0 的情况。下面考虑纵向整合长期效应的分析，不确定的边际成本和正的投资成本的情况，即市场圈定效应，属于产权控制型圈定行为的难点。

二、产权控制型圈定行为的难点

从管理实务的角度来看，产权控制型圈定行为的难点是容易产生"大企业病"，纵向整合后企业规模变大，可能出现机构庞大臃肿、企业层级增多、组织运作繁杂等问题，导致企业管理决策效率低下，成本剧增，难以适应市场变化。而合约控制相对灵活，一般不会受到"大企业病"的负面影响。

从学术研究的角度来看，产权控制型圈定行为的难点是纵向整合长期效应的分析，即当上游企业边际成本不确定并参与事后交易时，企业之间为占据事后交易的市场优势地位并圈定市场，会出现抢先战博弈、被迫追随博弈或消耗战博弈。在讨论之前，需要明确不确定性的概念。本章的不确定性包括两个方面：一是下游企业事前阶段不知道哪个上游企业提供的中间产品是适合事后阶段交易的，这里假定中间产品或潜在技术使事前签订完备合约的成本过高，而影响事后行为的唯一途径是分配剩余资产利润；二是下游企业不知道中间产品的边际成本结构 $(c,\ \hat{c})$，但在 $(c,\ \hat{c})$ 上具有先验的累积分布函数 F。

接下来简述企业之间的抢先战博弈的过程，为简单起见，假设 $c=\hat{c}$：上游两个企业具有同样的生产效率和相同的市场势力，即下游两个企业面临的是一个同样有效的替代供应商。在事前阶段，上下游企业之间事先并不知晓上游企业 U 和 $\hat{U}$ 哪一个效率更高或边际成本是多少，而且在事后交易之前（纵向整合的事前阶段），上游或下游企业必须进行特定的行业事前投资。当上游企业的成本 c 和 $\hat{c}$ 事前不确定，而是事后才知道时，上游企业可能会与下游企业抢先整合，以确保下游企业从自己这里购买，而不是从其他企业购买中间产品。尤其是，如果 U 与 D_1 整合，D_1 将从上游企业 U 处一直购买所有中间产品；如果两者非整合，D_1 有可能从 U 处购买中间产品，也可能从 $\hat{U}$ 处购买中间产品。因此，如果上游企业 U 先整合下游市场，占据优势地位圈定市场，那么 $\hat{U}$ 就会失去交易先机甚至被挤出市场，这时抢先战就可能发生。如果 $\hat{U}$ 继续留在上游市场（继续交易），纵向整合就会导致一体化企业 $U\text{-}D_1$ 利润增加，$\hat{U}\text{-}D_2$ 的利润减少。需要说明的是，企业纵向一体化的动机必须满足以下两个条件：一是它能够承诺限制向下游竞争对手供货；二是上游潜在竞争企业只能收取线性价格，使它对非一体化的下游企业发挥市场势力时，只能采用高批发价而不是高固定费用。

然而，如果 $\hat{U}$ 的利润减少导致它退出行业，U 就成为唯一的供应商，这被称为事前垄断，而且，鉴于 U 与 D_1 整合了，它将在事后垄断市场完全发挥其市场势力，作为一体化企业 $U\text{-}D_1$，$\hat{U}$ 的退出使它没有供应 D_2 的动力了。因此，最终产品总量下降，而消费者支付的最终产品价格上升。另外，如果 U 与 D_1 纵向整合，D_2 的利润会下降，D_2 的利润下降可能导致其最后退出该行业，D_2 的退出减少了最终产品的总需求，造成上游企业 $\hat{U}$ 的利润下降。为了避免 D_2 退出，上游替代供应商 $\hat{U}$ 可能有动机与其纵向整合，且为 D_2 支付其行业特定的投资费用来拯救 D_2，被迫追随纵向整合的行为可能会出现。同时，$\hat{U}$ 和 D_2 也许试图先发制人，通过抢先圈定市场来阻止 U 与 D_1 纵向整合。这样看来，抢先战博弈将可能导致 U 与 D_1 或 $\hat{U}$ 与 D_2 过早整合。倘若纵向整合成本非常高，那么事前垄断就变成"公共品"，每个企业都希望从先实施整合行动的一方获取收益，因而没有动机抢先整合，而是延迟整合，这时消耗战就可能发生。

前文已经证明，在成本确定的情况下，$c \le \hat{c}$，$\hat{U}$ 根本没有激励整合，如果 $\hat{U}$ 的行业投资成本为 $I(I>0)$，那么，低效率的上游企业 $\hat{U}$ 一定会退出市场，如果 U 与 D_1 整合，一体化企业一定不会有激励再向 D_2 供货，致使 D_2 也会退出市场，最终形成纵向圈定，出现社会福利最低的垄断市场结构。然而，一旦 c 和 $\hat{c}$ 是随机的，且行业投资成本 I 很小，这个结果很可能就不会出现。因为上游企业 $\hat{U}$ 有激励留下来占据市场优势地位，并且认为它是更有效率的企业。之后将会证明高效率的上游企业将有更大的激励在事后圈定垄断市场，因为如果事后证明上游企业 U 是更高效率的企业，它就会把自己的产品都供应给整合后的下游企业 D_1，排挤上下游竞争对手。接下来，讨论当上下游行业投资成本 I 与 J 均很小的情况，这时市场上的四个企业都没有退出的动机。

在分析纵向整合策略之前，我们先界定 U 与 D_1 纵向整合后的事后所得利润 $g(c, \hat{c})$ 与损失 $l(c, \hat{c})$。由于 $c \leqslant \hat{c}$，结论 1 到结论 4 意味着，无论 $\hat{U}$ 与 D_2 是否整合，U 与 D_1 纵向整合后的事后所得利润都是独立存在的。U 与 D_1 纵向整合后的事后所得利润 $g(c, \hat{c})$ 存在两种情况：一是部分整合 PI_1，即 $\hat{U}$ 与 D_2 非整合时，U 与 D_1 纵向整合后的总利润减去整合成本，再扣除两个企业整合前所得利润之和；二是完全整合 FI，即 $\hat{U}$ 与 D_2 纵向整合时，U 与 D_1 也纵向整合后的总利润减去整合成本，再扣除两个企业整合前所得利润之和。U 与 D_1 纵向整合后的事前所得利润（亦称"期望利润"）为 $G_i = Eg(c, \hat{c})$，$i=1$，2。需要补充说明的是，这里假设效率是一阶随机占优的，即纵向整合中获得的利润对于每个一体化企业来说都是越多越好的局面。推理得出，高效率的上游企业从整合中获得的（期望）利润要高于低效率的企业，低效率的企业从整合中并没有获得（期望）利润。也就是说，假如 U 比 $\hat{U}$ 生产更有效率，那么 U 与 D_1 纵向整合后的期望利润大于 $\hat{U}$ 与 D_2 纵向整合后的期望利润（即 $G_1 > G_2$），因此 U 比 $\hat{U}$ 更有激励整合。同时，假设 $\hat{U}$ 与 D_2 纵向整合会给 U 与 D_1 造成损失，U 与 D_1 纵向整合也会给 $\hat{U}$ 与 D_2 造成损失，这种损失独立于相对的两个企业是否整合。由于 $c \geqslant \hat{c}$，相对于 U 与 D_1，将 $\hat{U}$ 与 D_2 纵向整合后，对 U 与 D_1 造成的损失 $l(c, \hat{c})$ 也存在两种情况：一是部分整合 PI_2，即 $\hat{U}$ 与 D_2 纵向整合对非整合的 U 与 D_1 造成的损失；二是完全整合 FI，即 $\hat{U}$ 与 D_2 纵向整合对一体化企业 U 与 D_1 造成的损失。$\hat{U}$ 与 D_2 纵向整合后，对 U 与 D_1 造成的事前损失（亦称 U 与 D_1 所受到的"预期损失"）为 $L_i = Eg(c, \hat{c})$，$i=1$，2。推理得出，假设 U 比 $\hat{U}$ 生产更有效率，$\hat{U}$ 与 D_2 整合后给 U 与 D_1 所造成的损失要低于 U 与 D_1 整合后给 $\hat{U}$ 与 D_2 造成的损失，$L_1 \leqslant L_2$。

下面根据期望利润（G）、整合成本（E）和预期损失（L）三者之间的关系，分三种情形对四个企业是否整合的策略进行详细分析。

情形一（非整合 IN）：$G_1<E$，意味着 $G_2<E$，企业纵向整合后的成本损失大于整合后的期望利润，U 与 $\hat{U}$ 的优超策略为不整合，市场结构为非整合状态。

情形二（部分整合 PI_1 或完全整合 FI）：$G_1-L_1>E$，对于 U 而言，优超策略为整合，因为即使 $\hat{U}$ 与 D_2 整合后给 U 与 D_1 所造成 L_1 的效率损失，整合后的期望利润和 $\hat{U}$ 与 D_2 整合后给其所造成的效率损失之差大于整合成本，所以 U 与 D_1 有激励整合。这里需要分两种情况讨论：部分整合与完全整合。如果 $G_2<E$，说明 $\hat{U}$ 与 D_2 整合后的成本损失大于整合后的期望利润，因此 $\hat{U}$ 与 D_2 没有激励整合，市场结构为部分整合状态；如果 $G_2>E$，鉴于 U 与 D_1 一定会整合给 $\hat{U}$ 与 D_2 造成效率损失 L_2，并且，$\hat{U}$ 与 D_2 整合后的期望利润大于整合后的成本损失，能够抵销部分效率损失 L_2，因此 $\hat{U}$ 与 D_2 有激励整合，市场结构为完全整合状态。

此时，根据 $\hat{U}$ 与 D_2 整合的意愿还可以分为两种情况：渴望追随整合与勉强追随整合。具体来说，如果 $G_2-L_2>E$，说明整合后的期望利润和 U 与 D_1 整合后给其所造成的外部损失之差大于整合成本，这时 $\hat{U}$ 与 D_2 渴望追随整合，希望形成完全整合的市场结构。如果 $G_2-L_2<E$，说明整合后的期望利润和 U 与 D_1 整合后给其所造成的外部损失之差小于整合成本，这时 $\hat{U}$ 与 D_2 勉强追随整合，更希望市场结构保持非整合的状态，因为非整合的市场结构下 $\hat{U}$ 与 D_2 的利润之和为正。

情形三（部分整合 PI_1 或非整合 IN）：$G_1-L_1<E<G_1$，在这种情形下，虽然 U 与 D_1 整合后的期望利润大于整合后的成本损失，但是，鉴于 $\hat{U}$ 与 D_2 整合会给 U 与 D_1 造成外部损失 L_1，而且整合后的期望利润和 $\hat{U}$ 与 D_2 整合后给其造成的外部损失之差小于整合成本，意味着 $\hat{U}$ 与 D_2 整合会让 U 与 D_1 得不偿失，只有 $\hat{U}$ 不跟随整合，U 才有激励整合。因此，如果 $G_2<E$，则 $\hat{U}$ 与 D_2 没有激励整合，市场结构为部分整合状态；如果 $G_2>E$，则 U 与 D_1 没有激励整合，因为一旦 U 与 D_1 整合，就会触发 $\hat{U}$ 与 D_2 整合，市场结构形成完全整合状态。

总而言之，当 U 比 $\hat{U}$ 生产更有效率时，若 $G_1<E$，或者 $G_1-L_1<E<G_1$ 且 $G_2>E$，则市场结构为非整合状态，最终产品产出水平为 $2q^c(c)$，社会福利最高，此时的生产是高效率的；若 $G_1-L_1>E$ 且 $G_2<E$ 或者 $G_1-L_1<E<G_1$ 且 $G_2<E$，则市场结构为 U 与 D_1 部分整合状态，最终产品产出水平为 $q_1^c+q_2^c[\leq 2q^c(c)]$，相较于非整

合市场结构总产出降低，虽然生产依然高效率，但是社会福利下降；若 $G_1-L_1>E$ 且 $G_2>E$，则市场结构为完全整合状态，与第一种情况相同。从社会福利最优的角度来看，如果不存在企业退出的情况，那么非整合 IN 的市场结构优超于部分整合 PI_1（部分整合 PI_2 市场结构实质上与非整合市场结构一样）与完全整合 FI 的纵向整合市场结构。

下面进一步讨论当上游行业投资成本 I 很小，且下游行业投资成本 J 很大的情况，这时市场上的企业具有退出的激励，出现"被迫追随整合"现象。假如下游行业投资成本 J 高于部分整合的下游企业利润期望值，即 $J>ED^{PI}(c, \hat{c})$，下游企业可能会退出，形成事前下游企业垄断的条件。前文提到当 U 与 D_1 纵向整合时，如果 $\hat{U}$ 与 D_2 没有纵向整合，那么，事后上游企业 $\hat{U}$ 可能由于成本劣势无法在市场上竞争而退出市场，之后 D_2 也随之退出市场。因此为在市场上存活，$\hat{U}$ 会通过纵向整合先拯救 D_2，从而赢得自己在市场上交易的机会（这里称为"被迫追随整合"）。由于整合后有利润分成，而且投资成本可以在 $\hat{U}$ 与 D_2 之间分摊，因此整合能激励 D_2 投资。鉴于投资不可收回，$\hat{U}$ 不能在事前阶段通过补贴下游投资成本来拯救 D_2，只能以大于等于边际成本的价格纵向整合后，再进行利润分成。而 $\hat{U}$ 是否整合与 D_2 的一个关键因素是纵向整合后是否比让 D_2 退出更好，当上游企业不确定的成本相差不大时，上游企业 $\hat{U}$ 更希望下游企业 D_2 留在市场上。当上游行业投资成本 I 很小时，上游两个企业都有激励留在市场上，如果下列三个条件成立，$\hat{U}$ 与 D_2 就会被迫追随整合：①D_2 的行业投资成本太高，整合后的利润小于下游行业投资成本，靠一己之力不能单独留在市场上，需要上游企业 $\hat{U}$ 补贴；②$\hat{U}$ 与 D_2 整合后所得利润比让 D_2 退出市场更高；③当 D_2 能单独留在市场上时，$\hat{U}$ 与 D_2 整合后所得利润小于整合前的，$\hat{U}$ 与 D_2 的优超策略是不整合。

被迫追随整合可能发生在当上游企业不确定的成本相差很小时，因为此时非整合的上游企业更希望下游企业留在市场上，事后发现自己是具有成本优势的一方，就可以占据市场优势地位获取垄断利润。但被迫追随整合不可能发生在当上游企业不确定的成本相差很大时，U 与 D_1 纵向整合之后，若上游企业不确定的成本相差很大，$\hat{U}$ 更希望 D_2 退出市场。因为一旦 $\hat{U}$ 与 D_2 整合，事后发现自己是具有成本劣势的一方，整合后利润还要扣除整合成本，所得利润大打折扣；若 $\hat{U}$ 与 D_2 不整合，$\hat{U}$ 由于成本劣势无法供货，还需额外支付行业投资成本。倘若 D_2 退出市场，$\hat{U}$ 可能由于抢先整合下游企业 D_1 而存活于市场，虽然还是高效率企业 U 供货，但一体化企业能够在市场生产运营；最坏的情形同前文描述，即 $\hat{U}$ 由于成本劣势无法供货，还需额外支付行业投资成本。总之，当上游企业不确定的成本相差很大时，若下游企业 D_2 退出市场，上游低效率企业 $\hat{U}$ 存活于市场的概率提升 50%。

下面简单讨论上游和下游行业投资成本很大的情况。如果 D_2 退出，只有 $\hat{U}$ 利益受损，一体化企业 $U\text{-}D_1$ 不会从 $\hat{U}$ 的退出中受损，因为一体化企业 $U\text{-}D_1$ 可以拒绝与 $\hat{U}$ 交易，同样地，一体化企业 $U\text{-}D_1$ 也不会因 $\hat{U}$ 在市场上生产经营而受益。当下游行业投资成本很大时，U 可能选择不与 D_1 整合，以免触发和动摇所有下游企业的退出和上游行业的基础。

纵向整合会造成两方面的福利损失：一是效率损失，部分整合损失效率 E，完全整合损失效率 $2E$；二是最终产出损失，无论是部分整合 PI_1 还是完全整合 FI，最终产出均低于非整合市场结构的产出水平。上述模型表明市场圈定对社会的影响主要体现在"三失两得"，以下三个方面都属于给社会造成的损失：①U 与 D_1 纵向整合提高消费者价格，导致 U 与 D_1 事后垄断市场，减少消费者和生产者剩余的总和。②U 与 D_1 纵向整合可能导致企业 $\hat{U}$ 或 D_2 退出，甚至两者都退出。事前垄断效应赋予 U 与 D_1 更大的事后市场力量，导致消费者价格上涨，消费者与生产者剩余下降。③纵向整合涉及激励和法律成本，用固定金额 E 表示。以下两个方面属于给社会带来的收益，有可能抵销损失：①U 与 D_1 纵向整合，会导致 $\hat{U}$ 或 D_2 退出，或者两者都退出，可以节省行业投资成本。从某种程度上看，这些成本是 $\hat{U}$ 或 D_2 为增加它们的总利润产生的，但是降低了 U 与 D_1 的利润，没有实际的价格效应，反而是一种社会资源浪费。也就是说，纵向圈定引起的企业退出可能有利于社会效益，因为减少了寻租行为。②纵向整合可能带来纯粹的效率收益，上游或下游企业都进行事前投资。这些投资是针对特定的不完全竞争行业，具有特定关系投资的许多特点。这是因为资产专用性和套牢问题，企业可能不愿意投资，这时两个上游或下游企业纵向整合的动机，可能是为消除套牢问题。适时鼓励行业投资，有利于降低消费者价格，促进市场竞争。这样看来，一体化企业有责任证明其纵向整合行为，在抵消反竞争影响的同时可以带来实质性的社会效率收益。高效或具有市场支配地位的企业的纵向整合，应该受到反垄断当局特别审查，而对严重损害竞争对手利益的纵向整合应持怀疑态度。因此，与外部替代企业有大量交易的上、下游企业之间的纵向整合，可能比上、下游企业交易只涉及对方的纵向整合破坏性更大，因为后者的交易基本不涉及第三者，纵向圈定对竞争对手的影响很小。

纵向整合可能导致市场圈定，并对消费者和社会整体福利产生负面影响。在非整合的情况下，确保市场中最具竞争力的部分能够直接接触到最终消费者，从社会福利最大化角度来说是最优的。下面从关键品市场的潜在竞争者存在与否两方面分析总结：

首先，考虑潜在竞争者不存在的情况，假设一个垄断市场有垄断者 U 生产 A 产品，另一个竞争市场有双寡头企业（D_1 和 D_2）生产 B 产品。如果 U 与 D_1 纵向整合，即使竞争市场处于下游，也会导致垄断结果。如果关键品企业 U 处于下游，则下游关键品企业不面临承诺问题，尤其是下游企业可能没有纵向整合的动机，因为无论整合与否，下游关键品企业都能够获得垄断利润，纵向整合反而让下游企业损失部分效率 E，降低垄断利润。在纵向整合的情况下，无论是竞争市场（B 产品市场）还是垄断市场（A 产品市场）处于下游都不重要。这意味着，鉴于 U 与 D_1 纵向整合，哪个市场与最终消费者直接接触是无关紧要的，因为一体化企业无论如何都可以获取垄断利润。而只有当关键品处于上游市场时，U 与 D_1 才有动机整合，这是因为关键品企业处于下游市场不会面对承诺问题。

其次，考虑潜在竞争者存在的情况，关键品市场处于上游还是下游非常重要。同样地，假设关键品市场生产 A 产品，竞争市场生产 B 产品。当关键品市场处于上游时，除高效率的关键品企业 U 之外，低效率替代供应商 $\hat{U}$ 也生产 A 产品。此时上游关键品企业 U 向下游两个企业（D_1 和 D_2）供货，生产是高效率的。当关键品处于下游市场时（关键品企业 U 与 $\hat{U}$ 处于下游市场），下游关键品企业直接与最终用户交易，生产效率较低的替代企业不能被关闭，从而导致生产效率低下。具体来说，不管 D_1 是否与 U 整合，U 与 $\hat{U}$ 都可以零边际成本获得由

上游竞争企业 D_1 和 D_2 提供的 B 产品，U 的最终产量水平为 $q_1 = R^c(q_2)$，而 $\hat{U}$ 的最终产量水平为 $q_2 = \hat{R}^c(q_1)$。因此，均衡数量和价格都是相同的，且对应于不对称古诺双寡头反应函数，但是，关键品企业之间的利润分配改变了，生产效率变低了。q_2^c 由低效的替代企业生产，导致社会效率损失 $(\hat{c}-c)q_2^c$。如果关键品处于下游市场，从所得利润来说，下游关键品企业与上游企业是否整合是无差异的。无论生产关键品的企业是否纵向整合，社会更希望下游市场属于竞争市场，与最终消费者直接接触。

第三节　合约控制型圈定
行为的重点与难点

一、合约控制型圈定行为的重点

基准模型中，一个上游垄断企业 U 向下游两个企业 D_1 和 D_2 供货，同时下游展开古诺竞争。U 与 D_1 纵向整合可以让上游垄断企业 U 垄断整个行业，因此，D_2 被排除在市场之外。假设现在法律禁止纵向整合，但没有禁止签订纵向合约，上游垄断企业 U 可以通过与 D_1 签订纵向合约，相当于承诺不向 D_2 出售产品，从而消除了机会主义的风险。在这个简单的模型中，纵向约束合约是替代纵向整合解决承诺问题的有效方案，而且比纵向整合更灵活便捷。如果法律允许签订与纵向整合同等效果的纵向合约，那么单纯禁止纵向整合的法规不会产生预期的反垄断效果。

在某些情况下，纵向整合由于内部整合成本 E 较高，可能不如纵向约束合约的收益高。对于上游占优企业而言，纵向约束合约是对纵向整合的完美替代，甚至优于纵向整合，因为它允许企业之间保持产权独立，避免效率损失 E。由于纵向约束合约引入严格的约束条件，它可能比纵向整合对社会福利的危害性更大。本部分参考哈特和泰勒尔（Hart and Tirole, 1990）研究的相关论述，简要分析合约控制型圈定行为，作为后文详述各类合约控制型圈定行为的铺垫。

接下来，采用与纵向整合同样的分析思路，引入另一个上游替代供应商 $\hat{U}$，上游市场由原来的一个企业变为现在的两个，这个上游替代供应商 $\hat{U}$ 对于下游竞争市场的两个企业而言，是第二货源选择，其生产效率比占优企业 U 低，属于低效率企业，单位成本更高，即 $\hat{c}>c$。下游竞争市场仍为双寡头市场结构。当 U 与 D_1 圈定市场而获利时（$c \leqslant \hat{c}$），上游替代供应商 $\hat{U}$ 的存在使 D_2 能从高成本的上游企业购买中间产品，在纵向合约情况下，U-D_1 损失利润为 $(\hat{c}-c)\, q_2^c$，而这部分利润正是 U 与 D_1 纵向整合之后将 q_2^c 出售给 D_2 所获得的利润。因此，U 与 D_1 签订纵向合约后的总利润为 $V^{VC}(c,\hat{c}) = \pi_{U+D_1} = \pi_1^c$，相比 U 与 D_1 纵向整合之后的总利润节约了整合成本 E。

现在，假设成本是确定的，并且 $c \leqslant \hat{c}$，没有行业投资，因而没有退出的确定性情况。结论 3 和结论 4 意味着 $\hat{U}$ 与 D_2 没有整合的动机。同理 $\hat{U}$ 与 D_2 也没有签订纵向合约的动机。为具体对比非整合、部分整合与纵向约束合约三者对于一体化企业 U-D_1 来说，哪项属于最优策略，这里先定义 NI 为 U 与 D_1 非整合时所得利润，PI_1 为 U 与 D_1 纵向整合后所得利润，VC_1 为 U 与 D_1 签订纵向约束合约后所得利润。考察下面不同的条件下，即非整合 NI、部分整合 PI_1，以及有纵向约束合约 VC_1 三种市场结构，哪一项对一体化企业 U-D_1 是最优策略，首先从边际成本角度分析一体化企业 U-D_1 的最优策略：①在上游企业成本对称的情况下，一体化企业 U-D_1 的利润在非整合 NI 与纵向约束合约 VC_1 时是无差异的。②假如 $\hat{c}$ 比 c 大很多，纵向约束合约 VC_1 优于非整合 NI。因为 VC_1 可以使一体化企业 U-D_1 获取垄断利润，而非整合的两个企业利润远远小于垄断利润。事后企业 U-D_1 排挤 $\hat{U}$ 与 D_2 两个企业，占据市场优势地位。然后从整合成本角度分析一体化企业 U-D_1 的最优策略。③当 E 等于零或者非常小时，企业 U-D_1 严格占优策略为部分整合 PI_1，均占优于非整合 NI 与纵向约束合约 VC_1。相对于非整合而言，部分整合 PI_1 同样可以使一体化企业 U-D_1 获取垄断利润，这与第二种情况类似；相对于纵向约束合约而言，部分整合 PI_1 整合成本非常低，且整合后的一体化企业比通过合约约束企业的期限更长，融合度更好，所带来的交易收益更顺畅。因而部分整合 PI_1 策略优于非整合 NI 与纵向约束合约 VC_1。④当 E 非常大时，非整合 NI 与纵向约束合约 VC_1 占优于部分整合 PI_1。因为一体化企业 U-D_1 的整合效

率损失 E 变大，U 与 D_1 没有激励整合，纵向约束合约 VC_1 占优于部分整合 PI_1，而非整合 NI 与纵向约束合约 VC_1 策略哪项更优，则需要考虑边际成本，这与第一种、第二种情况类似。

与纵向整合类似，上游企业很可能通过签订纵向约束合约将更有效率的潜在进入者排除在外，假如此时下游企业进入的投资成本很大，即使上游出现更有效率的潜在进入企业，下游企业由于受制于合约条款也无法与上游潜在竞争企业交易。拥有市场支配地位的上游企业很可能利用成本优势，通过纵向约束合约圈定市场将上游竞争对手排挤出市场，或者为上游潜在竞争者进入市场设置进入壁垒，即纵向约束合约具有排他性。同样地，在市场圈定效应上，纵向约束合约也与纵向整合的分析类似，不同的是纵向约束合约减少了整合成本，此处不再赘述。此外，上游占优企业也可能通过签订纵向约束合约控制下游市场的企业数量，达到自身利润最大化的目的，间接增加上游（潜在）竞争者的分销成本，这一点将在第三章"中间产品搭售与市场圈定"一节中详细分析。

二、合约控制型圈定行为的难点

从管理实务的角度来看，合约控制型圈定行为的难点是合约的不完备性导致圈定的预期效果难以实现。由于人的有限理性、信息不完全性和交易事项不确定性，在复杂的市场环境下签订关于未来的完备纵向约束合约通常是不可能的，最终合约条款可能难以执行，达不到预期合作目标。而产权控制型的内部运营环境相对稳定可靠，一般不会受到"不完备合约"的负面影响。

从学术研究的角度来看，合约控制型圈定行为的难点是不同合约类型时企业信念对均衡结果影响的分析。纵向约束合约本质上是 B to B 的，即企业与企业之间的合约，这类合约大多数是不对外公开的私下签约，只有少数合约能够像上市公司披露信息一样公开。因此，这类私下签订的合约带有秘密合约的性质，被称为秘密合约；而公开披露签订的合约被称为公开合约。在秘密合约中，根据每个参与企业对其他企业的假设或信念不同，所持的信念被分为对称信念、被动信念。参照瑞和泰勒尔（Rey and Tirole，2003）研究的相关论述，本部分对合约类型和企业信念的内涵进行概括梳理。

（一）合约的类型

1. 公开合约

公开合约在产业组织中通常泛指上游企业对所有下游企业公开披露的有效且可置信的承诺。具体是指上游企业将提供下游企业的合约公开披露，这样每个下游企业在评估其所接受的合约时，就已经知晓竞争对手的边际成本（Mathewson and Winter，1984；Perry and Porter，1989；Tirole，1988；Katz，1989），公开合约使下游企业观察到竞争对手支付的批发价格与之相比不可能更低，从而可能产生有利于下游企业之间协调的战略效应。巴士卡（Bhaskar，2009）构建上游多寡头—下游多寡头博弈模型，通过两部制定价研究得出，上游企业可以通过公开合约的批发价变动影响竞争对手的行为，从而影响下游企业的收益和愿意支付的费用。企业间签订的非歧视性价格条款（最惠国条款）和转售价格维持合约（RPM）就是最常见的公开合约。阿兰和钱伯勒（Allain and Chambolle，2011）认为没有价格限制的公开合约削减了上游占优企业的利润租金，使其无法获得行业所有利润，降低最终产品价格水平，而价格下限的公开合约强化了价格水平上升效应。盖伯利森和乔森（Gabrielsen and Johansen，2017）研究发现，纯粹的双边价格限制对均衡结果没有影响，如果制造商可以承诺整个行业的转售价格，他们可以获得更高的价格和服务水平，但不能实现完全一体化。米利欧和派乔克斯（Milliou and Petrakis，2007）探讨在两部制定价和秘密合约的情况下，纵向整合企业有动机披露其先进的下游技术，而且这种激励在价格和数量竞争下都存在，能够防止其圈定低效率的下游企业。

上游占优企业的公开合约具有承诺价值，能够解决秘密合约的承诺问题，公开合约相当于上游占优企业预先承诺所有下游企业。这样下游企业之间则不会猜疑上游占优企业给竞争对手的价格低于自己的，间接促成下游企业的合谋，然而不同的机制条件结果不一样。摩勒萨等（Moellersa et al.，2017）运用信息技术实验研究方法，验证上游企业与每个下游企业在引入沟通机制时，可以使产量接近垄断水平，同时下游企业会获取讨价还价势力，甚至攫取垄断利润，不同的沟通方式导致上下游企业之间盈余分配巨大差异。国外已有众多文献关注纵向约束下公开合约的福利效应。阿亚和米顿多夫（Arya and Mittendorf，2011）认为当具有市场支配地位的上游企业向下游多个企业供货时，上游企业可以运用信息披露的手段操作批发价格，协调下游企业的零售行为，造成消费者福利下降；信息披露标准的有效性主要取决于上游市场覆盖率和品牌内部与品牌间下游竞争的强度，而秘密合约能够促进下游企业竞争。比瑟利亚等（Bisceglia et al.，2021）研究批发价格平价协议的竞争和福利效应，并指出在商业代理模式组织的多渠道和多层次行业中，垄断者和中间商在实行批发价格方面不一定有平价一致的动机，虽然协议会伤害到垄断者，但是当直接销售渠道和间接销售渠道之间的竞争足够激烈时，这些协议可能会伤害到中间商；与通常会降低消费者福利的零售价格平价协议相比，批发价格平价协议也可能使消费者受益。

公开合约有很多定价方式与表现形式，为便于对比公开合约与秘密合约对市场绩效的影响，本书选取两部制定价方式与最惠国条款，重点关注两部制定价后的均衡结果如何随着定价方案变化而变化。在纵向约束情境下，作为缓解双重加价和道德风险的有力手段，两部制定价是垄断企业的一种最基本定价方式。数字经济背景下，最惠国条款争议颇多且广受关注，是典型的公开纵向约束合约。本书假设上游垄断企业能够通过两部制定价①攫取下游企业利润，获得垄断租金。在公开合约的情境下，假设上游垄断企业提供给下游企业 D_i 的是一个两部制定价合约 $(w,F)_i$，其中，F 为固定成本 $F=F_1=F_2=\cdots=F_n$，w 为上游垄断企业提供给下游企业 D_i 的统一单位批发价格，$w=w_1=w_2=\cdots=w_n$，即每个下游企业的单位投入品边际价格均保持一致。

2. 秘密合约

秘密合约在产业组织中通常指的是上游和下游企业之间订立的非公开合约，由于是上游企业秘密且同时提供给下游若干企业的，这类合约的规定和内容一般缺乏可信度。现实经济活动中，B to B 的秘密合同是很常见的，因而上游企业会面临承诺问题。考克森和欧克（Kockesen and Ok，2004）认为授权给委托方带来战略优势，并证明当合约不可观测时，策略性授权是非均衡信念和存在第二货源情况下的唯一选择。这是因为，上游垄断企业无法为两个或者更多的下游企业提供一个可置信承诺。凯劳德等（Caillaud et al.，1995）通过构建古诺模型和贝特

---

① 一单位固定费用加上一单位不变的边际成本。

朗模型，研究纵向关系中重新谈判的可能性对于预承诺效应的存在至关重要，预承诺效应的存在既取决于行为主体行为的战略互补性，也取决于反对者行为对主体福利的直接影响。纵向约束中多边合约的困境在于上游垄断企业向下游竞争企业提供的合约无法被观察到：由于是秘密折扣，企业不知道竞争对手真实的批发价。因为秘密合约存在向对手虚报价格的情况，即使竞争对手报价真实，对方也不一定相信。当合约是秘密签订时，企业的假设信念尤为重要。为便于分析得出显示解，本书主要考虑两种极端情况下的信念：被动信念与对称信念。企业信念的假设前提非常重要，这里重点讨论被动信念，因为相对于对称信念而言，被动信念更符合纵向约束合约的常态。在下游企业为被动信念的条件下，一旦下游企业实行某些资产专用投资，那么上游垄断企业的动机就会发生变化。也就是说，初始签订的企业会被套牢，上游垄断企业会通过与另一个下游企业再谈判获益，比如，减少下一个企业的批发价换取更高的固定费用。在下游企业为对称信念的条件下，则不存在类似困局。"机会主义"在产业组织的纵向关系中一直是焦点问题（Williamson，1985；Joskow，1987）。有效且完全静态的合约承诺即通常所说的完备合约，才能抑制机会主义行为，但未来难以预测，难以将所有可能发生的情形写入合约条款并遵照执行，因此现实中的合约往往是不完备的（Hadfield，1990；Milgrom and Roberts，1992）。当上游垄断企业向下游竞争企业供货时，上游垄断企业很容易实施机会主义行为，这导致上游企业难以向任何一个下游企业承诺不违背合约条款，从而间接导致下游企业产生被动信念。不同的市场结构对秘密合约的影响存在差异，贝尔夫兰和皮兹（Belleflamme and Peitz，2019）利用被动信念刻画了完美贝叶斯均衡，研究表明，垄断平台不会从不透明的合约中获益，而是以最佳方式显示价格信息。相比之下，在双寡头市场结构中，平台受益于市场的不透明性，因此企业没有披露价格信息的动机。在竞争性关键品市场，如果一方完全知情（出于外部原因），平台可能决定全部、部分或根本不告知另一方用户，这取决于外部效应的强度和水平差异的程度。

前文已经证明，下游企业 D_2 有扩大终端产品销售数量的积极性，上游生产商也有扩大产品供给的积极性。无论是 D_1 还是 D_2，都希望自己是上游多供货的企业，期望对手是相信承诺的。均衡的结果是两个下游竞争企业都不相信上游垄断企业的承诺，最后使上游垄断企业的利益受损，无法收回所有垄断利润。

为聚焦讨论秘密合约，本书简化模型，假设上游只有一个垄断企业，其边际成本为 c，生产中间产品。下游市场是双寡头结构，存在两个企业，分别为 D_1 与 D_2，其自身边际成本为 0；下游企业所生产的产品无差异，并且将中间产品以一单位投入转化为一单位产出的方式生产出同质的最终产品（见图 2-3）。这里将上游市场的垄断企业称为关键品或关键设施，下游市场称为竞争性市场[①]，下游企业进行古诺博弈。最终产品市场的需求函数为 $P=P(Q)$，设 Q^m、P^m 和 π^m 分别表示整个纵向结构的垄断产出、价格和利润，上下游企业的两阶段博弈顺序如下。

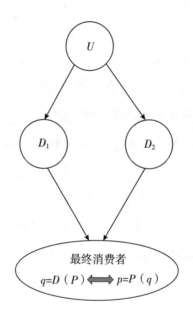

图 2-3 上游垄断—下游双寡头的纵向市场结构

阶段 1：上游垄断企业 U 向下游企业 D_i 供货，然后 D_i 订购数量为 q_i 的中间产品，并相应地向上游垄断企业支付货款总额 $T_i(q_i)=F_i+cq_i$。

阶段 2：下游企业 D_1 和 D_2 购买了 q_1 和 q_2 的数量，将所有中间产品转化为最终产品，并设定最优价格 $P(q_1+q_2)$，然后知晓彼此的边际成本和产量。

现在考虑第一阶段的博弈，上游垄断企业 U 提供秘密合同（也就是说，

---

① 在这里它不一定是完全竞争市场，本书假设竞争性市场为寡头市场结构。

D_1 遵守上游垄断企业提供的合约,这份合约可能与提供给 D_2 的合约不一样)。在这个博弈中,上游垄断企业 U 面临承诺问题。在均衡状态下,U 提供的合同处于均衡状态,下游企业 D_1 和 D_2 的反应取决于它们对竞争对手合同假设的属性。对于秘密合约,下游企业的策略取决于它对下游竞争对手支付的批发价格的猜测假设,而这种假设取决于提供给下游企业的合同。因此,即使纵向分离不会直接影响竞争对手的策略,它仍然会影响下游企业对其竞争对手的投入成本(以及下游企业自身的投入成本)的推测。在秘密合约的情境下,假设上游垄断企业提供给下游企业 D_i 的是一个两部制定价合约(w_i,F_i),其中,F_i 为固定成本,$F_1 \neq F_2 \neq \cdots \neq F_n$,$w_i$ 为上游垄断企业提供给下游企业 D_i 的有差别的单位批发价格,$w_1 \neq w_2 \neq \cdots \neq w_n$,即每个下游企业的单位投入品边际价格均不一样。

同时,本书还对博弈情形做了以下条件限定,这些前提条件能保证之后的建模分析聚焦于企业合约问题。在最终消费者确定需求之前,上游供应商已经按下游企业的订单生产;当下游企业销售最终产品时,生产能力会受到之前订单的限制;另外,订单转换成本很高,产能扩张非常耗时,如果最终需求特别高,下游企业无法迅速重新向上游订购更多的中间产品,更无法将其转换为最终需求;如果最终需求非常低,下游企业也无法马上减少订购量。当然,这种情况属于短期效应,后面章节的分析会将本模型扩展,考虑长期投资效应,即最终消费者有足够的投资生产时间,生产周期足够快,下游企业可以调整生产,市场结构会发生变化。

(二)企业信念

1. 对称信念

对称信念是指每个下游企业都相信,当合约来自同一个上游企业时,自己得到的合约与竞争对手得到的合约完全一样。也就是说,上游占优企业 U 如果向 D_1 提供批发价 w,D_2 相信自己也会得到上游占优企业 U 提供的同样批发价。这样,无论合约是在不可观测还是在事后可见的情况下,所有的下游企业都会接受合约。对于下游企业来说,对称信念比被动信念简单得多,但是这种信念没有说服力,也不符合现实经济活动中上游垄断企业的动机,因为当上游垄断企业与其中一个下游企业签订合约之后,更偏好与其他企业签订一份不同的合约,这份合约的批发价往往低于（之前）竞争对手。即使是秘密合约且企业持对称信念时，上游企业仍然有激励只向一个企业提供合约（Kockesen，2007）。关于对称信念的另一种解释是，下游企业是有限理性的，会很单纯地相信竞争对手所接受的上游企业的合约策略总是与它接受到的相同。

为说明对称信念的作用，这里假设上游垄断企业 U 向下游企业 D_1 和 D_2 提供相同的合约，并且，上游垄断企业 U 的报价 $\{T_i, q_i\} = \{P^m Q^m/2, Q^m/2\}$ 是可置信的：D_i 不会为数量 q 支付高于 $P(2q)q$ 的报价，因此 U 最大化 $[P(2q)-c]2q$ 并选择 $q = Q^m/2$。因此，若下游企业存在对称信念的猜想，上游垄断企业 U 就不存在合约可信度的问题。也就是说，如果下游企业持对称信念，假设同一上游企业总是选择相同的批发价格，那么所有上游企业的纵向分离均衡不会减少上游企业的垄断利润。下游企业持有对称信念时，下游企业只需要根据上游企业的报价就可以推测所有下游其他企业的投入成本，下游企业只需计算自己的最佳策略即可。相比之下，下游企业持有被动信念时，下游企业必须在给定其他下游企业最优策略的情况下，计算上游企业均衡合约，以便推测对手的投入成本。

定义（对称信念）：假设上游垄断企业提供给下游企业 D_i 的是一个两部制定价合约 (w_i, F_i) $\dfrac{\partial \pi_1^d}{\partial w_2} = \dfrac{\partial \pi_2^d}{\partial w_1} = \alpha \neq 0$，$\dfrac{\partial q_1}{\partial w_2} = \dfrac{\partial q_2}{\partial w_1} = \beta \neq 0$。

由于是秘密合约，下游企业 D_1 只能观察到自己的批发价格 w_1，由上述第二个等式推导出 $\dfrac{\partial w_1}{\partial w_2} = \dfrac{\partial w_2}{\partial w_1} = \beta \neq 0$，指的是下游企业 D_1 的合约批发价 w_1（下游企业 D_2 的合约批发价 w_2）对未观察到的竞争对手下游企业 D_2 的合约批发价 w_2（下游企业 D_1 的合约批发价 w_1）的反应，与下游企业 D_2 的合约批发价 w_2（下游企业 D_1 的合约批发价 w_1）对未观察到的竞争对手下游企业 D_1 的合约批发价 w_1（下游企业 D_2 的合约批发价 w_2）的反应，两者的值均相等（值为 β）且对称。

2. 被动信念

与对称信念的情况相反，被动信念是指当下游企业得到的批发价格与期望的均衡价格不同，它也不会改变对下游竞争对手的假设。在这种情况下，纵向分离既不影响竞争对手的策略，也不影响下游企业对这些策略的假设。当上游垄断企业向两个及以上的下游企业供货时，上游垄断企业与其中一个下游企业签约，通常有"搭便车"的动机，即与这个下游企业的竞争对手合作，从而限制供应以维持自身高价格和高利润。哈特和泰勒尔（Hart and Tirole，1990）首次对这类机会主义问题进行研究，通过构建下游企业为双寡头古诺竞争的 B to B 模型，表明这种机会主义行为可能会阻碍具有市场支配地位的上游企业充分发挥其垄断市场力量。奥伯利恩和夏弗（O'Brien and Shaffer，1992）将这一问题扩展为下游多寡头企业的贝特朗竞争模型，研究发现，通过转售价格维持来压缩下游企业利润率，有助于消除机会主义的空间。德格勒巴（DeGraba，1996）认为最惠国条款限制了机会主义行为，帮助上游企业恢复了垄断势力。麦克菲和斯沃兹（McAfee and Schwartz，1994）扩展为下游序贯模型，强调上游垄断企业可能会与其他下游企业重新谈判供应合同，以更低的批发价和更高的固定价格提供给下游其他企业以恢复上游的垄断利润，即使是非歧视条款也不能遏制第三方机会主义行为。被动信念假设突出了供应商面临的承诺问题，尽管它处于垄断地位，但它无法令人信服地做出承诺，为机会主义行为提供空间，并阻碍它实现垄断效果。简森（Janssen，2020）研究一个制造商和两个生产同质商品的零售商的纵向合约存在搜索成本时，即使零售商持有被动信念，均衡的批发合约也一直存在，克服了机会主义问题，并且总是通过两部制定价得以实现。派格诺兹等（Pagnozzi et al.，2021）分析被动信念下信息不对称与机会主义问题之间的相互作用，该研究通过运用下游古诺竞争的精炼贝叶斯纳什均衡，刻画制造商对最优零售市场结构的选择，显示行业特征如何影响零售商的数量，并从理论上分析具有外部性和信息不对称的秘密合约。基于秘密合约的现实情况，上下游企业间更合理的假设是被动信念，或者背靠背的讨价还价猜想（Laffont and Martimort，2000）。对于秘密合同，上游企业的利润取决于下游企业的信念，对称信念的上游企业所获利润比被动信念更高。诺克和瑞（Nocke and Rey，2018）证明在复杂的市场结构中，秘密合同和被动信念仍然使边际批发价格反映边际生产成本，从而引发下游产出的竞争。此外，当每个下游企业与多个合作伙伴进行交易时，利润的分配不仅取决于企业的市场势力，还取决于均衡时所使用的合同类型。然而，当存在相互竞争的上游企业时，被动信念的假设可能并不合理。如果一个上游企业有动机提供与下游企业所期望的不一样的合同，那么为什么它没有动机提供同样的合同？可以说，下游企业认为合约偏离均衡状态是对称的，同一上游企业总是提供相同的合同。

与上游签订的合约不可见意味着，从上游垄断者的角度来看，下游企业 D_1 和 D_2 构成两个完全独立的市场。因此，垄断者在改变 D_1 的合约时，没有动机改变对 D_2 的合约。同时，只有在下游企业对于上游关键品的边际成本具有完备信息的情况下，才会有被动信念。例如，向 D_1 提供的货款总额标志着有关边际成本的信息，边际价格较低的两部制费用表明边际成本较低，因此也标志着 D_1 的边际成本较低，产量较高。然而，怀特（White，2000）提出，当关键品拥有关于下游企业边际成本的私人信息时，下游企业的推测可能不再是"被动的"。上游垄断企业试图在中间市场最大限度地增加其利润，而不将合同对另一个市场的影响内化，因为它在这两个市场的利润是不相关的，而关键品成本信息缺乏透明度可能会提高关键品企业的承诺能力。

在被动信念下，无论 D_2 通过 U 的合约得到多少收益，D_1 都预期 D_2 会生产均衡产量 $q_2 = Q^m/2$，因而 D_1 愿意为任意给定量 q 支付货款 $P\left(\dfrac{Q^m}{2}+q\right)q$。$U$ 通过提出"要么接受，要么放弃"的报价来榨取 D_1 的全部预期利润，并提出提供 q_1，以实现双边共同利益的最大化。这里假设需求函数性状"表现良好"，即利润函数是严格凹函数，并且是二次可微的。预期到 U 有秘密的动机说服 D_1 购买数量超过 $Q^m/2$，D_2 将拒绝垄断者 U 的报价。因此，在被动信念假设下，突出供应商面临的承诺问题，这也是最惠国条款分析章节中最重要的一个假设条件。此时的均衡产量大于 $Q^m/2$、价格低于 P^m，上游垄断企业利润小于 π^m，下游两个企业利润均为 0。

尽管上游企业处于垄断地位，但它无法令人信服地做出承诺，为机会主义行为提供空间，并阻碍上游垄断企业实现垄断利润。这一结果与科斯猜想中耐用品垄断者的定价策略密切相关。如果垄断者可以承诺未来的价格，它可以通过承诺绝不将其价格设定在垄断水平以下来获得垄断利润。然而，如果垄断者不能对其未来的定价政策做出承诺，那么买家就会推迟购买，以便从未来较低的价格中获益，从而导致垄断者利润减少。

与传统观点不同的是，上游企业实施圈定的目的在于恢复而不是扩大市场势力：为充分发挥其市场势力，上游垄断者有动机改变下游市场的结构。例如，排除其他下游企业，通过纵向整合或者签订纵向约束合约的方式，只留下一个企业，消除了科斯定价问题，恢复了上游垄断企业 U 维持垄断价格的能力，实际上垄断了下游市场，从而使上游垄断企业更充分地发挥其市场势力。任何非整合企业的供给偏离都会导致较低的行业利润，从而导致一体化企业利润较低。

定义（被动信念）：假设上游垄断企业提供给下游企业 D_i 的是一个两部制定价合约 (w_i, F_i)，$\dfrac{\partial \pi_1^d}{\partial w_2} = \dfrac{\partial \pi_2^d}{\partial w_1} = 0$；$\dfrac{\partial q_1}{\partial w_2} = \dfrac{\partial q_2}{\partial w_1} = 0$。

由于是秘密合约，下游企业 D_1 只能观察到自己的批发价格 w_1。由上述第二个等式推导出 $\dfrac{\partial w_1}{\partial w_2} = \dfrac{\partial w_2}{\partial w_1} = 0$，指的是下游企业 D_1 的合约批发价 w_1（下游企业 D_2 的合约批发价 w_2）对未观察到的竞争对手下游企业 D_2 的合约批发价 w_2（下游企业 D_1 的合约批发价 w_1）没有反应；下游企业 D_2 的合约批发价 w_2（下游企业 D_1 的合约批发价 w_1）对未观察到的竞争对手下游企业 D_1 的合约批发价 w_1（下游企业 D_2 的合约批发价 w_2）也没有反应。

第四节　本章小结

在市场经济活动中，具有市场支配地位的上游企业为获取超额垄断利润，可以通过纵向整合或纵向约束合约的形式，圈定下游企业，排除、限制市场竞争，阻挠潜在竞争者进入市场，甚至将高效率竞争对手排挤出市场。从长期来看，会引发市场结构变化，对市场公平竞争秩序和社会总福利造成威胁。值得关注的是，产业链上的两个企业签订不同类型合约时所持有的信念对市场圈定均衡结果影响不同，实施市场圈定的动机可能短期在于恢复垄断势力而不是扩大市场势力。本章通过梳理市场圈定的基本概念、类型和反垄断案例，提炼产权控制型圈定行为和合约控制型圈定行为的重点与难点，讨论纵向整合（纵向约束合约）如何改变上游或下游市场的结构，并且探究在何种条件下，具有市场支配地位的企业有激励实施市场圈定行为，对其均衡解和后果进行分析，为下文各类合约控制型圈定行为的研究打好理论基础。

第三章 搭售与市场圈定

为便于理解企业市场圈定行为，本章讨论横向圈定中最主要的非价格策略——搭售。近年来，随着互联网经济的快速发展，搭售的反垄断问题受到越来越多的关注，搭售作为横向圈定的典型行为，也是最具争议的反垄断话题之一。因此，本章着重探讨搭售的市场圈定问题，在经济学解释方面，重点讨论终端产品搭售与中间产品搭售的企业动机与市场绩效；在法学视角方面，关注美国、欧盟的反垄断司法实践与中国反垄断执法的进程，典型案例如欧盟对谷歌反垄断调查以及"利乐案"。通过梳理搭售的基本概念和文献脉络，根据典型案件分别构建终端产品搭售 B to C 竞争模型和中间产品搭售 B to B 竞争模型，探讨确定性环境和不确定性环境下搭售的市场绩效和圈定效应。

第一节 搭售的基本原理

一、终端产品销售中的搭售

（一）核心概念

终端产品销售中的搭售（以下简称终端产品搭售）主要指的是我们一般意义上讲的搭售，属于 B to C 的搭售模型。其主要内涵是将一种产品（捆绑产品）的购买作为购买另一种产品（被捆绑产品）的前提条件。为更好地理解搭售的概念，我们首先辨析捆绑的含义和分类。

假设企业生产 A 和 B 两种产品，企业对两种产品进行组合同时销售，我们定义为捆绑（Bundling）。按照销售形式，捆绑具体可以分为纯捆绑（Pure Bundling）、混合捆绑（Mixed Bundling）和搭售（Tying）。纯捆绑意味着企业只捆绑销售产品组合（A+B），且 A 和 B 的销售比例是固定的，同时不再单独销售产品 A 或者 B。混合捆绑不仅捆绑销售产品组合（A+B），还单独销售产品 A 和 B，且捆绑产品组合（A+B）的价格通常低于单独销售产品 A 和 B 的总价之和。纯捆绑是混合捆绑的一种特殊情况，如果单个产品的价格很高，购买捆绑产品组合是最有利的选择。需要强调的是，捆绑定义的关键是产品组合（A+B）的销售价格是在单独销售产品 A 和 B 的总价之和的基础上再打一个折扣，如果单独销售产品 A 和 B 的总价之和等于产品组合（A+B），则不称为捆绑。

搭售是混合捆绑的特例和纯捆绑的动态形式。搭售指的是企业要求买家如果购买一种产品（捆绑产品 A）必须也购买另一种产品（被捆绑产品 B）；相对地，如果购买产品 B 不一定要购买产品 A，这也是搭售与纯捆绑的重要区别。当然，假如被捆绑产品 B 在捆绑产品 A 不存在时毫无价值，那么这一区别就无关紧要了。搭售与纯捆绑的另一个重要区别是不同的买家对产品 B 的购买数量不同，而纯捆绑的产品销售比例是固定的。也就是说，搭售时，企业并不要求买家全都购买相同数量的被捆绑产品 B，这样看来，我们可以把搭售理解为混合捆绑的一种组合，即企业同时销售产品组合（A+B）与 B。从另一个角度看，搭售也可以被理解为纯捆绑的一种动态形式。与标准的纯捆绑定义不同的是，在搭售情况下，被捆绑产品 B 可以不同的比例被单独购买。正如利乐公司（Tetra Pak）在中国的销售模式，无菌包装设备与包材生产商利乐要求下游奶制品生产商在购买其无菌包装生产线时必须购买其包材（无菌包装纸），但购买其包材不要求购买其无菌生产线，这就是一种搭售行为。还有谷歌要求硬件制造商安装安卓系统应用程序商店时，必须预装谷歌搜索引擎与浏览器，利用安卓系统基础市场的支配地位，通过搜索引擎获取流量。由此可知，搭售具体是指占优企业利用其市场势力将垄断市场上的优势产品 A 与另一竞争市场上的产品 B 组合销售的行为。但是，与静态搭售定义不同的是，在购买产品组合（A+B）之后，买家还会重复多次单独购买产品 B，因此，这是一种动态的搭售行为和纯捆绑的动态形式。为将捆绑与搭售的概念统一到一个分析框架下，我们定义谷歌上述的销售行为为搭售。

（二）文献回顾

经济学对于搭售作用的认识是一个逐步深入的过程。传统经济学将搭售视为价格歧视的工具（Adams and Yellen，1976；Schmalensee，1984；Menicucci et al.，2015；Daskalakis et al.，2017），在这方面斯蒂格勒（Stigler，1963）做了具有开创性的研究工作。麦克菲等（McAfee et al.，1989）指出，即使是相互独立产品的搭售也比单独销售好，如果主导企业能够监控采购，那么混合捆绑策略总是比独立销售策略更有利可图。蔡婧萌（2019）认为通过搭售对购买者进行价格歧视才是企业搭售的主要目的。还有些学者认为搭售有利于降低交易成本（Dewan and Freimer，2003；Sheng et al.，2007；Evans and Salinger，2008）。然而随着互联网科技的进步，信息产品的复制成本显著降低，搭售所带来的降低成本的好处似乎不明显了（Hitt and Chen，2005）。这是因为，高科技产品往往前期投资的研发成本非常高，生产复制和安装成本相对而言几乎为零；若搭售，很可能在初期就阻碍竞争对手研发创新产品。拜考斯和布林乔尔夫森（Bakos and Brynjolfsson，1999）考虑两种以上产品的捆绑，研究发现，在信息产品大规模捆绑销售的情况下，垄断者的利润显著增加；将大量信息产品捆绑在一起产生的消费者福利正向效应主要取决于复制数字信息的边际成本较低以及产品估值相关性的性质，当边际成本较高或估值高度相关时，搭售就变得不那么有吸引力。

长期以来，搭售被反垄断机构严厉对待，杠杆理论是其关键的理论基础。根据搭售的杠杆理论，在关键品（基本品）市场上具有市场支配地位的多产品企业可以利用其在关键品（基本品）市场上的垄断势力提供的杠杆来撬动可竞争产品（互补品）市场上的产品销量，达到圈定市场的目的。然而，杠杆理论受到传统芝加哥学派代表人物（Bowman，1957；Posner，1976；Bork，1978）的严厉批判。正是传统芝加哥学派的批判，暴露了这一理论的逻辑缺陷，强调了搭售的效率基础，完善了对搭售所产生的竞争效应更为良性的看法。随后的文献通过提炼在哪些条件下，搭售用以维持垄断势力，或者将垄断势力从垄断市场延伸到竞争市场，由此证明传统芝加哥学派的论点可以在多种情况下被打破。温斯顿（Whinston，1990）重新提出具有划时代意义的杠杆理论。他指出如果搭售产品是寡头垄断的市场结构，并且存在规模经济，则搭售是一种有效和有利可图的策略，通过使搭售产品市场持续经营无利可图来改变市场结构。其研究随后被卡尔顿和沃尔曼（Carlton and Waldman，2002）、乔伊和史蒂芬勒蒂斯（Choi and Stefanadis，2001）以及内尔巴夫（Nalebuff，2004）等扩展到几个方向。温斯顿的模型假设进入垄断市场是不可能的，并分析如何利用搭售将一个市场的垄断势力延伸到另一个竞争性市场。有些文献考虑到竞争环境，表明搭售可用于阻挠竞争对手进入互补市场，以保护垄断市场或加强进入若干市场的市场势力。乔伊和史蒂芬勒蒂斯（Choi and Stefanadis，2001）、卡尔顿和沃尔曼（Carlton and Waldman，2002）认为，进入垄断市场取决于进入互补市场的成功。乔伊和史蒂芬勒蒂斯（Choi and Stefanadis，2001）研究表明，当企业成功进入的概率取决于研发支出的水平时，如果其中一个产品组成部分的进入完全取决于另一个组成部分的成功，那么占优垄断企业通过搭售可以降低互补品投资前景的确定性，进而削弱竞争对手的投资创新积极性，降低其进入竞争市场的可能性，因为两种产品的成功都是进入市场的必要条件。卡尔顿和沃尔曼（Carlton and Waldman，2002）开发了一个动态两阶段模型，占优企业最初在基本品市场和互补品市场都处于垄断地位，研究表明，捆绑销售不仅可以用来排挤一个互补品进入者，当企业只生产互补产品时，销量的减少降低了规模经济存在，还可以阻挠潜在竞争者未来进入基本品市场。乔伊和史蒂芬勒蒂斯（Choi and Stefanadis，2006）认为低效率捆绑维持占优企业的市场优势，扭曲竞争对手的专业化决策，阻挠竞争对手动态进入的协调决策，从而降低在位企业最终被取代的可能性，可能导致更低的消费者福利和整体社会福利。搭售作为一种进入威慑手段，能够有效阻止潜在进入者进入市场，或排挤竞争对手，损害社会福利。内尔巴夫（Nalebuff，2004）认为如果占优企业在两种商品上拥有市场支配力，将它们捆绑销售导致只生产一种产品的竞争对手更难进入市场，保护市场上占优企业生产的两种产品，而不必降低每个产品的价格；尽管价格歧视为捆绑销售提供了理由，但与进入威慑效应带来的收益相比，价格歧视所带来的收益微不足道。乔恩和曼尼库西（Jeon and Menicucci，2012）证明卖家有捆绑产品的动机，有效的技术租金均衡始终存在，在数字商品的情况下或当禁止售价低于边际成本时，所有的均衡都是有效的；混合策略均衡与技术租金均衡对比表明，捆绑销售往往能提高卖家的生产者剩余。赫肯斯等（Hurkens et al.，2019）指出对于处于中等支配地位的企业，捆绑搭售大大提高占支配地位企业的市场份额和利润，降低了竞争对手的利润，捆绑销售的威胁是一种可置信的圈定策略；只在某些市场占主导地位的企业也可以通过捆绑所有产品，利用在其他市场的主导地位获利。还有的研究认为搭售的竞争效应是难以确定的，需要具体案例具体分析。曹洪（2004）认为捆绑销售实质是一种价格歧视和市场圈定行为，对社会福利的影响是模棱两可的，如果完全禁止捆绑销售也不是最优的。张凯和李向阳（2010）构建两阶段完全信息动态博弈模型，研究发现不论是垄断情形还是竞争情形，搭售对买卖双方均衡进入价格的影响都不确定，买方总效用、卖方总效用以及社会总福利均随搭售喜好型买方数量的增加而增加。

随着互联网经济蓬勃发展，平台搭售反垄断问题研究文献越来越丰富。艾柯布西（Iacobucci，2014）认为通过将两个平台捆绑消除竞争市场的竞争，可以扩大另一市场的客户群。罗切特和泰勒尔（Rochet and Tirole，2003）对支付卡协会 Visa 和万事达卡发起的捆绑进行经济分析，接受其信用卡的商家也被迫接受其借记卡，研究表明，在没有捆绑的情况下，商家和持卡银行之间信贷交换费用过低，比社会最佳的信贷额更高，捆绑被证明是一种重新平衡交易费用结构和提高社会福利的机制。乔伊（Choi，2010）认为双边市场中经济主体通过参与多平台多归属以获取最大网络利益时，搭售诱导更多的消费者使用多个平台，使更多消费者获得平台特定产品，这对内容提供商是有利的；即使在没有多重归属且福利影响是负面的情况下，搭售也会增加社会福利。乔伊和乔恩（Choi and Jeon，2016）通过分析垄断者在双边市场中将其垄断产品与可竞争产品搭售，证明双边市场中的非负价格约束发挥了双重作用，一方面创造额外的盈余，另一方面限制竞争对手对搭售的过激反应，从而激励垄断企业搭售。格莱皮和曼尼库西（Greppi and Menicucci，2020）假设在位的多产品高质量企业面临着来自其他多产品企业（多面手）或单一产品（专业）企业的进入威胁，探讨并比较质量差异如何影响在位者利用捆绑销售阻止竞争对手进入一种或多种市场，对于质量差异较大的多产品企业，多面手比专家更容易受到捆绑的影响；对于在位企业而言，捆绑对于单一产品企业往往是一种可置信行动。曲创和刘伟伟（2017）研究发现社会总体福利水平可能由于交叉网络外部性而增加，也可能由于圈定效应对竞争性产品的排挤而减少；搭售品可能在短期内带来社会福利的非帕雷托改进，但长期对行业动态竞争和创新会有不利影响。

有的国内文献关注搭售问题的反垄断判定原则和方法。李叶（2013）基于对经济学理论的梳理，从政府管理者的角度提出应对捆绑与搭售的政策建议。王妮妮（2015）指出合理原则是互联网搭售的反垄断认定的首要原则，要考虑双边市场中互联网平台企业独特的定价模式和运营模式及其可能对竞争产生的多重效果。郑鹏程（2019）指出我国搭售规制立法采用单一的"合理标准"，建议以公平价值为首要价值，将消费者需求作为独立产品判断标准，规定合同搭售、技术性搭售构成"准本身违法"，对于捆绑折扣，则根据成本价格比对其进行合理性分析。张爱萍和余晖（2022）认为治理数字化交通平台搭售，应依据搭售组合归属主体的差异性厘清平台责任边界，约束技术力量对消费者剩余的过度攫取。搭售对福利的影响一般是模棱两可的，因为即使产生有害的排除效应，搭售仍可能产生效率效应。微软将 Internet Explorer 和 Media Player 与其操作系统捆绑销售就是一个很好的例子。文献研究表明，虽然这种技术联系可能是排他性的，但产品的无缝整合能提高整体性能，降低分销成本。因此，经济学家们正在形成一种共识，即搭售不应被视为本身违反反垄断法，在评估搭售时应采用论辩原则裁决，反垄断政策和法规将取决于案件的具体情况。

众多文献从不同角度探讨搭售在短期阻碍竞争对手进入市场的竞争效应，鲜有文献研究数字经济背景下，占优企业搭售差异化且多单位可竞争产品的市场圈定问题，以及不确定性环境下企业搭售的动机与市场绩效。尤其是搭售与不确定性环境的研究文献非常少，而现实环境往往是不确定的，竞争实力不同的企业风险偏好存在异质性。麦修森和温特（Mathewson and Winter，1997）扩展了传统的价格歧视论证，研究表明，即使在价格独立且需求随机相关的情况下，面对不确定需求的企业可以通过将可竞争产品与垄断产品捆绑搭售而获利，即使这两种商品在需求上是独立的，搭售也能通过攫取额外的消费者剩余来提高利润。进一步将产品差异化问题纳入分析框架考察其对圈定效应的影响。德尼克勒（Denicolo，2000）证明当产品差异化程度较低时，多产品企业有动机生产不兼容或者纯捆绑产品。皮兹（Peitz，2008）认为将两种产品捆绑销售是一种阻挠潜在进入者进入差异化产品市场的策略，研究表明，当搭售阻碍潜在进入者进入市场时，其收益是巨大的，但降低了社会福利。本章首先沿着温斯顿（Whinston，1990）的模型研究脉络，构建古诺模型、贝特朗模型以及斯坦克尔伯格模型，更能解释数字经济背景下，互联网垄断企业利用搭售的杠杆原理排挤生产多单位差异化互补品的竞争企业，圈定市场的策略效应；其次进一步分析不确定性环境下不同竞争模型的搭售所产生圈定效应的市场绩效和竞争效应。

二、中间产品销售中的搭售

（一）核心概念

中间产品销售中的搭售（以下简称中间产品搭售）是一种将搭售与纵向约束合约相结合的行为，属于 B to B 的搭售模型，在搭售的基础上，最终通过操纵成本结构行为圈定市场，因而下文统称为操纵成本结构（行为）。中间产品销售中的搭售一般是指在某一特定时期内，具有市场支配地位的企业利用其拥有关键设施的市场支配地位，将垄断市场的产品与竞争市场的产品捆绑搭售的同时，通过调节该产品组合各自所占总售价的比例，限制上下游市场的潜在竞争者进入市场，妨碍市场公平竞争，并以此达到圈定市场目的的一种策略性行为。与价格折扣相比，中间产品搭售的重点是在关键设施（基本品）与可竞争产品的价格比例分配上，只有同时生产关键设施（基本品）与可竞争产品的上游主导企业才能够操纵两种产品分别对下游企业的定价，来影响下游成本结构。与两部制定价不同的是，当上游企业成本操纵时，关键设施（基本品）的定价取值非零。具体来说，关键设施（基本品）与可竞争产品的定价呈负相关，上游主导企业定价有两种方案：关键设施（基本品）定价高一些，可竞争产品定价低一些；关键设施（基本品）定价低一些，可竞争产品定价高一些。但无论两种产品定价如何调整都能够实现最优定价，其一方面是为最大限度攫取垄断利润，另一方面是为阻挠上游潜在竞争企业进入市场。上游供应商通过搭售实施操纵成本结构行为对下游经销商所购买的不同数量的产品差别定价，最大限度攫取下游企业利润。如果下游企业数量是外生的，则操纵成本结构行为虽然不可以改变下游市场企业数量，但是可以改变下游企业成本结构；如果下游企业数量是内生的，则操纵成本结构行为不但可以改变下游市场企业数量，还可以改变下游企业成本结构。为简化分析，本章只讨论下游企业数量是外生的情况。通常情况下，中间产品销售中完备的搭售合约具有排他性效应，因为一旦下游经销商将部分采购合约转让给另一个上游潜在竞争企业，由于初始过高的关键设施（基本品）成本，下游企业会失去可竞争产品低价所带来的优惠，因此中间产品搭售可能具有类似于搭售与忠诚折扣的效应①。中间产品搭售是搭售与纵向约束合约的结合体，属于 B to B 的搭售模型，典型案例如"利乐案"反垄断调查。后面的章节将聚焦"利乐案"，结合前文对称信念的视角以及搭售模型的原理构建 B to B 的竞争模型，探讨确定性环境和不确定性环境下中间产品搭售的市场绩效和圈定效应。

我们假设，上游主导企业生产两种产品：关键设施（基本品）与可竞争产品。当上游不存在竞争对手时，上游主导企业通过搭售调节关键设施（基本品）与可竞争产品的定价，最大限度攫取垄断利润，使下游企业净利润为零。当上游存在竞争对手时，上游主导企业通过搭售调节关键设施（基本品）与可竞争产品两部分的定价，迫使（潜在）竞争对手增加分销成本，在将潜在竞争者排除在市场之外的同时，达到最大限度攫取垄断利润的目的。中间产品搭售合约不直接干涉与其他下游企业打交道的承诺，因而更难以监测和执行，也不容易被反垄断当局执法查处。当上游垄断企业滥用市场支配地位时，操纵成本结构行为的效果与掠夺性定价类似，存在排挤上游竞争企业的效应，待上游竞争对手被逐出市场后主导企业再提价，因此又具有排他性与反竞争性。

（二）文献回顾

早在 20 世纪中后期就有一些学者关注到垄断企业通过纵向约束将垄断要素或中间产品与下游生产者的其他投入品按不同比例销售产生的价格扭曲（McKenzie，1951；Burstein，1960；Schmalensee，1973）。沃伦布顿（Warren-Boulton，1974）指出如果垄断性投入可以不同的比例使用，那么纵向一体化或等效的搭售将增加垄断利润，并利用模拟技术与模型分析相结合的方法说明，纵向控制将减

---

① 忠诚折扣迫使顾客从特定供应商那里购买全部或部分总供应量。

少对非垄断投入的需求，并且除了在投入产业的特定成本条件下，将导致最终产品的价格上涨。乔伊和意（Choi and Yi，2000）构建关于专有投入品选择的纵向圈定均衡模型，推导出纵向圈定均衡的条件，并讨论其福利后果，研究发现，纵向一体化允许上游企业内部化竞争对手在下游的成本，当一体化企业的上游部门为下游部门提供专门投入时，纵向圈定就会发生。与终端产品搭售相比，中间产品搭售更为复杂，其要将搭售模型拓展到 B to B 市场结构。按照前文研究逻辑，最后也将讨论不确定性环境下中间产品搭售的市场圈定效应。

总的来说，虽然有关搭售和纵向约束的文献十分丰富，但针对中间产品搭售研究的文献匮乏，尤其是鲜有文献研究上游企业同时生产关键设施（基本品）与可竞争产品的情景下，将操纵成本结构行为与市场圈定结合起来阐述企业圈定动机和市场绩效。下文将构建 B to B 的企业竞争模型，研究不同情形下上游企业通过搭售和操纵成本结构行为如何攫取垄断利润，排挤竞争对手，及其对社会福利的影响。

三、经典案例

搭售法条最初源于专利案件①，之后随着《谢尔曼法》的第一部分与第二部分条款，以及《克莱顿法》的第三部分条款的发展逐步形成相关的判例法②。在中国搭售典型案"利乐案"反垄断调查中，国家工商行政管理总局认为，2009～2013 年，利乐集团相关企业利用其在中国大陆液体食品纸基无菌包装设备市场、纸基无菌包装设备技术服务市场和纸基无菌包装材料市场的支配地位，实施没有正当理由搭售、没有正当理由限定交易行为，构成《反垄断法》第十七条第一款第（四）项、第（五）项和第（七）项规定的滥用市场支配地位行为，被国家工商行政管理总局责令立即停止违法行为，并处以 6.7 亿元罚款。"利乐案"在前文已介绍过，此处不再赘述。

在美国和欧洲许多备受瞩目的反垄断案件中，搭售一直受到执法机关的密切

---

① Motion Pictures Patents Co. v. Universal Film Manufacturing Co.，243 U. S. 502（1917）.

② International Salt v. U. S.，332 U. S. 392（1947）；Northem Pacific Railway Co. v. U. S.，356 U. S. 1（1958）；U. S. v. Griffith，334 U. S. 100（1948）；U. S. v. United Shoe Machinery Corp.，110 F. Supp. 295（D. Mass. 1953）；Times-Picayune Publishing Co. v. U. S.，345 U. S. 594（1953）；U. S. v. Jerrold Electronics Corp.，365 U. S. 567（1961）.

关注和严厉执法，执法依据则是搭售的杠杆理论，具体来说，搭售能够形成一种杠杆效应的机制，在一个市场上具有垄断势力的企业利用搭售的杠杆效应，将其市场势力从关键品（基本品）市场延伸到可竞争产品（互补品）市场上，从而阻挠可竞争产品（互补品）市场的竞争对手，达到圈定市场的目的。例如，在美国的微软反垄断案中，微软涉及将具有市场支配地位的 Windows 操作系统与 Internet Explorer 捆绑搭售；在欧洲，微软涉及将 Windows 操作系统与 MediaPlayer 捆绑搭售。

近年有关搭售的互联网反垄断典型案件是，2018 年欧盟委员会判决谷歌在硬件终端将其搜索应用程序、浏览器与安卓应用程序商店搭售，限制了竞争，属于滥用谷歌的安卓应用商店在全球市场（不包括中国）的市场支配地位，违反《欧洲联盟运作条约》第 102 条和《欧洲经济区协定》第 54 条，对谷歌处以 43 亿欧元的罚款，这是迄今为止全球金额最高的一笔反垄断罚单。判决书认为，谷歌在全球智能手机授权市场（不包括中国）、安卓应用程序商店、欧洲经济区内每个国家的一般搜索服务市场都占据市场支配地位。谷歌与硬件制造商协定，若不搭售安装搜索应用程序 Google Search，安卓应用商店 Play Store 就无法获得；而且不搭售浏览器 Chrome，安卓应用商店 Play Store 和搜索应用程序 Google Search 也无法获得；并且，通过反碎片化协议约束硬件制造商，阻碍安卓分支版本开发，阻断与其搜索引擎竞争的创新来源；谷歌还向原始设备制造商和移动网络运营商支付了款项，要求它们在商定的产品组合的任意设备上预先安装排他性的搜索应用程序，构成排他性支付。搭售策略确保几乎所有安卓系统上谷歌搜索引擎和浏览器的预安装，大大减少了其竞争对手搜索引擎的竞争力。搭售为谷歌创造了一般竞争性搜索服务提供商与移动浏览器无法企及的显著竞争优势，加强了谷歌在每个国家搜索服务市场的主导地位。谷歌通过搜索广告获取源源不断的流量和收益，在增加进入壁垒的同时阻碍系统创新，直接或间接地损害消费者福利与社会福利。谷歌强加给安卓设备生产商和网络运营商的三类限制性协议，目的是确保设备上的流量被引入谷歌搜索引擎，排挤竞争对手，巩固其搜索引擎的市场支配地位，获取更多的广告收益和用户数据信息，最终圈定市场。其搭售行为使潜在进入者或竞争对手无法持续创新，阻断了欧洲消费者享受因该领域的有效竞争而带来的好处。

第二节 终端产品搭售与市场圈定

一、基本假设

本节的模型构建借鉴温斯顿（Whinston，1990）的建模思想，与豪泰林模型不同的是，本节采用的贝特朗与古诺模型将只消费产品 B 固定一单位的假设，改变为可消费产品 B 多单位的假设，并且产品定价趋于零。基于欧盟诉谷歌反垄断案，为模拟移动网络流量和数据注入搜索引擎或浏览器，以及免费软件使用的情形，本节构建基本品 A 与互补品 B 相互独立的一个简化模型：将谷歌案的安卓系统应用程序商店市场对应为模型中的垄断市场，搜索引擎市场对应为模型中的竞争市场。

基本品市场被企业 1（谷歌）垄断，产品 A 的单位成本为 c_A，为简化，暂不考虑产品 A 的固定成本；互补品市场为双寡头市场，存在两个竞争企业——企业 1（谷歌）与企业 2（另一个参与竞争的搜索引擎企业），企业 1 与企业 2 生产的产品 B 存在差异，生产产品 B 包括固定成本 K 与产品单位成本 c_{B_i}。企业 1 搭售前，以价格 $P_A = \gamma$ 和 P_{B_1} 独立销售产品 A 和 B_1，产品 B_1 与产品 B_2 之间相互竞争，消费者面临的价格组合是 (P_A, P_{B_1}, P_{B_2})。具体来说，假设如下：

（1）可竞争产品市场是双寡头市场结构，双寡头企业的短期利润函数定义为：$\pi(p_i) = p_i q_i - C(p_i)$，其中，$p$ 是市场价格水平，q 是寡头企业 i 的产出水平。

（2）企业 1 生产产品 A，在垄断市场上占据市场支配地位，引入产品 A 的需求函数和成本函数 $P_A = \begin{cases} \gamma & q_A = 1 \\ 0 & q_A = 0 \end{cases}$，$P_A$ 是产品 A 的市场价格水平；企业 1 的产品 B_1 搭售产品 A 后，$P_{A+B_1} = \overline{P}$。

（3）可竞争产品市场上的产品是差异化的，引入代表性消费者的效用函数：$U_{(q_{B_1}, q_{B_2})} = a(q_{B_1} + q_{B_2}) - \frac{1}{2}(q_{B_1}^2 + 2b q_{B_1} q_{B_2} + q_{B_2}^2)$，$U$ 假设为二次严格凹函数，其中 a_i

为正数，$1-b>0$，代表性消费者的决策问题为：$\max\left[U_{(q_{B_1},\ q_{B_2})}-\sum_{i=1}^{2}p_{B_i}q_{B_i}\right]$。

温斯顿（Whinston，1990）已经证明，无法预先承诺的任何子博弈精炼均衡解与独立定价（企业1搭售前）博弈的子博弈精炼均衡解是相等的。为分析企业1搭售后均衡解的影响，本节先建模分析企业1搭售前的均衡解，以此作为分析的基准和参照。企业1搭售前，两阶段博弈如下：

阶段1：每个企业同时决定是否进入可竞争市场（双寡头市场），如果企业i决定进入，就会产生成本K。

阶段2：可竞争市场（双寡头市场）的企业选择价格（产量），如果企业1进入市场可以销售三种不同的产品：以$P_A(q_A)$的价格（产量）出售产品A，以$P_{B_1}(q_{B_1})$的价格（产量）出售产品B_1，以$\overline{P}(\overline{q})$的价格（产量）只出售捆绑组合产品$A+B_1$；如果企业2进入市场只能以$P_{B_2}(q_{B_2})$的价格（产量）出售产品$B_2$。假设企业1无法操纵消费者的购买行为，排除企业1利用合约强势规定买产品A却不买企业2的产品B_2的可能性，这也意味着如果$\overline{P}\le P_A+P_{B_1}$，消费者会买捆绑组合产品，否则分开购买。

为分析预先承诺搭售的情况，将以上两阶段博弈扩展到三阶段博弈。假设企业1通过选择生产的产品，预先承诺搭售。那么在三阶段博弈中，企业1能够预先承诺生产七种不同的组合产品：①两种产品分开销售；②两种产品分开销售加上捆绑组合产品；③只销售捆绑组合产品；④销售捆绑组合产品与产品A；⑤销售捆绑组合产品与产品B_1；⑥只销售产品A；⑦只销售产品B_1。温斯顿（Whinston，1990）已证实以下三个推论：前两种选择比后两种更占优，所得结果与独立定价（企业1搭售前）的结果一致；在企业1预先承诺只生产捆绑组合产品与产品A的子博弈中，任何子博弈精炼均衡解的结果与独立定价（企业1搭售前）的子博弈精炼均衡解的结果一致；在企业1预先承诺只生产捆绑组合产品与产品B_1的子博弈中，任何子博弈精炼均衡解的结果与企业1能够预先承诺只生产捆绑组合产品的子博弈精炼均衡解的结果一致。基于上述结论，本节集中讨论以下两种情况：一是企业1搭售前，分开生产销售产品A与产品B_1的情况；二是企业1搭售后，只生产销售捆绑组合产品的情况。因此，在博弈新的第一阶段，企业1预先承诺生产三种产品：产品A、产品B_1和捆绑组合产品（$A+B_1$），当然，假设企业1能分开生产产品 A 与产品 B_1，那么也能生产捆绑组合产品 $(A+B_1)$；这也意味着企业1能够实施预先承诺策略，保证只生产捆绑组合产品 $(A+B_1)$。接下来的第二、第三阶段与企业1搭售前（无法预先承诺的状态）相同。

接下来重点证明，在具有预先承诺的子博弈中，两个企业（企业1与企业2）在市场上展开双寡头博弈，并且企业承诺只生产搭售的产品组合 $(A+B_1)$，搭售后企业1所获得利润变多，而企业2所获得利润变少。

二、模型构建

（一）理论模型——贝特朗寡头决策

由前文假设得知，企业1搭售后的短期利润函数为 $\pi_{A+B_1}=(\bar{P}-c_A-c_{B_1})\bar{q}$，企业2的短期利润函数为 $\pi_{B_2}=(P_{B_2}-c_{B_2})q_{B_2}$。搭售前，产品 B 的需求函数和成本函数分别为：$q_{B_i}=\dfrac{1}{1-b^2}(a-ab-p_{B_i}+bq_{B_j})$，$C(q_i)=cq_i(i\neq j;\ i,\ j=1,\ 2;\ 0<b<1)$。为分析确定性环境下，企业搭售后对贝特朗均衡解的影响，首先计算双寡头企业搭售前的贝特朗均衡解，以此作为基准参照。

1. 均衡分析

（1）搭售前。双寡头企业的需求函数：

$$\begin{cases} q_{B_1}=\dfrac{1}{1-b^2}(a-ab-P_{B_1}+bP_{B_2}) \\[3mm] q_{B_2}=\dfrac{1}{1-b^2}(a-ab+bP_{B_1}-P_{B_2}) \end{cases} \tag{3-1}$$

在贝特朗模型中，双寡头企业以价格为决策变量，其决策问题：

$$\max_{P_{B_1}}\pi_{B_1}=\max_{P_{B_1}}\left[(P_{B_1}-c_{B_1})\dfrac{1}{1-b^2}(a-ab-P_{B_1}+bP_{B_2})\right]$$

$$\max_{P_{B_2}}\pi_{B_2}=\max_{P_{B_2}}\left[(P_{B_2}-c_{B_2})\dfrac{1}{1-b^2}(a-ab+bP_{B_1}-P_{B_2})\right] \tag{3-2}$$

均衡价格：

$$\begin{cases} P_{B_1}^* = \dfrac{1}{4-b^2}(2a-ab-ab^2+2c_{B_1}+bc_{B_2}) \\[4mm] P_{B_2}^* = \dfrac{1}{4-b^2}(2a-ab-ab^2+bc_{B_1}+2c_{B_2}) \end{cases} \qquad (3-3)$$

均衡产量：

$$\begin{cases} q_{B_1}^* = \dfrac{1}{(1-b^2)(4-b^2)}(2a-ab-ab^2-2c_{B_1}+b^2c_{B_1}+bc_{B_2}) \\[4mm] q_{B_2}^* = \dfrac{1}{(1-b^2)(4-b^2)}(2a-ab-ab^2+bc_{B_1}-2c_{B_2}+b^2c_{B_2}) \end{cases}$$

$$Q^* = \frac{1}{(1-b^2)(4-b^2)}\left[4a-2ab-2ab^2-(2-b-b^2)c_{B_1}-(2-b-b^2)c_{B_2}\right] \qquad (3-4)$$

考虑产品 A 的利润后，双寡头企业的短期总利润：

$$\begin{cases} \pi_1 = \dfrac{\left[2a-ab-ab^2+bc_{B_2}-(2-b^2)c_{B_1}\right]^2}{(1-b^2)(4-b^2)^2}+(\gamma-c_A) \\[5mm] \pi_2 = \dfrac{\left[2a-ab-ab^2+bc_{B_1}-(2-b^2)c_{B_2}\right]^2}{(1-b^2)(4-b^2)^2} \end{cases} \qquad (3-5)$$

（2）搭售后。双寡头企业的需求函数：

$$\begin{cases} \overline{q} = \dfrac{1}{1-b^2}(a-ab+\gamma-\overline{P}+bP_{B_2}) \\[4mm] q_{B_2} = \dfrac{1}{1-b^2}(a-ab-b\gamma+b\overline{P}-P_{B_2}) \end{cases} \qquad (3-6)$$

在贝特朗模型中，双寡头企业以价格为决策变量，其决策问题：

$$\max_{\overline{P}}\pi_{A+B_1} = \max_{\overline{P}}\left[(\overline{P}-c_A-c_{B_1})\frac{1}{1-b^2}(a-ab+\gamma-\overline{P}+bP_{B_2})\right]$$

$$\max_{P_{B_2}}\pi_{B_2} = \max_{P_{B_2}}\left[(P_{B_2}-c_{B_2})\frac{1}{1-b^2}(a-ab-b\gamma+b\overline{P}-P_{B_2})\right] \qquad (3-7)$$

均衡价格：

$$\begin{cases} \overline{P}^* = \dfrac{1}{4-b^2}\left[2a-ab-ab^2+2c_{B_1}+bc_{B_2}+(2-b^2)\gamma+2c_A\right] \\[5mm] P_{B_2}^* = \dfrac{1}{4-b^2}\left[2a-ab-ab^2+bc_{B_1}+2c_{B_2}-b(\gamma-c_A)\right] \end{cases} \qquad (3-8)$$

均衡产量：

$$\begin{cases} \bar{q}^* = \dfrac{1}{(1-b^2)(4-b^2)}\left[2a-ab-ab^2+bc_{B_2}-(2-b^2)c_{B_1}+(2-b^2)(\gamma-c_A)\right] \\[3mm] q_{B_2}^* = \dfrac{1}{(1-b^2)(4-b^2)}\left[2a-ab-ab^2+bc_{B_1}-(2-b^2)c_{B_2}-b(\gamma-c_A)\right] \end{cases}$$

$$Q^* = \dfrac{1}{(1-b^2)(4-b^2)}\left[4a-2ab-2ab^2-(2-b-b^2)c_{B_1}-(2-b-b^2)c_{B_2}+(2-b-b^2)(\gamma-c_A)\right]$$

$$(3-9)$$

双寡头企业的短期利润：

$$\begin{cases} \pi_{A+B_1} = \dfrac{\left[2a-ab-ab^2+bc_{B_2}-(2-b^2)c_{B_1}+(2-b^2)(\gamma-c_A)\right]^2}{(1-b^2)(4-b^2)^2} \\[5mm] \pi_{B_2} = \dfrac{\left[2a-ab-ab^2+bc_{B_1}-(2-b^2)c_{B_2}-b(\gamma-c_A)\right]^2}{(1-b^2)(4-b^2)^2} \end{cases}$$

$$(3-10)$$

2. 市场绩效

（1）垄断企业的动机。分别对比企业 1 搭售前后，得出两个企业的利润差值：

$$\Delta\pi_1 = \dfrac{\left[4a-2ab-2ab^2+2bc_{B_2}-2(2-b^2)c_{B_1}+(2-b^2)(\gamma-c_A)\right](2-b^2)(\gamma-c_A)}{(1-b^2)(4-b^2)^2}-(\gamma-c_A)$$

$$\Delta\pi_2 = \dfrac{\left[4a-2ab-2ab^2+2bc_{B_1}-2(2-b^2)c_{B_2}-b(\gamma-c_A)\right]\left[-b(\gamma-c_A)\right]}{(1-b^2)(4-b^2)^2}$$

$$(3-11)$$

企业 2 利润的分子平方项里的差值：$-b(\gamma-c_A)<0$。

对于企业 2 而言，企业 1 搭售后，企业 2 的利润变小，说明搭售产生的杠杆效应，提高了竞争对手的进入成本。通过预先承诺搭售产品，企业 1 持续让竞争对手处于非营利状态。通过画图对比，发现企业 1 搭售有时并不利于企业 1 短期利润增加。

值得注意的是，在双寡头市场上，企业 1 搭售后的利润可能会降低，这是因为搭售不仅减少了产品 A 的利润，也引发了企业 2 的降价，转而又压低企业 1 生产的产品 B 的价格。若产品 A 利润非常高，可交叉补贴产品 B，虽然企业 1 短期利润下降，但从长远来看，企业 1 退出市场的情况可能不会发生。因此，在这个模型中，除非能将企业 2 成功排挤出市场，否则企业 1 不会预先承诺捆绑搭售。上文的模型如果没有进入成本，且满足 $\gamma = c_A$，企业 1 搭售后利润不会增加，也没有减少企业 2 的利润，这表明搭售并不能将企业 2 排挤出市场，在这种情况下企业 1 搭售是没有意义的。对于企业 1 而言，搭售一般会产生正负两种效应：正效应是当互补品市场从双寡头市场变为垄断市场时，能够给企业 1 带来收益和好处；负效应是成功驱逐企业 2 前，企业 1 只能提供搭售的产品组合，利润减少，即使企业 1 最终独占市场，不喜好产品 B_1 的消费者也会使搭售的产品组合亏损，导致企业 1 损失潜在利润。

正如温斯顿（Whinston，1990）所言，企业 1 搭售对消费者与社会所造成的影响是不确定的。首先，企业 1 搭售引发的价格效应，一方面促使产品 B_1 降价，另一方面迫使企业 2 退出市场，最终企业 1 可能成为垄断企业独占基本品和互补品两个市场。企业 1 为独占市场，形成价格效应以及互补品市场产品多样性的减少，导致消费者福利受损。尽管人们一般会认为企业 1 在互补品市场的垄断所得利润巨大，令消费者处境更差，但总福利效应仍是不确定的。

（2）社会福利分析。与温斯顿（Whinston，1990）的研究结果相似，相对于搭售前，企业 1 搭售后生产的产品 B_1 最优价格降低了。搭售前，企业 1 以价格 $P_A = \gamma$ 和 P_{B_1} 分别独立销售产品 A 和 B_1，如果将产品 A 和 B_1 以价格 $\overline{P} = \gamma + P_{B_1}$ 搭售，会改变产品 B_1 的需求，这是因为搭售行为促使企业 1 的定价动机有所改变。具体来说，如果 $\gamma = c_A$，那么 $\overline{P}^*(P_{B_2}) = P_{B_1}^*(P_{B_2}) + \gamma$，但是，如果 $\gamma > c_A$，那么 $\overline{P}^*(P_{B_2}) < P_{B_1}^*(P_{B_2}) + \gamma$。原因在于：当企业 1 搭售时，要同时保证垄断产品 A 获利与产品 B_1 的销售，导致企业 1 不惜以产品 A 的利润补贴产品 B_1 价格削减，以此达到抢夺企业 2 市场份额的目的，这种效应被称为策略性圈定效应。企业 1 搭售后，产品 B_1 与产品 B_2 的实际价格均变低了。

为更好理解企业 1 搭售对企业 2 可能造成的影响，下面进行简化分析。假设产品 A 的价格（价值）大于成本，并且产品 B_1 与产品 B_2 是完全替代品，满足 $c_{B_1} - c_{B_2} > K > 0$，相对于企业 2 来说，企业 1 单位成本较高，属于低效率企业。若企业 1 不搭售，子博弈精炼均衡解就是企业 2 在市场上出清，并且获得利润 $c_{B_1} - c_{B_2} - K > 0（K = 0）$。为聚焦企业 2 的行为，假设 $K = 0$，即企业 2 进入市场没有面临高额的进入成本；如果企业 1 搭售，且结果变为 $c_{B_1}-c_{B_2}<(\gamma-c_A)$，表明企业 2 由于高昂的固定投资成本被阻挡在市场之外，而企业 1 通过搭售，在筑起进入壁垒高墙的同时，也攫取了消费者所有的剩余。也就是说，企业 1 通过搭售以 $\gamma-c_A$ 作为投资成本，以 $\gamma-c_A$ 的幅度降低了在互补品市场的边际成本。边际成本下降使企业 2 在互补品市场的价格竞争更为激烈，加剧双寡头企业的价格战。

对比搭售前后短期均衡总产量得知，$\Delta_Q=\dfrac{(\gamma-c_A)}{(2-b)(1+b)}-1$。由于 $0<b<1$，若 $\dfrac{(\gamma-c_A)}{(2-b)(1+b)}>1$，捆绑后 $\Delta_Q>0$，则消费者剩余增加，企业 1 搭售短期内对消费者有利；若 $\dfrac{(\gamma-c_A)}{(2-b)(1+b)}<1$，捆绑后 $\Delta_Q<0$，则消费者剩余减少，企业 1 搭售短期内对消费者不利；若 $\dfrac{(\gamma-c_A)}{(2-b)(1+b)}=1$，捆绑后 $\Delta_Q=0$，则消费者剩余不变，企业 1 搭售短期内对消费者没有影响。由于贝特朗模型中 b 无法取到 0 或者 1，第二部分理论模型将构建古诺寡头决策模型进行补充分析。

（二）理论模型——古诺寡头决策

由前文假设得知，企业 1 搭售后的短期利润函数为 $\pi_{A+B_1}=(\gamma+a-\bar{q}-bq_{B_2}-c_A-c_{B_1})\bar{q}$，企业 2 的短期利润函数为 $\pi_{B_2}=(a-b\bar{q}-q_{B_2}-c_{B_2})q_{B_2}$。搭售前，产品 B 的需求函数和成本函数分别为 $p_{B_i}=a-q_{B_i}-bq_{B_j}$，$C(q_i)=cq_i(i\neq j;\ i,\ j=1,\ 2;\ 0\leqslant b\leqslant 1)$。为分析确定性环境下，企业搭售后对古诺均衡解的影响，首先计算双寡头企业搭售前的古诺均衡解，以此作为基准参照。

1. 均衡分析

（1）搭售前。双寡头企业的需求函数：

$$\begin{cases} P_{B_1}=a-q_{B_1}-bq_{B_2} \\ P_{B_2}=a-bq_{B_1}-q_{B_2} \end{cases} \tag{3-12}$$

在古诺模型中，双寡头企业以产量为决策变量，其决策问题：

$$\max_{q_{B_1}}\pi_{B_1}=\max_{q_{B_1}}\left[(a-q_{B_1}-bq_{B_2}-c_{B_1})q_{B_1}\right]$$

$$\max_{q_{B_2}}\pi_{B_2}=\max_{q_{B_2}}\left[(a-bq_{B_1}-q_{B_2}-c_{B_2})q_{B_2}\right] \tag{3-13}$$

均衡产量：

$$
\begin{cases}
q_{B_1}^* = \dfrac{1}{4-b^2}(2a-ab-2c_{B_1}+bc_{B_2}) \\[3mm]
q_{B_2}^* = \dfrac{1}{4-b^2}(2a-ab+bc_{B_1}-2c_{B_2})
\end{cases}
\tag{3-14}
$$

均衡价格：

$$
\begin{cases}
P_{B_1}^* = \dfrac{1}{4-b^2}(2a-ab+2c_{B_1}-b^2c_{B_1}+bc_{B_2}) \\[3mm]
P_{B_2}^* = \dfrac{1}{4-b^2}(2a-ab+bc_{B_1}+2c_{B_2}-b^2c_{B_2})
\end{cases}
\tag{3-15}
$$

考虑产品 A 的利润后，双寡头企业的短期总利润：

$$
\begin{cases}
\pi_1 = \dfrac{(2a-ab-2c_{B_1}+bc_{B_2})^2}{(4-b^2)^2} + (\gamma-c_A) \\[3mm]
\pi_2 = \dfrac{(2a-ab+bc_{B_1}-2c_{B_2})^2}{(4-b^2)^2}
\end{cases}
\tag{3-16}
$$

（2）搭售后。双寡头企业的需求函数：

$$
\begin{cases}
P_{A+B_1} = \overline{P} = \gamma+a-\overline{q}-bq_{B_2} \\[2mm]
P_{B_2} = a-b\overline{q}-q_{B_2}
\end{cases}
\tag{3-17}
$$

在古诺模型中，双寡头企业以产量为决策变量，其决策问题：

$$
\begin{aligned}
&\max_{\overline{q}}\pi_{A+B_1} = \max_{\overline{q}}\left[(\gamma+a-\overline{q}-bq_{B_2}-c_A-c_{B_1})\overline{q}\right] \\
&\max_{q_{B_2}}\pi_{B_2} = \max_{q_{B_2}}\left[(a-b\overline{q}-q_{B_2}-c_{B_2})q_{B_2}\right]
\end{aligned}
\tag{3-18}
$$

均衡产量：

$$
\begin{cases}
\overline{q}^* = \dfrac{1}{4-b^2}(2a-ab+2\gamma-2c_A-2c_{B_1}+bc_{B_2}) \\[3mm]
q_{B_2}^* = \dfrac{1}{4-b^2}(2a-ab-b\gamma+bc_A+bc_{B_1}-2c_{B_2})
\end{cases}
\tag{3-19}
$$

均衡价格：

$$
\begin{cases}
\overline{P}^* = \dfrac{1}{4-b^2}(2a-ab+2\gamma+2c_A-b^2c_A+2c_{B_1}-b^2c_{B_1}+bc_{B_2}) \\[3mm]
P_{B_2}^* = \dfrac{1}{4-b^2}(2a-ab+-b\gamma+bc_A+bc_{B_1}+2c_{B_2}-b^2c_{B_2})
\end{cases}
\tag{3-20}
$$

双寡头企业的短期利润：

$$\begin{cases} \pi_{A+B_1} = \dfrac{1}{(4-b^2)^2}(2a-ab+2\gamma-2c_A-2c_{B_1}+bc_{B_2})^2 \\[4mm] \pi_{B_2} = \dfrac{1}{(4-b^2)^2}(2a-ab-b\gamma+bc_A+bc_{B_1}-2c_{B_2})^2 \end{cases} \tag{3-21}$$

2. 市场绩效

（1）垄断企业的动机。分别对比企业 1 搭售前后，得出两个企业的利润差值，企业 1 利润差值：

$$\Delta_{\pi_1} = \frac{[4a-2ab-4c_{B_1}+2bc_{B_2}+2(\gamma-c_A)]}{(4-b^2)^2} \times 2(\gamma-c_A)-(\gamma-c_A) \tag{3-22}$$

企业 2 利润的分子平方项里的差值：$-b(\gamma-c_A) \leqslant 0$。

与贝特朗寡头决策模型的结果相同，对于企业 2，企业 1 搭售后，企业 2 的利润变小，说明搭售行为产生的杠杆效应提高了竞争对手的进入成本。通过预先承诺搭售产品，企业 1 持续让竞争对手处于非营利状态。根据第一部分理论模型的画图结果得知，企业 1 搭售有时并不利于企业 1 短期利润增加。产量竞争对企业 1 更有利，而价格竞争更激烈，古诺模型的均衡结果再次佐证了贝特朗的均衡结果。

（2）社会福利分析。对比搭售前后短期均衡总产量得知，$\Delta_Q = \dfrac{\gamma-c_A}{2+b}-1$。由于 $0 \leqslant b \leqslant 1$，若 $\Delta_Q = \dfrac{(2-b)(\gamma-c_A)}{4-b^2}-1>0$，捆绑后 $\Delta_Q>0$，则消费者剩余增加，企业 1 搭售短期内对消费者有利；若 $\Delta_Q = \dfrac{(2-b)(\gamma-c_A)}{4-b^2}-1<0$，捆绑后 $\Delta_Q<0$，则消费者剩余减少，企业 1 搭售短期内对消费者不利；若 $\Delta_Q = \dfrac{(2-b)(\gamma-c_A)}{4-b^2}-1=0$，捆绑后 $\Delta_Q=0$，则消费者剩余不变，企业 1 搭售短期内对消费者没有影响。若产品是完全替代品，即 $b=1$，$\Delta_Q = \dfrac{\gamma-c_A}{3}-1$，若 $\gamma-c_A>3$，则消费者剩余增加，企业 1 搭售短期内对消费者有利；若 $\gamma-c_A<3$，则消费者剩余减少，企业 1 搭售短期内

对消费者不利；若 $\gamma-c_A=3$，则消费者剩余不变，企业 1 搭售短期内对消费者没有影响。若产品差异化增大，b 趋近于 0，同时满足条件的 $\gamma-c_A$ 的差值变小，则说明产品差异化越大，且产品 A 利润幅度足够小时，企业 1 搭售的动机越小。

（三）理论模型——斯坦克尔伯格寡头决策

与古诺寡头决策模型的利润函数和需求函数相同，企业 1 搭售后的短期利润函数为 $\pi_{A+B_1}=(\gamma+a-\bar{q}-bq_{B_2}-c_A-c_{B_1})\bar{q}$，企业 2 的短期利润函数为 $\pi_{B_2}=(a-b\bar{q}-q_{B_2}-c_{B_2})q_{B_2}$。搭售前，产品 B 的需求函数和成本函数分别为：$p_{Bi}=a-q_{Bi}-bq_{Bj}$，$C(q_i)=cq_i(i\neq j;\ i,\ j=1,\ 2;\ 0\leq b\leq 1)$。为分析确定性环境下，企业搭售后对斯坦克尔伯格均衡解的影响，计算双寡头企业搭售前的斯坦克尔伯格均衡解，以此作为基准参照。

1. 均衡分析

（1）搭售前。双寡头企业的需求函数：

$$\begin{cases} P_{B_1}=a-q_{B_1}-bq_{B_2} \\ P_{B_2}=a-bq_{B_1}-q_{B_2} \end{cases} \tag{3-23}$$

在斯坦克尔伯格模型中，双寡头企业以产量为决策变量，其决策问题：

$$\max_{q_{B_1}}\pi_{B_1}=\max_{q_{B_1}}\left[(a-q_{B_1}-bq_{B_2}-c_{B_1})q_{B_1}\right]$$

$$\max_{q_{B_2}}\pi_{B_2}=\max_{q_{B_2}}\left[(a-bq_{B_1}-q_{B_2}-c_{B_2})q_{B_2}\right] \tag{3-24}$$

均衡产量：

$$\begin{cases} q_{B_1}^*=\dfrac{1}{4-2b^2}(2a-ab-2c_{B_1}+bc_{B_2}) \\ q_{B_2}^*=\dfrac{1}{2(4-2b^2)}(4a-ab^2-2ab+2bc_{B_1}+b^2c_{B_2}-4c_{B_2}) \end{cases} \tag{3-25}$$

均衡价格：

$$\begin{cases} P_{B_1}^*=\dfrac{1}{2(4-2b^2)}(4a+ab^3-2ab^2-2ab+2b^2c_{B_1}-3c_{B_1}-b^3c_{B_2}+2bc_{B_2}) \\ P_{B_2}^*=\dfrac{1}{2(4-2b^2)}(4a-ab^2-2ab+2bc_{B_1}+b^2c_{B_2}-4c_{B_2}) \end{cases} \tag{3-26}$$

考虑产品 A 的利润后，双寡头企业的短期总利润：

$$\begin{cases} \pi_1 = \dfrac{(2a-ab-2c_{B_1}+bc_{B_2})^2}{(4-2b^2)^2} + \dfrac{(ab^3-2ab^2+2b^2c_{B_1}-b^3c_{B_2})(2a-ab-2c_{B_1}+bc_{B_2})}{2(4-2b^2)^2} + (\gamma-c_A) \\[4mm] \pi_2 = \dfrac{1}{4(4-2b^2)^2}(4a-ab^2-2ab+2bc_{B_1}+b^2c_{B_2}-4c_{B_2})^2 \end{cases}$$

$$(3-27)$$

（2）搭售后。双寡头企业的需求函数：

$$\begin{cases} P_{A+B_1} = \overline{P} = \gamma+a-\overline{q}-bq_{B_2} \\[3mm] P_{B_2} = a-b\overline{q}-q_{B_2} \end{cases}$$

$$(3-28)$$

在斯坦克尔伯格模型中，双寡头企业以产量为决策变量，其决策问题：

$$\max_{\overline{q}}\pi_{A+B_1} = \max_{\overline{q}}\big[\,(\gamma+a-\overline{q}-bq_{B_2}-c_A-c_{B_1})\overline{q}\,\big]$$
$$\max_{q_{B_2}}\pi_{B_2} = \max_{q_{B_2}}\big[\,(a-b\overline{q}-q_{B_2}-c_{B_2})q_{B_2}\,\big]$$

$$(3-29)$$

均衡产量：

$$\begin{cases} \overline{q}^* = \dfrac{1}{4-2b^2}(2a-ab-2c_{B_1}+bc_{B_2}+2\gamma-2c_A) \\[4mm] q_{B_2}^* = \dfrac{1}{2(4-2b^2)}(4a-ab^2-2ab+2bc_{B_1}+b^2c_{B_2}-4c_{B_2}-2b\gamma+2bc_A) \end{cases}$$

$$(3-30)$$

均衡价格：

$$\begin{cases} P_{B_1}^* = \dfrac{1}{2(4-2b^2)}(4a+ab^3-2ab^2-2ab+2b^2c_{B_1}-3c_{B_1}-b^3c_{B_2}+2bc_{B_2}+2\gamma-c_A) \\[4mm] P_{B_2}^* = \dfrac{1}{2(4-2b^2)}(4a-ab^2-2ab+2bc_{B_1}+b^2c_{B_2}-4c_{B_2}-2b\gamma+2bc_A) \end{cases}$$

$$(3-31)$$

双寡头企业的短期利润：

$$\begin{cases} \pi_{B_1} = \dfrac{(2a-ab-2c_{B_1}+bc_{B_2}+2\gamma-2c_A)^2}{(4-2b^2)^2} + \dfrac{(ab^3-2ab^2+2b^2c_{B_1}-b^3c_{B_2}-2b^2\gamma+2b^2c_A)(2a-ab-2c_{B_1}+bc_{B_2}+2\gamma-2c_A)}{2(4-2b^2)^2} \\[4mm] \pi_{B_2} = \dfrac{1}{4(4-2b^2)^2}(4a-ab^2-2ab+2bc_{B_1}+b^2c_{B_2}-4c_{B_2}-2b\gamma+2bc_A)^2 \end{cases}$$

$$(3-32)$$

2. 市场绩效

（1）垄断企业的动机。分别对比企业 1 搭售前后，得出两个企业的利润差值，企业 1 利润差值：

$$\Delta_{\pi_1} = \frac{\left[4a-2ab-4c_{B_1}+2bc_{B_2}+2(\gamma-c_A)\right]}{(4-2b^2)^2} \times 2(\gamma-c_A) +$$

$$\frac{(ab^3-2ab^2+2b^2c_{B_1}-b^3c_{B_2}-2b^2\gamma+2b^2c_A)(2a-ab-2c_{B_1}+bc_{B_2}+2\gamma-2c_A)}{2(4-2b^2)^2} -$$

$$\frac{(ab^3-2ab^2+2b^2c_{B_1}-b^3c_{B_2})(2a-ab-2c_{B_1}+bc_{B_2})}{2(4-2b^2)^2} - (\gamma-c_A) \qquad (3\text{-}33)$$

企业 2 利润的分子平方项里的差值：$-b(\gamma-c_A) \le 0$。

与贝特朗和古诺寡头决策模型的结果相同，对于企业 2，企业 1 搭售后，企业 2 的利润变小，说明搭售行为产生的杠杆效应提高了竞争对手的进入成本。通过预先承诺搭售产品，企业 1 持续让竞争对手处于非营利状态。根据第一部分理论模型的画图结果得知，企业 1 搭售有时并不利于企业 1 短期利润增加，如果能利用先动优势占据市场主导地位，与竞争对手展开产量竞争会更加占据优势。社会福利变化与古诺模型分析结果一致，此处不再赘述。

（2）社会福利分析。对比搭售前后短期均衡总产量得知，$\Delta_Q = \frac{(2-b)(\gamma-c_A)}{4-2b^2}$。由于 $0 \le b \le 1$，若 $\Delta_Q = \frac{(2-b)(\gamma-c_A)}{4-2b^2} > 0$，捆绑后 $\Delta_Q > 0$，则消费者剩余增加，企业 1 搭售短期内对消费者有利；若 $\Delta_Q = \frac{(2-b)(\gamma-c_A)}{4-2b^2} = 0$，捆绑后 $\Delta_Q = 0$，则消费者剩余不变，企业 1 搭售短期内对消费者没有影响；$\Delta_Q = \frac{(2-b)(\gamma-c_A)}{4-2b^2}$ 不可能小于 0。若产品是完全替代品，即 $b = 1$，$\Delta_Q = \frac{\gamma-c_A}{2}$，若 $\gamma - c_A > 0$，则消费者剩余增加，企业 1 搭售短期内对消费者有利；若 $\gamma - c_A = 0$，则消费者剩余不变，企业 1 搭售短期内对消费者没有影响。若产品差异化增大，b 趋近于 0，同时满足条件的 $\gamma - c_A$ 的差值远大于 0，则说明产品差异化越大，且产品 A 利润幅度越大，企业 1 搭售的动机越小。

三、行为动机

（一）效率动机

搭售具有很多与反竞争动机无关的动机，而这些动机旨在提高销售效率。

1. 保证产品质量

搭售是可以让消费者更确切地认识到基本品与互补品实现充分协作的一种方式。而且，搭售能够有效保护基本品在消费者面前的声誉。在其他独立生产商因设计不佳或产品质量问题导致可竞争产品出现故障时，可以使主导企业免予承担责任；在第三方（如消费者或法院）没有必要的技术专长或信息查明过错方的情况下，搭售可以被视为解决道德风险问题的手段。

2. 灵活的定价策略

低价格（甚至零价格或负价格）不一定反映某些情境中的反竞争意图。某一产品的低价格可以刺激互补产品的需求，比如，在进入中国市场初期，为培养下游客群，鼓励牛奶企业使用其无菌包材，利乐公司允许牛奶企业分期低价付清设备款，还帮助其建设包装生产线，采取设备与包材搭售定价的营销策略，以此吸引消费者试用，培育下游市场。

3. 细分市场

企业可以通过搭售可竞争产品来计量不同消费者的产品使用情况，测度市场需求和价格，从而达到细分市场的目的。由于基本品的消费量是固定的，而可竞争产品的消费量因人而异；为追求利润最大化，主导企业通过搭售定价的自由度更大，这是因为主导企业可以依据下游企业的具体情况，在基本品与可竞争产品的产品组合间配置合理的定价比例。假如禁止或不存在搭售，那么企业只能被迫对基本品制定单一价格。若此时消费者对基本品的支付意愿不高，那么企业就会失去这些客户。但是，搭售可以使企业对基本品收取较低的价格，而对组合产品收取较高的价格，避免损失那部分客户，提高整体经济效率。同时，企业通过搭售计量下游市场需求，可以实行符合经济效益的下游市场细分方案。一般来说，区别定价对消费者的影响是模棱两可的，当我们采取区别定价的态度时，需要秉承论辩原则分析社会福利效应。

（二）策略动机

针对搭售杠杆理论的讨论由来已久，相对于本章所讨论的搭售的排他性影响而言，搭售在上述提高效率的作用方面并不显著，更多的是损害竞争市场中的竞争对手，从而诱使其退出市场或阻碍进入市场。通过拒绝单独提供关键设施（基本品），主导企业就可以简单地将竞争市场中的竞争对手排除在市场之外，这是因为对产品组合有需求的消费者不会购买竞争对手的产品。这时企业搭售并不是出于提高效率方面的考虑，而是圈定市场的策略动机。一方面，如果竞争对手在市场上的利润不足以覆盖其运营成本或者投资成本，最后退出竞争市场，那么主导企业就能够垄断该市场，搭售策略可能会间接地使主导企业受益。另一方面，搭售策略又会反过来伤害主导企业，这是因为主导企业搭售的排他性限制消费者在竞争市场上的产品选择，降低消费者购买基本品的意愿。比如谷歌强制安装安卓系统应用商店的硬件制造商必须预安装谷歌搜索引擎与浏览器，用以阻挠其竞争对手研发创新安卓系统上的搜索引擎与浏览器软件，有利于谷歌圈定整个搜索引擎市场，因为搭售行为几乎将安卓系统所有流量都引入谷歌搜索引擎。

四、市场绩效

通过构建贝特朗、古诺和斯坦克尔伯格寡头决策模型，研究终端产品搭售与市场圈定后发现，对于企业2，企业1搭售后，企业2的利润变小，搭售行为产生的杠杆效应提高了竞争对手的进入成本。通过预先承诺搭售产品，企业1持续让竞争对手处于非营利状态，以此达到抢夺企业2市场份额的目的，形成策略性圈定效应。

在双寡头市场上，企业1搭售后的利润变化需分阶段讨论。搭售初期企业1的利润可能会降低，这是因为通过搭售交叉补贴产品B，不仅减少了产品A的利润，也压低了企业2的价格，转而又迫使企业1生产的产品B降价。虽然企业1短期利润下降，但从长远来看企业1退出市场的情况可能不会发生。搭售后期企业1的利润可能会增加，这是因为企业1通过搭售的杠杆效应抢夺企业2市场份额，达到将企业2排挤出互补品市场的目的。

企业1搭售对消费者与社会所造成的影响是不确定的。需要结合其效率动机、策略动机以及实施时长等因素综合考虑。尽管人们一般认为企业1在互补品市场的垄断所得利润巨大，令消费者处境更差，但总福利效应仍需要根据具体情况进行讨论。

第三节　中间产品搭售与市场圈定

一、基本假设

（一）上游企业的基本假设

基本品总成本为 F^0[①]，其成本函数为 $C(q_i) = \begin{cases} F^0 & q_i \neq 0 \\ 0 & q_i = 0 \end{cases}$，提供给下游企业 D_i 的单位价格为 F_i，其收益函数为 $R(q_i) = nF_i$。

可竞争产品单位成本为 mc_0，其成本函数为 $C(q_i) = mc_0 q_i$，提供给下游企业 D_i 的单位价格为 $mc_i (mc_i \neq mc_0)$，其收益函数为 $R(q_i) = mc_i q_i$。

（二）下游企业的基本假设

下游企业 D_i 向上游企业购买基本品和可竞争产品所支付的价格分别为 F_i 和 mc_i。下游企业的成本函数为 $C(q_i)^D = F_i + mc_i q_i$，且下游企业 D_i 没有产生任何其他费用。下游寡头企业满足以下参与约束：$\pi(q_i)^D \geq 0$，市场的逆需求函数为 $p = a - Q = a - \sum q_i = a - q_i - q_i^-$，其中，$p$ 为下游寡头企业生产的最终产品价格，q_i 为下游寡头企业 D_i 生产的最终产品产量。考虑下游寡头企业具有相同的成本结构，构建 N 个下游寡头企业持有对称信念的古诺决策模型，所得利润全部被上游企业攫取，下游企业最终获取利润为 0[②]。同时假设 N 是外生的，由其他客观因素决定，即上游企业无法改变下游企业的数量。

---

① 这里的关键基础设施（基本品）的成本与其产量无关，可能的解释是，关键基础设施初期的投入研发成本往往非常高，无论实现产出之后的产量多少，其研发费用是一定的，比如微软的操作系统研发。

② 本节重点关注上游企业的操纵成本结构行为，由于下游多寡头企业竞争激烈，缺乏议价能力，因而假设没有考虑下游企业的议价能力，故下游企业没有留存利润。

二、模型构建

（一）无操纵成本结构行为模型

为考察上游企业中间产品搭售行为的策略动机，构建基准模型：上游存在双寡头企业 U_1 和 U_2，其中 U_1 生产关键设施（基本品），U_2 生产可竞争产品。对于下游企业来说，上游双寡头企业产品均占据投入品的垄断地位，并对下游市场统一定价。此时，上游两家分别生产不同产品的垄断企业为获取垄断利润扭曲资源配置，其成本投入结构虽然无法调整，但能够在生产成本基础上加价输出至下游市场。

设定上游企业 U_1 的生产函数为 $C(q_i)^{U_1} = \begin{cases} F^0 & q_i \neq 0 \\ 0 & q_i = 0 \end{cases}$，供应到下游企业 D_i 的收益函数为 $R(q_i)^{U_1} = nF_i$。设定上游企业 U_2 的生产函数为 $C(q_i)^{U_2} = mc_0 q_i$，供应到下游企业 D_i 的收益函数为 $R(q_i)^{U_2} = mc_i q_i$。由此，下游企业 D_i 向上游两个企业分别购买基本品和可竞争产品所支付的价格分别为 F_i 和 mc_i。然后运用逆向归纳的方法，求解均衡结果。

1. 上游独立生产的均衡分析

通过构建模型，上游双寡头企业的决策问题：

$$\max_{F_i} \pi_{U_1} = nF_i - F^0$$

$$\max_{mc_i} \pi_{U_2} = \sum_{i=1}^{n} q_i (mc_i - mc_0)$$

$$s.\,t.\ \max_{F_i} \pi_{U_1} \geq 0$$

$$s.\,t.\ \max_{mc_i} \pi_{U_2} \geq 0$$

$$s.\,t.\ \max \pi_{D_i} = (a - q_i - q_i^- - mc_i) q_i - F_i \geq 0 \tag{3-34}$$

求解得出：

$$mc_i = \frac{2a + (n+1)mc_0}{n+3}$$

$$Q^* = \frac{n(a - mc_0)}{n+3}$$

$$p^* = a - \frac{n(a-mc_0)}{n+3} \tag{3-35}$$

$N=1$ 时，$mc_i = \frac{a+mc_0}{2}$、$Q^* = \frac{a-mc_0}{4}$，当下游只有一个企业时，上游企业可竞争产品垄断定价。

$N=\infty$ [①]时，$mc_i = mc_0$、$Q^* = a - mc_0$，当下游多寡头企业时，上游企业可竞争产品边际成本定价。随着下游企业数量增多，最终产品产量大大提升。

2. 上游独立生产的市场绩效分析

上游企业的利润：

$$\pi_{U_1} = n\left(\frac{a-mc_0}{n+3}\right)^2 - F^0$$

$$\pi_{U_2} = 2n\left(\frac{a-mc_0}{n+3}\right)^2 \tag{3-36}$$

结果表明，上游企业的利润 π_{U_1}、π_{U_2} 分别是 n 的减函数。随着下游企业数量增多，上游企业的利润逐渐减少。这是因为，下游市场中多寡头企业竞争越激烈，上游两个企业可以获得的利润越少。与下游市场为完全竞争市场模型不同的是，这里的下游市场为多寡头竞争，企业之间的反应函数具有相互关系。多寡头企业之间的竞争激烈程度，直接影响上游两个企业所获得的利润。这里下游企业净利润为零，所得利润完全被上游生产关键设施的企业攫取，而上游生产可竞争产品的企业无法完全获取下游企业的利润。这是基准模型，接下来需要求解并对比上游垄断企业 U 同时生产关键设施和可竞争产品的市场绩效变化，用以说明企业动机和圈定效应。

（二）有操纵成本结构行为模型——上游垄断市场结构

为对比有操纵成本结构行为对市场绩效的影响，本部分构建上游垄断企业 U 同时生产关键设施（基本品）和可竞争产品的模型。对于下游企业来说，上游垄断企业占据投入品的垄断地位，且对下游市场统一定价。设定上游垄断企业 U

---

① 这里的 N 即使非常大，也不会是完全竞争市场，而是多寡头市场，不同企业之间的产量决策是相互影响的。

的生产函数为 $C(q_i)^U = F^0 + mc_0 q_i$，其中，生产的基本品总成本为 F^0，可竞争产品单位成本为 mc_0。上游垄断企业供应到下游企业 D_i 的基本品单位价格为 F_i，可竞争产品的单位价格为 $mc_i(mc_i \neq mc_0)$，且不可实施两部制定价[①]。

1. 上游组合生产的均衡分析

通过构建模型，上游垄断企业的决策问题：

$$\max_{F_i mc_i} \pi_u = nF_i + (mc_i - mc_0) \cdot \sum_{i=1}^{n} q_i - F^0$$

$$\text{s. t. } \max_{F_i mc_i} \pi_u \geq 0, \ n \in [1, \infty)$$

$$\text{s. t. } \max \pi_{D_i} = (p - mc_i) q_i - F_i \geq 0 \qquad (3-37)$$

求解得出：

$$q_i(n-1) = mc_i - mc_0$$

$$mc_i = \frac{(n-1)(a-mc_0)}{2n} + mc_0$$

$$Q^* = \frac{a-mc_0}{2}$$

$$p^* = \frac{a+mc_0}{2}$$

$$F_i = \frac{(a-mc_0)^2}{4n^2} \qquad (3-38)$$

当 $N=1$ 时，下游企业数量为 1，$mc_i = mc_0$，$F_i = \frac{(a-mc_0)^2}{4}$，变动部分（可竞争产品）利润为 0，上游垄断企业对可竞争产品实施边际成本定价，只赚取关键设施（基本品）的利润。该研究结论与前文最惠国条款部分的研究结论一致，即在上游垄断—下游垄断的市场结构中，下游企业持对称信念时，上游垄断企业实施的两部制定价采取边际成本定价方式。算出 $mc_i > mc_0$，可见，可竞争产品定价高于边际成本定价，这与前文最惠国条款中上游垄断—下游双寡头市场结构的公开合约结论一致。

---

① 为聚焦于关键基础设施和可竞争产品两者的关系，这里简化假设。

N 越大，mc_i 越高。当 N 趋于 ∞ 时，$mc_i = \dfrac{a+mc_0}{2}$，即 mc_i 趋于垄断定价，F_i 趋于 0，即上游垄断—下游完全竞争的市场结构。当 N 是外生的情况下，下游企业属于上游垄断企业的代理商。上游垄断企业虽然不能操纵下游市场结构，无法改变下游市场数量，但是，可以通过捆绑关键设施（基本品）与可竞争产品操纵下游企业的成本结构，促使下游市场产生合谋效应，从而达到攫取所有垄断利润的目的。无论如何给定 N，上游垄断企业都可以通过捆绑两种产品产生合谋效应，获得全部的垄断利润。

2. 上游组合生产的市场绩效分析

变动部分利润由 π_u^v 表示，上游垄断企业的变动部分利润和固定部分利润：

$$\sum \pi_u^v = \frac{(a-mc_0)^2}{4} - \frac{(a-mc_0)^2}{4n}$$

$$nF_i = \frac{(a-mc_0)^2}{4n} \tag{3-39}$$

上游垄断企业利润：

$$\pi_u = \frac{(1-n+n^2)(a-mc_0)^2}{4n^2} - F^0 \tag{3-40}$$

上游垄断企业的利润来源于两部分：可竞争产品（变动部分）与关键设施（固定部分）。对比上游垄断企业的可竞争产品（变动部分）利润总和 $\sum \pi_u^v$ 与关键设施（固定部分）的定价 nF_i 后发现，可竞争产品（变动部分）利润减少的部分需要通过关键设施（固定部分）的利润来弥补。N 越小，上游垄断企业攫取的可竞争产品（变动部分）利润越小，而关键设施（固定部分）的利润越大。N 越大，上游垄断企业攫取的可竞争产品（变动部分）利润越大，而关键设施（固定部分）的利润越小。类似于双重加价的结果，上游垄断企业的可竞争产品定价虽然被扭曲，但是下游企业数量增多使企业之间相互竞争激烈，缓和了最终产品市场价格上升的趋势，对消费者福利没有任何影响；下游企业的净利润始终为 0，也没有因为两部分净利润的变动而产生变化。显然，mc_i 和 F_i 负相关，上游垄断企业存在多组固定成本 F_i 和可变成本 mc_i，实现利润最大化，这表明上游垄断企业可以通过操纵固定成本 F_i 和可变成本 mc_i 对下游市场实现区别定价，最大限度实现经济效益。

无论下游市场企业数量如何变化，上游垄断企业总有一个最优的可竞争产品（变动部分）与关键设施（固定部分）的定价组合 mc_i 与 F_i，以获取全部的垄断利润。因此，无论 mc_i 与 F_i 如何改变，生产者剩余都没有变化，依然为上式的上游垄断企业的利润。消费者剩余也没有受到影响，社会总福利保持不变。

3. 有无操纵成本结构行为的市场绩效比较分析

对比有无操纵成本结构行为的关键设施部分 F_i 的利润差 $\Delta\pi_u^F$：

$$\Delta\pi_u^F = \frac{3(n-3)(n+1)}{4n^2(n+3)} \tag{3-41}$$

当 $N \geqslant 3$ 时，$\Delta\pi_u^F \geqslant 0$。这表明随着下游寡头企业数量增加，上游企业将关键设施与可竞争产品搭售的积极性降低，上游生产可竞争产品的企业双重加价积极性提高，上游企业主要靠可竞争产品获取垄断利润。反之，当 $N<3$ 时，即下游市场为双寡头或垄断市场结构，$\Delta\pi_u^F<0$。这表明随着下游寡头企业数量减少，上游企业将关键设施与可竞争产品搭售的积极性增大，上游垄断企业提高基本品定价的积极性升高，可竞争产品双重加价积极性降低，上游垄断企业主要靠关键设施获取垄断利润，降低可竞争产品的定价。这里可以将可竞争产品当作允许两部制定价的场景，当关键设施与可竞争产品搭售时，上游垄断企业通过将可竞争产品固定部分定价增加到关键设施的定价上，降低可变部分定价；也可以将关键设施与可竞争产品分开销售，看作关键设施反过来补贴可竞争产品定价。进一步可推断的是，当上游企业组合生产时，可以利用提高 F_i 定价的手段，掩盖可竞争产品的成本，将只生产可竞争产品的竞争对手排挤出市场。这也是现实中反垄断判案的困难之处。总之，由于下游企业数量是外生的，上游企业是否决定组合生产取决于下游市场企业数量。

（三）有操纵成本结构行为模型——上游双寡头市场结构

为对比有操纵成本结构行为模型中，上游市场生产可竞争产品企业是否存在对下游市场企业成本结构的影响，本部分模型引入上游市场存在生产可竞争产品

企业 U_2 作为主导企业 U_1 的竞争对手。假设存在上游双寡头企业 U_1 和 U_2，其中上游主导企业 U_1 同时生产关键设施（基本品）和可竞争产品，上游竞争对手 U_2 只生产可竞争产品，对于下游企业来说，上游主导企业的基本品占据投入品的垄断地位，而可竞争产品市场结构属于寡头垄断的市场结构。上游主导企业 U_1 生产的可竞争产品的边际成本为 mc_0^1，单位价格为 mc_i^1；上游竞争对手 U_2 生产的可竞争产品的边际成本为 mc_0^2，单位价格为 mc_i^2。

1. 上游存在竞争对手的均衡分析

（1）若 $mc_0^1 < mc_i < mc_0^2$，上游竞争对手的到来对在位企业没有影响。这是因为竞争对手的成本高于在位企业单独在上游市场时的批发价，对在位企业批发价的影响是松弛的，上游竞争对手属于低效率企业。此时在位企业的批发价定价为 mc_i，这就是进入封锁（Entry Blocked）。

（2）若 $mc_0^1 < mc_0^2 < mc_i$，上游竞争对手的到来对在位企业有影响。这是因为竞争对手的成本低于在位企业的批发价，对在位企业的批发价影响是紧的，虽然上游竞争对手仍属于低效率企业，但成本低于在位企业单独在上游市场时的批发价。此时在位企业的批发价定价为 $mc_i^1 = mc_0^2$，这就是进入阻挠（Entry Obstacle）。

（3）若 $mc_0^2 < mc_0^1 < mc_i$，上游竞争对手的到来对在位企业有影响。这是因为竞争对手的成本低于在位企业的成本，上游竞争对手属于高效率企业，在位企业处于成本劣势地位。此时在位企业不会阻挠竞争对手进入，如果阻挠，反而使可竞争产品部分亏损更多。批发价 mc_i^2 定价为 mc_0^1，这就是进入容纳（Entry Accomodation）。

由于上游在位企业意图圈定下游市场，所定的批发价偏离促成下游企业合谋的最优垄断定价（合谋定价）[①] mc_i。当处于合谋价格时，上游主导企业利润是最大化的。上游主导企业的圈定行为使可竞争产品定价偏离最优定价，降低自身利润，进而降低最终产品价格，增加消费者福利。这也说明圈定行为有时不一定有损社会总福利，还有可能有利于消费者和社会福利增加。为对比合谋价格与竞争对手批发价，下面建模求解上游竞争对手 U_2 的决策问题。

通过构建模型，上游竞争对手的决策问题：

---

① 这里，将促成下游企业合谋的最优垄断定价 mc_i 简称为合谋定价。

$$\max_{mc_i} \pi_{U_2} = \sum_{i=1}^{n} \left(mc_i^2 - mc_0^2 \right) q_i$$

$$\text{s. t. } \max_{mc_i} \pi_{U_2} \geq 0 \qquad\qquad (3\text{-}42)$$

求解得出：

$$q_i = \frac{a - mc_i^2}{n+1}$$

$$mc_i^2 = \frac{2a + (n+1) mc_0^2}{n+3}$$

$$Q^* = \frac{n(n+1)(a - mc_0^2)}{n+3}$$

$$p^* = a - \frac{n(n+1)(a - mc_0^2)}{n+3} \qquad\qquad (3\text{-}43)$$

当 $N = 1$ 时，$mc_i^2 = \dfrac{a + mc_i^2}{2}$，为垄断定价。

当 $N = \infty$ 时，$mc_i^2 = mc_0^2$，为边际成本定价。

2. 上游存在竞争对手的市场绩效分析

若 $mc_i < mc_i^2$，上游竞争对手进入市场不可实现。因为上游在位企业会匹配可竞争产品定价，满足最优的 mc_i，获得全部垄断定价，将竞争对手排除在市场之外。上游主导企业的可竞争产品定价[①] $w = mc_i^1 \in \left[\dfrac{(n-1)a + (n+1)mc_0}{2n}, \ mc_0^2 \right]$ 只需满足这个条件即可，但是，值得注意的是，这个定价区间也属于上游竞争对手的可竞争产品的定价区间范围。如果上游在位企业要占据竞争优势地位，必须在竞争对手定价的基础上略低一点（假定这个值为 ε[②]），才可排挤对手。为便于分析，假定可竞争产品的定价为 w。

（1）若上游主导企业不圈定市场，其决策问题：

$$\max_{F_i} \pi_{U_1} = nF_i - F^0$$

$$\text{s. t. } \max_{F_i} \pi_{U_1} \geq 0$$

---

① 可将 w 看作两部制定价中的批发价格。

② ε 无限趋于 0，且略大于 0。

$$\text{s. t. } \max_{q_i} \pi_i^D = \max_{q_1} (a - q_1 - q_1^- - w) q_1 - F_i \geqslant 0 \qquad (3-44)$$

上游竞争对手的利润：

$$\max_{mc_i} \pi_{U_2} = \sum_{i=1}^{n} (w - mc_0^2) q_i > 0 \qquad (3-45)$$

（2）若上游主导企业圈定市场，其决策问题：

$$\max_{F_i} \pi_{U_1} = nF_i + \sum_{i=1}^{n} (w - \varepsilon - mc_0^2) q_i - F^0 \qquad (3-46)$$

可见，如果上游主导企业圈定市场，可以从中赚取两部分利润：一部分为关键基础设备的利润，另一部分为可竞争产品的利润。如果上游主导企业不圈定市场，只能从中赚取一部分利润，即关键基础设备的利润。由此看来，上游主导企业有动机实施圈定行为，同时赚取关键基础设备与可竞争产品两个市场的利润。

如果没有上游竞争对手的威胁，上游在位企业可以通过操纵下游企业的成本结构来攫取全部的垄断利润，对上游企业而言，总是存在一组最优的成本结构（F_i, mc_i）促使下游市场产生合谋效应，使上游垄断企业获得合谋效应带来的垄断利润。如果存在上游竞争对手的威胁，上游在位企业则无法通过合谋效应获得垄断利润。这是因为上游在位企业促成合谋效应的合谋定价是可竞争产品定价的上线，只要竞争对手低于合谋价格就可以完全圈定下游市场，对上游在位企业不利。这样，上游在位企业无法获得最优垄断定价，只能进行次优选择，即通过圈定市场获取利润，将可竞争产品定价低于上游竞争对手定价。

由于圈定定价[①]低于合谋定价，即可竞争产品的最终产品价格低于合谋定价，这种圈定行为非但不损害消费者福利，反而增加消费者福利，再次证明圈定市场行为并不总是对社会总福利不利的。

三、行为动机

（一）上游垄断—下游垄断市场结构

为便于理解中间产品搭售，探究上游主导企业如何操纵成本结构，我们先聚焦固定成本和可变成本建模，并假设上下游市场均为垄断市场。研究表明，当上

---

① 这里将上游主导企业实施圈定行为时，对可竞争产品的定价称为圈定定价或圈定价格。

游垄断企业为私人企业时，上游垄断企业实行垄断定价获得所有垄断利润。当上游垄断企业为社会计划者时，可以通过操纵上游垄断企业的批发价格，使最终市场的价格以边际成本定价，然而，上游垄断企业的固定成本无法收回，只能通过征税来实现社会预算平衡。所以说，操纵成本结构不一定对社会福利产生负面影响，操纵成本结构也可以作为政府监管手段，实现监管目的。

如图 3-1 所示，假设企业没有获得超额利润，而是以完全竞争企业的角色存在，将输入的生产资料转化为产品。当上游垄断企业的固定成本满足 $F^0=F^U$，且 $w=c$ 时，表明上游垄断企业无扭曲，当下游垄断企业的固定成本满足 $F^U=F^D$，且 $p=w$ 时，表明下游垄断企业无扭曲。

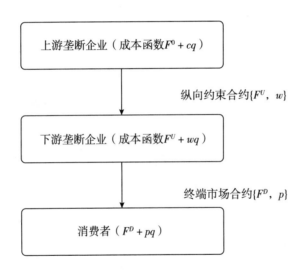

图 3-1 上游垄断企业—下游垄断企业的市场结构

1. 社会激励

当上游垄断企业为社会企业追求利润最大化时，需求函数为 $q=a-p$，目标函数与约束条件为：

$$\max_{F,w}\left[\frac{1}{2}q^2+pq-F-wq+F+wq-F^0-cq\right]=\max_{F,w}\left[\frac{1}{2}q^2+(a-q)q-F^0-cq\right]$$

$$s.t.\ \max_{F,w}\left[F+wq-F^0-cq\right]\geqslant 0$$

$$s.t.\ \max_{p}\left[pq-F-wq\right]=\max_{p}\left[(a-q)q-F-wq\right]\geqslant 0 \qquad (3-47)$$

求解得出：

$$w=c-(a-c) \tag{3-48}$$

由于 $a-c>0$，当上游垄断企业为社会企业追求利润最大化时，将批发价格定在 $w<c$，即小于边际成本定价，$p^*=c$，$q^*=a-c$。下游垄断企业利润被上游垄断企业以固定成本的方式全部攫取。

$$F+wq-F^0-cq=-F^0<0 \tag{3-49}$$

如果上游垄断企业实行边际成本定价，有固定成本必须通过税收弥补，无法同时实现边际成本定价与社会福利最大化，即打破预算平衡。

2. 私人激励

当上游垄断企业为私人企业追求利润最大化时，需求函数仍为 $q=a-p$，目标函数与约束条件：

$$\max_{F,w}\left[F+wq-F^0-cq\right]$$
$$\text{s. t. } F+wq-F^0-cq\geqslant0$$
$$\text{s. t. } \max_{p}\left[pq-F-wq\right]=\max_{p}\left[p(a-p)-F-w(a-p)\right]$$
$$\text{s. t. } pq-F-wq\geqslant0 \tag{3-50}$$

求解得出：

$$w=c \tag{3-51}$$

当上游垄断企业为私人企业追求利润最大化时，将批发价格定在 $w=c$，$p^*=\dfrac{a+c}{2}$，$q^*=\dfrac{a-c}{2}$。上游垄断企业实行垄断定价，下游垄断企业利润被上游垄断企业以固定成本的方式全部攫取。

在利乐反垄断案中，上游垄断企业所生产的基础设备在下游市场占据垄断地位，属于下游企业生产所需的基本品（关键设施）投入。下游企业以固定成本 F 从上游企业购买基础设备，且以可变成本 w 购买与基础设备互补的包材（可变动投入）。结果显示，上游垄断企业如果同时生产设备与包材，可以在保证利润不变的前提下，通过调节批发价格 w，限制或排挤上游（潜在）竞争对手，即上游垄断企业有动机实施交叉补贴，同时获得基础设备市场与包材市场的垄断地位。

当上游竞争对手 $\hat{U}$ 是低效率企业时，操纵成本结构行为是有利可图的。因为在极端情况下上游竞争对手 $\hat{U}$ 不强加任何竞争约束，上游主导企业 U 通过操纵成本结构得到所有垄断利润，而上游低效率企业只能被阻挡在市场之外。反过来，当上游竞争对手 $\hat{U}$ 是高效率企业时（即 $\hat{c}<c$），它更希望同时向下游多家企业供货，以免被主导企业排挤。在市场经济中，企业操纵成本结构的核心目标是，通过区别定价增加利润。这种区别定价存在两种经济效应：当上游不存在潜在进入者时，操纵成本结构行为促使下游企业合谋，以此获取垄断利润；当上游存在潜在进入者时，操纵成本结构行为促使上游主导企业进行市场圈定，以此获取垄断利润。

为在一个程式化的环境中说明两种效应，图 3-2 描述了某种产品的需求曲线。由于需求曲线是向下倾斜的，下游企业购买意愿随着订单数量的增加而下降。在这一部分，假设上游垄断企业 U 所提供产品的边际成本为 1。在没有操纵成本结构的情况下，企业通过设定单价 p 实现利润最大化，在这个价格下，下游企业采购量为 q。上游垄断企业 U 的最终利润（价格 p 和成本 1 之间的差额）如图 3-2 中的矩形 1 所示，下游企业的购买相应盈余（下游企业的估价与价格 p 的差额）用三角形 2 表示，这就是标准的垄断结果。

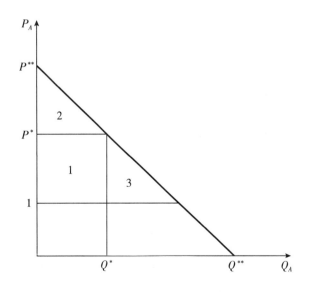

图 3-2 操纵成本结构行为的需求曲线

通过操纵成本结构，上游垄断企业可以利用下游企业为不同产品组合支付价格的意愿，调整单位组合产品的价格比例，以获得下游企业为每单位产品的最大支付意愿。显而易见，操纵成本结构行为对上游垄断企业是有利可图的，因为除矩形1外，现在还获得三角形2和三角形3的利润。当然，完全攫取下游企业的剩余在现实市场环境下基本不可能实现，没有一家上游垄断企业能精确地知道下游企业需求函数的形状，而且操纵成本结构行为没有给下游企业留下任何租金。

图3-3显示下游企业在这项循序渐进式的操纵成本结构行为的采购总开支。由于上游垄断企业提供给每台基础设备的成本是固定的，下游企业的总支出 E 随着其后期订单的增加而呈减速趋势增长。事实上，通过这种形式的区别定价，社会福利提高，产出增加，如图3-2所示，三角形3被添加到社会福利中。另外，由于三角形2中的消费者剩余从采购者转移到供应者，下游企业的福利减少，但是由于产量增加，总的社会福利增加。

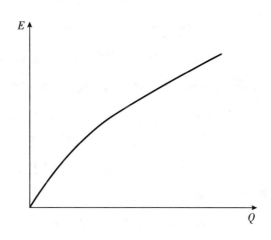

图3-3　操纵成本结构行为的总开支曲线

在更接近现实的不完全信息情况下，因为对下游企业的支付意愿缺乏了解，上游垄断企业对下游企业实施操纵成本结构行为更为谨慎，所以，在不完全信息下的操纵成本结构行为为下游企业的每单位产品留下一些剩余。操纵成本结构行为是有利可图的，因其允许从边际成本以上单位（愿意支付较高价格的单位）获取更大的租金，而销售额可以扩大到三角形3区域（愿意支付较低价格的区域）。众所周知，这种"二级"（或"不完美"）区别定价对静态福利的影响不明确，这取决于需求函数的斜率。事实上，需求函数的斜率通常不会被反垄断机构知晓，即使事后知道它们在特定情况下的行为，通常也无法事前评估它们的定价行为是否违反反垄断法。静态消费者福利在任何情况下都不会告诉我们单方面行为的社会福利后果，正如熊彼特和鲍莫尔等经济学家所强调的那样，静态消费者福利评估完全忽略了动态竞争给消费者带来的实质性好处。因此，它既遗漏了区别定价的一个重要有利方面，即促进过去投资的有效回收，又忽略了中间产品搭售圈定市场的反竞争效应。

总而言之，尽管下游企业倾向于选择上游主导企业 U 的产品而不是竞争企业 $\hat{U}$ 的，但它们也具有一定的偏好，而且如果有利于节约成本，下游企业更愿意在两个上游企业之间进行转换。下面分两种情形对操纵成本结构的私人激励进行简要分析。在完全信息的情况下，操纵成本结构相当于两部制定价，这两种形式的区别定价都允许上游企业提取下游企业的产品增量剩余。由于固定费用大于零，两个企业利用操纵成本结构行为使其利润最大化。由于上游两个企业进行贝特朗竞争，其可变价格 p 降至边际成本水平，而利润通过固定费用 F 获得（或者高于边际价格获得）。正如预期的那样，操纵成本结构会造成边际上激进的定价策略，这对下游采购者具有显著的诱导作用，因为下游企业不想放弃上游主导企业可能提供的个性化合约。从静态角度看，操纵成本结构使最终产品价格降低，社会总福利提高，但是，由于市场竞争是动态的，前文也证明主导企业具有反竞争的激励。从长期来看，上游企业均具有行业投资成本 I，如果上游（潜在）竞争企业的利润无法覆盖上游行业投资成本 I，那么就会被上游主导企业排挤出市场，或者说阻挠其进入市场。即若 $\hat{U}-I<0$，则上游潜在竞争者无法进入市场，最终剩下唯一的优势企业，社会福利下降。操纵成本结构的反竞争机制主要在于具有市场支配地位的上游企业利用垄断部分需求的限制，影响可竞争部分需求，将不可竞争部分的市场势力传导至可竞争部分，并且还受到垄断部分需求的大小以及定价方式等因素影响。

中间产品销售中的搭售可能造成这样的市场局面：一个高效率的上游（潜在）竞争企业为向下游竞争企业供货，必须将价格定在低于其生产成本的水平，而低效率上游垄断企业可能仍然获得正利润，因为操纵成本结构行为是对所有产品在销量基础上货款的平均，如此看来，操纵成本结构行为可能会排挤高效率的上游竞争对手，或阻挠高效率的上游潜在竞争者进入市场。如果上游潜在竞争企业无法在短期内实现必要的利润回报，同时，无法通过在随后的时期向下游竞争企业供货弥补初期的亏损，那么上游潜在竞争企业就无法承诺在足够长的时间内保持较低的价格。相对而言，在其他条件不变的情况下，如果操纵成本结构设置的障碍比较小，使上游潜在竞争企业能够在随后的时期通过向下游竞争企业供货来弥补初期的亏损，即使上游潜在竞争企业无法在短期内实现必要的利润回报，也不一定被阻挠在市场竞争之外。

（二）上游竞争—下游多寡头市场结构

为进一步探究"利乐案"中具有市场支配地位的企业进入中国市场初期如何通过操纵成本结构行为，改变下游企业数量以及实施行为的动机和竞争效应，我们构建上游竞争下游多寡头的市场结构模型。

1. 不受政府监管的最优模型

假设上游竞争下游多寡头的市场结构，下游寡头企业 D_i 生产最终产品时，需要两部分要素投入，包括基础要素（关键设施）投入与可变要素（可竞争产品）投入，对应到"利乐案"中的产品为基础设备与包材。这里设定基础设备属于不受最终产品市场销量变动影响的固定投入（固定成本），而与其具有生产互补关系的包材耗材属于伴随最终产品市场销量变动而变动的可变投入（可变成本）。假设每个下游寡头企业 D_i 必须拥有一单位基础要素投入（基础设备）才可以进行生产活动，且每生产一单位的最终产品，需要一单位可变要素投入（包材）通过基础要素投入（基础设备）生产完成。假设上游企业的成本函数为 $C(q_i)^U = F^0 + mc^0 q_i$，其中，基础要素投入（基础设备）成本为 F^0，可变要素投入（包材）成本为 mc^0，可变要素需求量为 q_i。假如上游竞争对手为争取下游市场业务而进行价格竞争，此时上游企业没有扭曲资源配置，保留其成本投入结构不变且无加价输出，其总收益函数为 $R(q_i)^U = F + mcq_i$，其中，$nF = F^0$，$mc = mc^0$。也就是说，下游寡头企业的成本函数为 $C(q_i)^D = F + mcq_i$，同样地，假如下游垄断企业没有扭曲资源配置，保留其成本投入结构不变且无加价输出，除向上游企业支付的费用之外没有产生任何额外费用，下游寡头企业满足参与约束：$\pi(q_i)^D \geq 0$。市场的逆需求函数为 $p = a - Q = a - \sum q_i$，其中，p 为下游寡头企业生产的最终产品价格，q_i 为下游寡头企业 D_i 生产的最终产品产量。考虑 N 个下游寡头企业持有对称信念的古诺决策模型，下游寡头企业具有相同的成本结构。下游多寡头企业以产量为决策变量，其决策问题：

$$\max_{q_i} \pi_i = pq_i - C(q_i) \tag{3-52}$$

当长期均衡时，产量决策模型满足：$q_1 = q_2 = \cdots = q_i$，下游企业 D_i 最优产量 $q_i^* = \dfrac{a-mc}{n+1}$，价格 $p^* = \dfrac{a+nmc}{n+1}$，利润 $\pi_i = \left(\dfrac{a-mc}{n+1}\right)^2 - F$。此时处于长期均衡状态的下游企业无法获得超额利润，下游寡头企业利润 $\pi_i = 0$，求得长期均衡时的下游企业数量：

$$N^* = \frac{a-mc}{\sqrt{F}} - 1 \tag{3-53}$$

其中，$N^* \geq 1$，下游寡头企业参与市场竞争的固定成本约束条件满足 $\sqrt{F} \leq \dfrac{a-mc}{2}$。

当长期均衡时，若多双寡企业以产量为决策变量，下游企业数量会随固定成本的增加而减少，亦会随可变成本的增加而减少。相应地，上游垄断企业可以通过调节固定成本或可变成本改变参与竞争的下游企业数量。一方面，可以把下游企业的固定成本 F 理解为上游企业给下游企业设置的进入壁垒，固定成本 F 增加，下游企业的进入壁垒随之提高，更多下游市场的潜在竞争者被排除在市场之外，下游市场中的企业数量减少；另一方面，下游企业数量随着可变成本 mc 的增加而增加，最终产品价格 p 也随之提高，此时消费者需要支付更高的价格，因而参与市场交易的积极性减少，下游市场中的企业数量进一步缩减。我们还注意到最优产量 $q_i^* = \dfrac{a-mc}{n+1} = \sqrt{F}$，这表明如果下游企业 D_i 增加固定成本投资，或者单位可变成本降低，有利于下游寡头企业 D_i 最优产量的提升，而下游企业数量增加不利于其产量提升；最优价格 $p^* = \sqrt{F} + mc$，由于最终市场没有实行两部制定价，长期均衡时，下游企业 D_i 进行平均成本定价，$p^* = \sqrt{F} + mc > mc$，这表明即使上下游市场都没有扭曲资源配置，最终市场的价格还是会因下游企业以平均成本定价而出现价格扭曲，失去一部分边缘消费者，除非理想状态下自上而下完全实现两部制定价。

消费者剩余：$CS = \dfrac{(a-mc-\sqrt{F})^2}{2}$

生产者剩余：$PS = \left[\left(\dfrac{a-mc}{n+1} \right)^2 - F \right] n$

社会福利：$W = \dfrac{(a-mc-\sqrt{F})^2}{2} + n \left(\dfrac{a-mc}{n+1} \right)^2 - F^0$

结果显示，消费者剩余与固定成本 F、可变成本 mc 负相关，这是因为消费者要为产品的生产成本支付更高的价格。同样地，生产者剩余与固定成本 F、可变成本 mc 呈负相关，这是因为生产者要为产品的生产成本支付更高的价格。

2. 受政府监管的最优模型

上文考察没有政府监管时，企业最优决策模型。接下来，维持其他假设条件和变量含义不变，探讨存在社会计划者实施政府监管的社会最优决策模型。此时，政府可以利用财政税收政策向消费者征税 t，实现社会福利最大化。以产量为决策变量，政府决策问题：

$$\max_{q_i} \pi_i = \frac{1}{2}(Q)^2 - t + pQ - C(Q) + t$$

$$\text{s. t. } \max_{p} \left[pQ - C(Q) \right]$$

$$pQ - C(Q) + t = 0 \tag{3-54}$$

下游市场最优产量为 $Q^* = a-mc$、价格为 $p^* = mc$。

政府税收 $t = F^0$，表明如果政府为实现最终产品以边际成本定价，那么固定成本必须以税收的形式弥补，否则无法实现预算平衡。

消费者剩余：$CS = \dfrac{(a-mc)^2}{2} - nF$

生产者剩余：$PS = 0$

社会福利：$W = \dfrac{(a-mc)^2}{2} - F^0$

对比政府监管不存在的消费者剩余与总社会福利的差值：

$$\Delta CS = \frac{F}{2}$$

$$\Delta W = \frac{F}{2} - n\left(\frac{a-mc}{n+1}\right)^2 \qquad (3-55)$$

相对于政府监管不存在的情形，政府参与监管增加了社会总福利。

四、市场绩效

在中间产品搭售情形中，上游主导企业如果同时生产可竞争产品（变动部分）与关键设施（固定部分），那么可以调整两种产品定价所占售价的比例，总是存在一个最优的定价组合攫取利润。通过实施操纵成本结构行为排挤低效率的上游竞争对手，产生市场圈定效应。然而这种圈定行为并不损害消费者福利，可竞争产品的最终产品价格反而低于合谋定价，增加了消费者福利，这说明短期的圈定市场行为并不一定都是对社会总福利不利的。

第四节 不确定性环境下的 终端产品搭售问题

一、基本假设

本节的基础模型为终端产品搭售的三个经典寡头决策模型，以及中间产品搭售中上游垄断企业 U 同时生产关键设施（基本品）和可竞争产品，下游 N 个企业生产的情形。与这些模型相关的基本假设不变，不确定性环境的基本假设如下。

（1）市场是不确定性的，不确定性来自两个方面。

第一，需求侧的不确定性，需求系统中的参数 a 不再是一个常量，而是一个服从均匀分布的随机变量 $a \sim U[\underline{a}, \overline{a}]$，其数学期望值 $E(a) = a^e = (\underline{a} + \overline{a})/2$。搭售前，假设双寡头企业均为风险中性，即 $a_1^e = a_2^e = a^e$；搭售后，假设企业风险偏好异质性，即企业 1 为风险中性，企业 2 为极端风险厌恶，$a_1^e = a^e$、$a_2^e = \underline{a}$。

第二，供给侧的不确定性，边际成本 c_{B_i} 不再是一个常量 $c_{B_i} = c_i + c$，其中 $c_{B_1} > c_{B_2}$，c_i 是生产产品的确定性成本部分，供给系统中的参数 c 是一个服从均匀分布

的随机变量 $c \sim U[\underline{c}, \bar{c}]$，其数学期望值 $E(c) = c^e = (\underline{c} + \bar{c})/2$，$C'(q) > 0$。搭售前，假设双寡头企业均为风险中性，即 $c_{B_1} = c_{B_2} = c^e$；搭售后，假设企业风险偏好异质性，即企业 1 为风险中性，企业 2 为极端风险厌恶，$c_{B_1} = c^e$、$c_{B_2} = \bar{c}$。

若市场环境的不确定性同时来自需求侧与供给侧。假设搭售前，双寡头企业均为风险中性，即 $a_1^e = a_2^e = a^e$ 且 $c_{B_1} = c_{B_2} = c^e$；搭售后，企业风险偏好异质性，即企业 1 为风险中性，企业 2 为极端风险厌恶，$a_1^e = a^e$、$a_2^e = \underline{a}$ 且 $c_{B_1} = c^e$、$c_{B_2} = \bar{c}$。

（2）企业的目标函数是追求期望效用（VNM 期望效用）最大化，企业的效用函数是一个拟凹的，连续可微分的，即存在 $u'(\pi) > 0$，$u''(\pi) \leq 0$，具体地，如果 $u''(x) = 0$，则企业是风险中性的；如果 $u''(x) < 0$，则企业是风险厌恶的；如果 $u''(x) \to -\infty$，则企业是极端风险厌恶的[①]。

（3）贝特朗寡头决策模型企业的决策变量为价格，均衡价格不是一个随机变量，是双寡头企业面对不确定性环境事前确定的；而产量是事后为实现市场出清由市场机制决定的，是一个随机变量 $q = q(\gamma, p)$，其数学期望值为 $E(q) = q^e$；古诺和斯坦克尔伯格寡头决策模型企业的决策变量为产量，均衡产量不是一个随机变量，是双寡头企业面对不确定性环境事前确定的；而价格是事后为实现市场出清由市场机制决定的，是一个随机变量 $p = p(\gamma, q)$，其数学期望值为 $E(p) = p^e$。

二、模型构建

（一）不确定性环境下的终端产品搭售建模

1. 不确定性环境下的贝特朗寡头决策模型

为分析企业 1 搭售后，企业风险异质性对贝特朗均衡解的影响，分析企业 1 搭售前，双寡头企业均为风险偏好同质性的贝特朗均衡解，以此作为基准参照。

---

① 对于风险偏好的定义依据的是 Arrow-Pratt 绝对极端风险厌恶测度 $A = -\dfrac{u''(x)}{u'(x)}$。两种极端情形包括在这一族效用函数之内：一个是风险中性，即 $E[U(\pi)] = E\pi$，企业仅关心其期望利润；另一个是极端风险厌恶，即 $E[U(\pi)] = \min\pi$，企业仅关心其在最坏情况下的利润。指数上升，意味着企业更为极端风险厌恶。

搭售前，双寡头企业的决策问题：

$$\max_{P_{B_1}} E\left[U\left(\pi_{B_1} \right) \right] = \max_{P_{B_1}} E\left\{ U\left[(P_{B_1} - c_{B_1}) \frac{1}{1-b^2}(a - ab - P_{B_1} + bP_{B_2}) \right] \right\}$$

$$\max_{P_{B_2}} E\left[U\left(\pi_{B_2} \right) \right] = \max_{P_{B_2}} E\left\{ U\left[(P_{B_2} - c_{B_2}) \frac{1}{1-b^2}(a - ab + bP_{B_1} - P_{B_2}) \right] \right\} \tag{3-56}$$

搭售后，两个企业的决策问题：

$$\max_{\overline{P}} E\left[U\left(\pi_{A+B_1} \right) \right] = \max_{\overline{P}} E\left\{ U\left[(\overline{P} - c_A - c_{B_1}) \frac{1}{1-b^2}(a - ab + \gamma - \overline{P} + bP_{B_2}) \right] \right\}$$

$$\max_{P_{B_2}} E\left[U\left(\pi_{B_2} \right) \right] = \max_{P_{B_2}} E\left\{ U\left[(P_{B_2} - c_{B_2}) \frac{1}{1-b^2}(a - ab - b\gamma + b\overline{P} - P_{B_2}) \right] \right\} \tag{3-57}$$

（1）不确定性环境下的贝特朗均衡——需求侧风险。在这种情况下，市场环境的不确定性只来自需求侧，不存在供给侧风险。接下来对比企业1搭售前后两个企业的期望利润差值。

企业1期望利润差值：

$$E\left[U\left(\pi_{A+B_1} \right) \right]^a - E\left[U\left(\pi_1 \right) \right]$$

$$= \frac{\left[4a^e - 2a^e b - 2a^e b^2 + 2bc_{B_2} - 2(2-b^2)c_{B_1} + b(b-1)(a^e - \underline{a}) + (2-b^2)(\gamma - c_A) \right]}{(1-b^2)(4-b^2)^2} \cdot$$

$$\left[b(b-1)(a^e - \underline{a}) + (2-b^2)(\gamma - c_A) \right] - (\gamma - c_A) \tag{3-58}$$

企业2期望利润的分子平方项里的差值：

$$2(b-1)(a^e - \underline{a}) - b(\gamma - c_A) < 0 \tag{3-59}$$

根据以上差值结果可知：当 $\gamma - c_A = 0$ 时，即若产品 A 的价值 γ 趋近于 c_A，在这种情况下有两种解释：一是企业1不搭售产品 A 的行为，二是企业1以成本价格搭售产品 A。鉴于 $b - 1 < 0$，且企业1期望利润差值中的 $b(b-1)(a^e - \underline{a}) < 0$，这表明在不确定性条件下，需求侧的企业风险偏好异质性导致两个企业的期望利润变小。这是因为，企业2风险偏好的扭曲效应降低了两个企业的期望利润；竞争企业存在自身财务和融资约束，本身处于竞争劣势地位，对需求的期望值偏低。

当 $\gamma - c_A > 0$ 时，如确定性环境一样，企业1搭售对不同企业的期望利润影响有所差异。对于企业1，在不确定性的市场环境中，虽然它对市场环境的判断没有受到扭曲，但仍受到来自竞争对手风险偏好扭曲效应的负向影响，即竞争企业风险偏好的扭曲效应降低了占优企业的期望利润，企业 1 利用搭售减少来自需求侧风险异质性的期望利润亏损，这是占优企业固有的市场优势。对于企业 2，企业 1 搭售产生杠杆效应，使原本因极端风险厌恶而下降的期望利润被挤压得更低，进一步抬高企业 2 的进入壁垒，加剧企业 2 的竞争劣势。总之，企业 1 搭售对企业 2 产生双重叠加负向效应，进一步挤压竞争对手的期望利润，抬高竞争成本，在资本市场上越发扭曲市场资源配置。更极端的情形是，如果竞争产品趋于完全替代，占优企业通过交叉补贴，最终也可能导致企业 2 退出市场。由于 $2-b^2>b(1-b)$，即使 $\gamma-c_A$ 略小于 $a^e-\underline{a}$，企业 1 的期望利润也可能会增加。

综上，需求侧的风险对不同企业的期望利润影响需视情况而定。对比企业 1 搭售前后的期望利润发现，企业 1 的期望利润差值变化方向不确定，而企业 2 的期望利润差值恒小于 0。在不确定性的市场环境中，对于企业 1，虽然企业 1 对市场环境的预判没有扭曲，但仍受到来自竞争对手扭曲效应的负向影响，同时企业 1 利用搭售减少来自需求侧风险异质性导致的期望利润亏损。至于企业 1 的期望利润是否变大，还需具体讨论。由于 $2-b^2>b(1-b)$，当 $\gamma-c_A>>0$ 且其差值与 $a^e-\underline{a}$ 的差值趋同时，企业 1 的期望利润很可能会增加。具体来看，产品差异化对企业 1 期望利润的影响可分两种情况讨论：第一，产品差异化程度提高，即 b 减小时，企业 1 的期望利润增加，这说明产品 B 差异化程度提高有助于企业 1 期望利润增加；第二，产品差异化程度降低，即 b 增大时，企业 1 期望利润减少，这说明产品 B 若趋于同质化，企业 1 的期望利润减少。这是因为，当产品 B 差异化程度提高时：一方面企业 1 的搭售动机减弱，通过交叉补贴排挤企业 2 的可能性降低，进而企业 1 的期望利润增加；另一方面消费者能够将产品 B 有效地区分开来，从而使企业 2 在市场竞争中占据有利地位，降低企业 2 对于市场环境预判的扭曲效应和对企业 1 期望利润的负向影响，反之亦然。对于企业 2，企业 1 搭售对企业 2 产生双重叠加负向效应，一方面是因为具有财务融资约束的企业 2 扭曲了对市场环境的判断，自身极端风险厌恶偏好导致期望利润下降；另一方面是因为搭售行为产生的杠杆效应，使原本处于竞争劣势的企业 2，期望利润被挤压得更低。从产品差异化角度来看，产品 B 若趋于同质化，即 b 增大时，企业 2 的期望利润可能减少，这是因为当与企业 1 竞争时，企业 2 的产品市场竞争力削弱。

（2）不确定性环境下的贝特朗均衡——供给侧风险。在这种情况下，市场环境的不确定性只来自供给侧，不存在需求侧风险。接下来对比企业 1 搭售前后两个企业的期望利润差值。

企业 1 期望利润差值：

$$E[U(\pi_{A+B_1})]^a - E[U(\pi_1)]$$

$$= \frac{[4a-2ab-2ab^2+(2-b^2)(\gamma-c_A)+b(\bar{c}+c^e)-2(2-b^2)c^e]}{(1-b^2)(4-b^2)^2} \cdot$$

$$[(2-b^2)(\gamma-c_A)+b(\bar{c}-c^e)]-(\gamma-c_A) \tag{3-60}$$

企业 2 期望利润的分子平方项里的差值：

$$-(2-b^2)(\bar{c}-c^e)-b(\gamma-c_A)<0 \tag{3-61}$$

根据以上差值结果可知，当 $\gamma-c_A=0$ 时，即若产品 A 的价值 γ 趋于 c_A，在这种情况下有两种解释：一是企业 1 不搭售产品 A 的行为，二是企业 1 以成本价格搭售产品 A。鉴于 $-(2-b^2)<0$，且企业 1 期望利润差值中的 $b(\bar{c}+c^e)>0$，这表明在不确定性条件下，供给侧的企业风险偏好异质性导致企业 2 的期望利润变小。这是因为，企业 2 风险偏好的扭曲效应降低了自身的期望利润；竞争企业存在自身财务和融资约束，本身处于风险偏好竞争劣势地位，对成本的期望值偏高。与需求侧风险情形不同的是，竞争企业风险偏好的扭曲效应却增加了占优企业 1 的期望利润。若产品差异化程度保持不变，企业 2 供给侧的风险偏好扭曲越严重，其期望利润越低，企业 1 的期望利润越大。

当 $\gamma-c_A>0$ 时，正如确定性环境下一样，企业 1 搭售对不同企业的期望利润影响有所差异。对于企业 1，在不确定性的市场环境中，企业 1 对市场环境的判断没有受到扭曲，还受到来自竞争对手风险偏好扭曲效应的正面影响；企业利用搭售加强来自供给侧风险异质性的期望利润增加，这是占优企业固有的市场优势。对于企业 2，企业 1 搭售产生杠杆效应，使因极端风险厌恶而下降的期望利润被挤压得更低，进一步抬高企业 2 的进入壁垒，加剧企业 2 的竞争劣势地位。与不确定性环境来自需求侧一样，企业 1 搭售对企业 2 产生双重叠加负向效应，进一步挤压竞争对手的期望利润，抬高竞争成本，在资本市场上越发扭曲市场资源配置。更极端的情形是，如果竞争产品差异化增大，会减少搭售给两个企业的期望利润增量。而产品差异化对企业期望利润的影响程度需要权衡搭售竞争效应与竞争对手扭曲效应的作用具体讨论。需要补充的是，假定企业 1 与企业 2 的边际成本不一样，即 $c_{B_1}>c_{B_2}$，其中 $c_{B_1}=c_1+c^e$、$c_{B_2}=c_2+\bar{c}$，企业 1 是低效率企业，企业 2 是高效率企业，那么计算结果与分析情况与前文保持一致，下文此处略去。

综上，供给侧的风险对不同企业的期望利润影响需视情况而定。对比企业 1 搭售前后的期望利润差值发现，企业 1 的期望利润差值变化方向不确定，企业 2 的期望利润差值恒小于 0。在不确定性的市场环境中，对于企业 1，其对市场环境的预判没有受到扭曲，而且还受到来自竞争对手扭曲效应的正向影响，同时其利用搭售增加期望利润盈余。至于其期望利润是否变大，还需具体讨论。在 $\bar{c}-c^e\gg\gamma-c_A$ 的情况下，产品差异化对两个企业期望利润的影响可分两种情况讨论：第一，产品差异化程度提高，即 b 减小时，两个企业的期望利润减少，产品 B 差异化战略不利于企业期望利润提升；第二，产品差异化程度降低，即 b 增大时，两个企业的期望利润增加，产品 B 差异化战略有利于企业期望利润提升。这是因为，企业 2 如果实施产品差异化战略，需要在形成产品实体的要素上或在提供产品过程中，创造足以区别于企业 1 的产品以吸引消费者的特殊性，这样不仅迫使企业 2 耗费巨资研发差异化产品，而且在互补品市场上与企业 1 争夺市场份额，加重企业 2 对于供给端成本预判的扭曲效应和对企业 1 期望利润的负向影响，反之亦然。对于企业 2，期望利润变化方向与不确定性环境来自需求侧一致，此处不再赘述。

（3）不确定性环境下的贝特朗均衡——需求侧与供给侧风险。在这种情况下，市场环境的不确定性除来自需求侧，还有来自供给侧风险。与前面两种不确定性情形相比，结果会略有不同。接下来对比企业 1 搭售前后两个企业的期望利润差值。

企业 1 期望利润差值：

$$E\left[U(\pi_{A+B_1})\right]^a-E\left[U(\pi_1)\right]$$

$$=\frac{\left[4a^e-(3a^e-\underline{a})b-(a^e+\underline{a})b^2+(2-b^2)(\gamma-c_A)+(\bar{c}+c^e)b-2(2-b^2)c^e\right]^2}{(1-b^2)(4-b^2)^2}\cdot$$

$$\left[b(b-1)(a^e-\underline{a})+b(\bar{c}-c^e)+(2-b^2)(\gamma-c_A)\right]-(\gamma-c_A) \tag{3-62}$$

企业 2 期望利润的分子平方项里的差值：

$$2(b-1)(a^e-\underset{-}{a})-(2-b^2)(\bar{c}-c^e)-b(\gamma-c_A)<0 \qquad (3-63)$$

由以上差值结果可知，需求侧与供给侧的风险对不同企业的期望利润影响需视情况而定。对比企业 1 搭售前后的期望利润发现，企业 1 的期望利润差值变化方向不确定，而企业 2 的期望利润差值恒小于 0。在不确定性的市场环境中，对于企业 1，虽然企业 1 对市场环境的预判没有扭曲，但受到竞争对手源自需求侧与供给侧扭曲效应的双重对冲，同时企业 1 利用搭售增加期望利润盈余。至于企业 1 的期望利润是否变大，还需具体讨论。如果搭售和竞争对手的供给侧扭曲效应的正向影响之和大于竞争对手的需求侧扭曲效应的负向影响，企业 1 的期望利润变大，反之亦然。产品差异化对于企业 1 期望利润的影响需要权衡搭售竞争效应与竞争对手扭曲效应两者的作用来讨论。企业 1 搭售后，若企业 2 实施产品 B 差异化战略，出现需求侧与供给侧扭曲效应的双重对冲。一方面在供给端创造产品 B 的特殊性，耗费巨额研发费用后还与企业 1 争夺市场份额，加重企业 2 对于供给端成本预判的扭曲效应和对企业 1 期望利润的负向影响。另一方面需求端消费者借此特性将产品 B 有效地区分开来，使企业 2 在市场竞争中占据有利地位，降低企业 2 对于市场环境预判的扭曲效应和对企业 1 期望利润的负向影响。

对于企业 2，期望利润变化方向与上面两种不确定性情形相一致，而且双重不确定性强化搭售对企业 2 所产生的双重叠加负向效应，此处不再赘述。从长期来看，不确定性环境下，企业 2 的期望利润为负，竞争对手企业 2 由于自身融资约束，迫于企业 1 搭售对市场认知的扭曲加剧，被阻挠在市场之外，可能出现企业 1 垄断市场的情形。

2. 不确定性环境下的古诺寡头决策模型

为分析企业 1 搭售后，企业风险异质性对古诺均衡解的影响，分析企业 1 搭售前，双寡头企业均为风险偏好同质性的古诺均衡解，以此作为基准参照。

搭售前，双寡头企业的决策问题：

$$\max_{q_{B_1}} E\big[\,U(\pi_{B_1})\,\big] = \max_{q_{B_1}} E\big\{U\big[\,(a-q_{B_1}-bq_{B_2}-c_{B_1})q_{B_1}\,\big]\big\}$$

$$\max_{q_{B_2}} E\big[\,U(\pi_{B_2})\,\big] = \max_{q_{B_2}} E\big\{U\big[\,(a-bq_{B_1}-q_{B_2}-c_{B_2})q_{B_2}\,\big]\big\} \qquad (3-64)$$

搭售后，两个企业的决策问题：

$$\max_{\overline{q}} E\left[U(\pi_{A+B_1})\right]^a = \max_{\overline{q}} E\left\{U\left[\left(\gamma+a-\overline{q}-bq_{B_2}-c_A-c_{B_1}\right)\overline{q}\right]\right\}^a$$

$$\max_{q_{B_2}} E\left[U(\pi_{B_2})\right]^a = \max_{q_{B_2}} E\left\{U\left[\left(a-b\overline{q}-q_{B_2}-c_{B_2}\right)q_{B_2}\right]\right\}^a \qquad (3\text{-}65)$$

（1）不确定性环境下的古诺均衡——需求侧风险。在这种情况下，市场环境的不确定性只来自需求侧，不存在供给侧风险。接下来对比企业 1 搭售前后两个企业的期望利润差值。

企业 1 期望利润差值：

$$E\left[U(\pi_{A+B_1})\right]^a - E\left[U(\pi_1)\right]$$

$$= \frac{\left[4a^e-(a^e+a)b+2(\gamma-c_A)-4c_{B_1}+2bc_{B_2}\right]}{(4-b^2)^2}\cdot\left[b(a^e-a)+2(\gamma-c_A)\right]-(\gamma-c_A)$$

$$(3\text{-}66)$$

企业 2 期望利润的分子平方项里的差值：

$$-2(a^e-a)-b(\gamma-c_A)<0 \qquad (3\text{-}67)$$

根据以上差值结果可知，需求侧的风险对不同企业的期望利润影响需视情况而定。对比企业 1 搭售前后的期望利润发现，企业 1 的期望利润差值变化方向不确定；而企业 2 的期望利润差值恒小于 0，企业 1 搭售对企业 2 产生双重叠加负向效应，原因与前文贝特朗模型的相同，此处不再赘述。在不确定性的市场环境中，对于企业 1，其对市场环境的预判没有扭曲，而且还受到来自竞争对手扭曲效应的正向影响，同时其利用搭售强化来自需求侧风险异质性引发的期望利润增加。至于其期望利润是否变大，还需具体讨论。由于 $b<2$，当 $\gamma-c_A\gg0$ 且其差值与 a^e-a 的差值趋同时，企业 1 的期望利润很可能增加。产品差异化对企业 1 期望利润的影响与前文贝特朗模型的相同，此处不再赘述。

（2）不确定性环境下的古诺均衡——供给侧风险。在这种情况下，市场环境的不确定性只来自供给侧，不存在需求侧风险。接下来对比企业 1 搭售前后两个企业的期望利润差值。

企业 1 期望利润差值：

$$E\left[U(\pi_{A+B_1})\right]^a - E\left[U(\pi_1)\right]$$

$$= \frac{\left[4a-2ab-4c^e+b(c+c^e)+2(\gamma-c_A)\right]}{(4-b^2)^2}\cdot\left[b(c-c^e)+2(\gamma-c_A)\right]-(\gamma-c_A) \qquad (3\text{-}68)$$

企业 2 期望利润的分子平方项里的差值：

$$-2(\bar{c}-c^e)-b(\gamma-c_A)<0 \tag{3-69}$$

根据以上差值结果可知，供给侧的风险对不同企业的期望利润影响需视情况而定。对比企业 1 搭售前后的期望利润差值发现，企业 1 的期望利润差值变化方向不确定；而企业 2 的期望利润差值恒小于 0，在供给侧风险的期望利润变化方向与需求侧的一致，这与之前贝特朗模型的原因相同，此处不再赘述。在不确定性的市场环境中，对于企业 1，企业 1 对市场环境的预判没有扭曲，而且还受到来自竞争对手扭曲效应的正向影响，同时企业 1 利用搭售强化来自供给侧风险异质性引发的期望利润增加。至于企业 1 的期望利润是否变大，还需具体讨论。在 $\bar{c}-c^e>>2a$ 的情况下，产品差异化对企业 1 期望利润的影响可分两种情况讨论：第一，产品差异化程度提高，即 b 减小时，企业 1 的期望利润减少，产品 B 差异化战略不利于企业 1 期望利润提升；第二，产品差异化程度降低，即 b 增大时，企业 1 的期望利润增加，产品 B 差异化战略有利于企业 1 期望利润提升。原因与前文贝特朗模型的相同，此处不再赘述。对于企业 2，若产品趋于同质化，即 b 增大时，企业 2 的期望利润可能减少，这是因为当与企业 1 竞争时，企业 2 的产品市场竞争力削弱。这里与前文不确定性来自供给侧的贝特朗模型中的情况不同，因为古诺模型的结果中 b 不影响供给侧风险。

（3）不确定性环境下的古诺均衡——需求侧与供给侧风险。在这种情况下，市场环境的不确定性除来自需求侧，还有来自供给侧风险。与前面两种不确定性情形相比，结果会略有不同。接下来对比企业 1 搭售前后两个企业的期望利润差值。

企业 1 期望利润差值：

$$E[U(\pi_{A+B_1})]^a-E[U(\pi_1)]$$

$$=\frac{[4a^e-b(a^e+\underline{a})+2(\gamma-c_A)-4c^e+b(\bar{c}+c^e)]}{(4-b^2)^2}\cdot$$

$$[b(a^e-\underline{a})+b(\bar{c}-c^e)+2(\gamma-c_A)]-(\gamma-c_A) \tag{3-70}$$

企业 2 期望利润的分子平方项里的差值：

$$-2(a^e-\underline{a})-2(\bar{c}-c^e)-b(\gamma-c_A)<0 \tag{3-71}$$

根据以上差值结果可知，需求侧与供给侧的风险对不同企业的期望利润影响需视情况而定。对比企业 1 搭售前后的期望利润发现，企业 1 的期望利润差值变化方向不确定；而企业 2 的期望利润差值恒小于 0，原因与前文贝特朗模型的相同，此处不再赘述。在不确定性的市场环境中，对于企业 1，虽然其对市场环境的预判没有扭曲，但受到竞争对手源自需求侧与供给侧扭曲效应的双重叠加，同时其利用搭售增加期望利润盈余，其期望利润很可能变大，但还需具体讨论。产品差异化对于企业 1 期望利润的影响需要权衡搭售竞争效应与竞争对手扭曲效应两者的作用来讨论。企业 1 搭售后，若企业 2 实施产品 B 差异化战略，有利于企业 2 在市场竞争中占据有利地位，降低企业 2 对于市场环境预判的扭曲效应。

表 3-1 为不确定性环境下搭售前后双寡头市场的均衡差值比较。

表 3-1　不确定性环境下搭售前后双寡头市场的均衡差值比较

双寡头企业的行为	绩效指标	市场波动因素	双寡头企业	
			企业 1	企业 2
贝特朗模型	产出水平 Q 差值	需求侧波动 D	$b(b-1)(a^e-\underline{a})+(2-b^2)(\gamma-c_A)>0$（或<0）	$2(b-1)(a^e-\underline{a})-b(\gamma-c_A)<0$
		供给侧波动 S	$b(\bar{c}-c^e)+(2-b^2)(\gamma-c_A)>0$	$-(2-b^2)(\bar{c}-c^e)-b(\gamma-c_A)<0$
		共同波动 $D+S$	$b(b-1)(a^e-\underline{a})+b(\bar{c}-c^e)+(2-b^2)(\gamma-c_A)>0$（或<0）	$2(b-1)(a^e-\underline{a})-(2-b^2)(\bar{c}-c^e)-b(\gamma-c_A)<0$
	价格水平 P 差值	需求侧波动 D	$b(b-1)(a^e-\underline{a})+(2-b^2)\gamma+2c_A>0$（或<0）	$2(b-1)(a^e-\underline{a})-b(\gamma-c_A)<0$
		供给侧波动 S	$b(\bar{c}-c^e)+(2-b^2)\gamma+2c_A>0$	$2(\bar{c}-c^e)-b(\gamma-c_A)<0$（或<0）
		共同波动 $D+S$	$b(b-1)(a^e-\underline{a})+b(\bar{c}-c^e)+(2-b^2)\gamma+2c_A>0$（或<0）	$2(b-1)(a^e-\underline{a})+2(\bar{c}-c^e)-b(\gamma-c_A)>0$（或<0）
	利润水平 π 差值	需求侧波动 D	$b(b-1)(a^e-\underline{a})+(2-b^2)(\gamma-c_A)>0$（或<0）	$2(b-1)(a^e-\underline{a})-b(\gamma-c_A)<0$
		供给侧波动 S	$b(\bar{c}-c^e)+(2-b^2)(\gamma-c_A)>0$	$-(2-b^2)(\bar{c}-c^e)-b(\gamma-c_A)<0$
		共同波动 $D+S$	$b(b-1)(a^e-\underline{a})+b(\bar{c}-c^e)+(2-b^2)(\gamma-c_A)>0$（或<0）	$2(b-1)(a^e-\underline{a})-(2-b^2)(\bar{c}-c^e)-b(\gamma-c_A)<0$

双寡头企业的行为	绩效指标	市场波动因素	双寡头企业	
			企业 1	企业 2
古诺模型	产出水平 Q 差值	需求侧波动 D	$b(a^e-\underline{a})+2(\gamma-c_A)>0$	$-2(a^e-\underline{a})-b(\gamma-c_A)<0$
		供给侧波动 S	$b(\bar{c}-c^e)+2(\gamma-c_A)>0$	$-2(\bar{c}-c^e)-b(\gamma-c_A)<0$
		共同波动 $D+S$	$b(a^e-\underline{a})+b(\bar{c}-c^e)+2(\gamma-c_A)>0$	$-2(a^e-\underline{a})-2(\bar{c}-c^e)-b(\gamma-c_A)<0$
	价格水平 P 差值	需求侧波动 D	$b(a^e-\underline{a})+2\gamma+(2-b^2)c_A>0$	$-2(a^e-\underline{a})-b(\gamma-c_A)<0$
		供给侧波动 S	$b(\bar{c}-c^e)+2\gamma+(2-b^2)c_A>0$	$(2-b^2)(\bar{c}-c^e)-b(\gamma-c_A)>0(或<0)$
		共同波动 $D+S$	$b(a^e-\underline{a})+b(\bar{c}-c^e)+2\gamma+(2-b^2)c_A>0$	$-2(a^e-\underline{a})+(2-b^2)(\bar{c}-c^e)-b(\gamma-c_A)>0$（或$<0$）
	利润水平 π 差值	需求侧波动 D	$b(a^e-\underline{a})+2(\gamma-c_A)>0$	$-2(a^e-\underline{a})-b(\gamma-c_A)<0$
		供给侧波动 S	$b(\bar{c}-c^e)+2(\gamma-c_A)>0$	$-2(\bar{c}-c^e)-b(\gamma-c_A)<0$
		共同波动 $D+S$	$b(a^e-\underline{a})+b(\bar{c}-c^e)+2(\gamma-c_A)>0$	$-2(a^e-\underline{a})-2(\bar{c}-c^e)-b(\gamma-c_A)<0$

注：为便于观察，省略分母和相同项。

3. 不确定性环境下的斯坦克尔伯格寡头决策模型

为分析企业 1 搭售后，企业风险异质性对斯坦克尔伯格均衡解的影响，首先分析企业 1 搭售前，双寡头企业均为风险偏好同质性的斯坦克尔伯格均衡解，以此作为基准参照。需要说明的是，由于结果与前文两种模型没有特别大的出入，为配合前文建模分析的完备性，本节只展示需求侧的不确定性。

搭售前，双寡头企业的决策问题：

$$\max_{q_{B_1}}E[U(\pi_{B_1})]=\max_{q_{B_1}}E\{U[(a-q_{B_1}-bq_{B_2}-c_{B_1})q_{B_1}]\}$$

$$\max_{q_{B_2}}E[U(\pi_{B_2})]=\max_{q_{B_2}}E\{U[(a-bq_{B_1}-q_{B_2}-c_{B_2})q_{B_2}]\} \tag{3-72}$$

搭售后，两个企业的决策问题：

$$\max_{\bar{q}}E[U(\pi_{A+B_1})]^a=\max_{\bar{q}}E\{U[(\gamma+a-\bar{q}-bq_{B_2}-c_A-c_{B_1})\bar{q}]\}^a$$

$$\max_{q_{B_2}} E\left[\,U(\pi_{B_2})\,\right]^a = \max_{q_{B_2}} E\left\{\,U\left[\,(a - \overline{b}q - q_{B_2} - c_{B_2})q_{B_2}\,\right]\right\}^a \tag{3-73}$$

在这种情况下,市场环境的不确定性只来自需求侧风险,不存在供给侧风险。搭售前,假设双寡头企业均为风险中性,即 $a_1^e = a_2^e = a^e$;搭售后,假设企业风险偏好异质性,即企业 1 为风险中性、企业 2 为极端风险厌恶,$a_1^e = a^e$、$a_2^e = \underline{a}$。为简化分析,假设企业生产成本为 0,$b = 1$。接下来对比企业 1 搭售前后两个企业的期望利润差值。

企业 1 期望利润差值:

$$E\left[\,U(\pi_{A+B_1})\,\right]^a - E\left[\,U(\pi_{B_1})\,\right] = \frac{1}{9}(2a^e - \underline{a} + 2\gamma)^2 - \frac{1}{8}(a^e)^2 - \gamma > 0 \tag{3-74}$$

企业 2 期望利润差值:

$$E\left[\,U(\pi_{B_2})\,\right]^a - E\left[\,U(\pi_{B_2})\,\right] = \frac{1}{9}(2\underline{a} - a^e - \gamma)^2 - \frac{1}{16}(a^e)^2 < 0 \tag{3-75}$$

需求侧的风险对不同企业的期望利润影响需视情况而定。将期望利润经过简化处理后,对比企业 1 搭售前后的期望利润发现,企业 1 的期望利润差值大于 0;而企业 2 的期望利润差值恒小于 0,企业 1 搭售对企业 2 产生双重叠加负向效应,原因与前文两个模型的相同,此处不再赘述。在不确定性的市场环境中,对于企业 1,企业 1 对市场环境的预判没有扭曲,而且还受到来自竞争对手扭曲效应的正向影响,同时企业 1 利用搭售强化来自需求侧风险异质性引发的期望利润增加,最终双重叠加正向效应促进企业 1 期望利润增加。

(二)不确定性环境下的中间产品搭售建模

为考察不确定性环境下上游企业操纵成本结构行为对下游市场企业成本结构的影响,本节简化分析上游垄断企业 U 同时生产关键设施(基本品)和可竞争产品,下游 N 个企业生产的情形。

假设不确定性来自需求侧,上游垄断企业的风险偏好为风险中性,下游企业风险偏好均为对称的极端风险厌恶,其他的假设都与确定性情况一致。

1. 均衡分析

通过构建模型,上游垄断企业的决策问题:

$$\max_{F_i,\,mc_i} EU(\pi_u) = \max_{F_i,\,mc_i} EU\left[\,nF_i + (mc_i - mc_0)\cdot\sum_{i=1}^{n}q_i - F^0\,\right]$$

s. t. $\max\limits_{F_i,\,mci} EU(\pi_u) \geqslant 0$

s. t. $\max\limits_{q_i} EU(\pi_{D_i}) = \max\limits_{q_i} EU[(p-mc_i)q_i - F_i] \geqslant 0$　　　　　(3-76)

求解得出:

$$mc_i = \frac{(n-1)\underline{a} + (n+1)mc_0}{2n}$$

$$Q^* = \frac{\underline{a} - mc_0}{2}$$

$$p^* = a - \frac{\underline{a} - mc_0}{2}$$

$$F_i = \frac{(\underline{a} - mc_0)^2}{4n^2}$$

$$nF_i = \frac{(\underline{a} - mc_0)^2}{4n}$$　　　　　(3-77)

当 $N=1$ 时，$mc_i = mc_0$，$F_i = \dfrac{(\underline{a} - mc_0)^2}{4}$，上游垄断企业对可竞争产品实施边际

成本定价，即为上游垄断—下游垄断的市场结构。然而，由于需求侧不确定性，上游垄断企业的关键设施（基本品）定价变低。当下游企业数量 N 趋于∞ 时，mc_i

趋于垄断定价，$mc_i = \dfrac{\underline{a} + mc_0}{2}$，$F_i$ 趋于 0，即为上游垄断—下游完全竞争的市场结

构。然而，由于需求侧不确定性，上游垄断企业的可竞争产品定价变低。

2. 市场绩效分析

$$EU(\pi_u) = \frac{(\underline{a} - mc_0)^2}{4n^2} + \frac{(\underline{a} - mc_0)^2}{4} - \frac{(\underline{a} - mc_0)^2}{4n} - F^0$$　　　　　(3-78)

与确定性环境下的结论相似，无论下游市场企业数量如何变化，上游垄断企业总有一个最优的可竞争产品（变动部分）与关键设施（固定部分）的定价组合 mc_i 与 F_i，上游垄断企业可以通过捆绑关键设施（基本品）与可竞争产品操纵下游企业的成本结构，产生下游市场合谋效应，从而达到攫取所有垄断利润的目的。不同的是，不确定性环境下，上游垄断企业可竞争产品（变动部分）与关

键设施（固定部分）的期望利润均有所下降，但对下游市场没有影响，因为下游企业处于长期均衡的期望利润始终为 0。但均衡产量变低，均衡价格变高，对消费者不利。从长期来看，上游垄断企业分担了下游市场的风险。相对于确定性环境而言，生产者剩余变小，消费者剩余也变小，社会总福利变小。

三、市场绩效

（一）不确定性环境下终端产品搭售的市场绩效

不确定性源自需求侧和供给的风险对不同企业的期望利润影响需视情况而定。对比企业 1 搭售前后的期望利润发现，企业 1 的期望利润差值变化方向不确定，而企业 2 的期望利润差值恒小于 0。企业 2 受到来自风险异质性的负向影响，使原本处于极端风险厌恶状态的企业 2 更加厌恶风险，越发扭曲其市场资源配置，印证了搭售强化了不确定性环境中的策略性圈定效应。

在不确定性的市场环境中，对于企业 1，虽然企业 1 对市场环境的预判没有扭曲，但仍受到来自竞争对手扭曲效应的正向或负向影响，同时企业 1 利用搭售强化或缓和来自风险异质性引起的期望利润盈亏。至于企业 1 的期望利润是否变大，还需具体讨论。

（二）不确定性环境下中间产品搭售的市场绩效

不确定性源自需求侧风险的市场环境中，上游垄断企业可竞争产品（变动部分）与关键设施（固定部分）的期望利润均有所下降，但对下游市场没有影响。从长期来看，上游垄断企业分担了下游市场的风险，这为反垄断案件的执法判定提供新的视角。相对于确定性环境而言，生产者剩余变小，消费者剩余也变小，社会总福利变小。

第五节　本章小结

本章考察横向市场圈定典型行为——搭售，从终端产品和中间产品两个维度构建模型分析搭售前后的市场绩效，同时考察不确定性环境下的搭售问题。

在"终端产品搭售与市场圈定"一节中，通过构建贝特朗、古诺和斯坦克尔伯格寡头决策模型，划分搭售前后并求出均衡解。结果表明，占优企业的搭售行为，降低竞争企业利润，从长期来看，会形成圈定竞争市场效应，阻挠竞争对手甚至排挤竞争企业。本节的创新之处在于，构建一单位基本品（关键设施）和互补品（多单位可竞争产品）的上游主导企业，与竞争对手相互竞争的产品差异化双寡头模型，模拟平台企业的竞争模式，将企业搭售前后的三种模型均衡解与市场绩效进行对比分析，阐述企业搭售的动机与社会福利变化。

在"中间产品搭售与市场圈定"一节中，通过"利乐案"的研究发现，操纵成本结构行为是一种将搭售与纵向约束合约相结合的新型反垄断行为。本节的创新之处在于，以前两章的建模思路为基础，结合合约思想将搭售模型拓展为 B to B 的纵向约束模型，并拓展讨论不确定性环境下操纵成本结构行为的圈定效应。研究发现，上游主导企业调整两种产品定价所占售价的比例攫取利润，通过实施操纵成本结构行为排挤低效率的上游竞争对手，产生圈定效应，但不损害消费者福利，说明圈定市场行为并不一定都是对社会总福利不利的。

在"不确定性环境下的终端产品搭售问题"一节中，通过构建三个经典寡头决策模型，划分搭售前后并求出均衡解。结果表明，搭售行为会加剧竞争企业风险偏好劣势状态，形成策略性圈定效应，并对其在资本市场上的融资能力造成更加负面的影响。相比之下，占优企业对于市场环境的判断没有受到扭曲，但受到竞争企业扭曲效应的影响；同时占优企业利用搭售的杠杆效应进一步增加期望利润盈余，至于其期望利润是否变大，还需具体讨论。在不确定性环境下的中间产品搭售问题中，上游垄断企业可竞争产品（变动部分）与关键设施（固定部分）的期望利润均有所下降，对下游市场期望利润没有影响，上游垄断企业分担下游市场的风险。这些不确定性环境下的搭售问题的研究结果为反垄断案件的执法判定提供新的视角和启示。

第四章 最惠国条款与市场圈定

第三章讨论了横向圈定策略,本章聚焦纵向圈定中的最惠国条款进一步探讨企业实施最惠国条款所产生的市场圈定效应和市场绩效。随着平台经济的快速发展,最惠国条款的反垄断问题得到越来越多的关注。在经济学解释方面,重点讨论最惠国条款的企业动机与市场绩效;在法学视角方面,关注美国、欧盟的反垄断司法实践与中国反垄断执法的进程,典型案例如"苹果电子书案"以及欧盟在线平台订房案。通过梳理最惠国条款的基本概念和文献脉络,构建两部制定价的数理模型,从承诺性最惠国条款和限制性最惠国条款两个方面,重点讨论最惠国条款的圈定效应及其市场绩效,进而探讨不确定性环境下最惠国条款的实施动机与风险分担机制。

第一节 供应链中的最惠国条款

一、承诺性最惠国条款

(一)核心概念

最惠国条款(Most-Favoured-Nation Clause,MFN 条款),又称无歧视待遇,

源于贸易关系中的特定条约。是指双方签订贸易协定时，缔约国承诺若给予第三方优惠待遇时，应该提供同样的优惠条件给缔约国的另一方。其本质是通过双边协定建立国家之间平等的贸易机会。在产业组织中，最惠国条款的本质是纵向协议，是指使卖方的最优价格条款适用于所有买家，亦被称为非区别定价条款（Nondiscrimination Clauses）、无歧视定价（统一定价）条款、最惠消费者条款（Most-Favoured-Customer Clause，MFC 条款）、平价条款（Price Parity Clauses，PPCs）。最惠国条款主要包含三个要素：卖方、买方与价格。

随着近年互联网经济与数字经济的飞速发展，平台最惠国条款广为人知，颇受反垄断实务界与学术界关注，但事实上平台最惠国条款只是最惠国条款的一个方面。早在平台经济兴起之前的传统经济中，最惠国条款已在商业活动中为企业所用，并受到反垄断机构的高度关注。为系统研究，有必要对其概念进行分类梳理。在解析概念之前需要先厘清平台经济中的上游与下游、卖方与买方之间的关系，将平台经济中的市场结构与传统经济中的纵向市场结构分析框架相统一，以便将所涉及的纵向约束问题（最惠国条款问题）置于同一框架下进行分析。现实经济运行以产业链供应链的物流方向来定义上下游关系，本书按照博弈论原理将决策行动次序和决策权分配作为定义上下游企业的标准。平台（或企业）和进驻商家的上下游关系，由平台（或企业）的商业模式决定。拥有零售价定价权的企业被定义为下游企业（买家或零售商），其业务是 B to C；否则，该企业为上游企业（卖家或批发商），其业务是 B to B。具体而言，若平台（或企业）拥有最终零售价格的决定权，平台（或企业）为下游企业；相反，若入驻商家拥有最终零售价格的决定权，平台（或企业）为上游企业。常见的平台典型商业模式为代理模式，本书研究的最惠国条款问题中，通常是具有市场优势的平台（或企业）作出承诺，或限制商家定价，商家决定最终零售价格，平台（或企业）为上游企业。例如，苹果公司的电子书业务为代销模式，尽管消费者是从苹果（平台）的 iBookstore 购买电子书，但平台企业没有电子书的零售定价权，故将苹果公司定义为上游企业，出版商拥有零售定价权，故将其定义为下游企业。接下来，针对最惠国条款的概念进一步分类阐述，根据最惠国条款的限制对象，可分为限制性最惠国条款和承诺性最惠国条款。限制性最惠国条款通常被称为平台最惠条款，主要限制买方（通常是零售商或代理模式中的平台商家）定价行为，① 是平台企业（P）限制商家（B）与消费者（C）之间交易行为的条款（B to C MFN 条款）。承诺性最惠国条款通常被称为批发最惠国条款，主要限制卖方（通常是批发商、供应商或平台企业）定价行为。是平台企业（P）承诺向平台内具有竞争关系的商家（B）在平台服务价格、质量等方面提供等于或者优于其他平台竞争对手的交易条款（P to B MFN 条款）。承诺性最惠国条款虽然尚未纳入我国平台反垄断监管的范围，但在其他国家已有相关案例，如2010 年美国海洋之洲公司诉蓝十字和蓝盾公司案。

承诺性最惠国条款，主要是指上游投入品卖方（批发商或供应商）向下游买方（零售商）作出承诺，即买方（零售商）获得至少与其他任一买方（零售商）一样优惠的价格。在这个纵向关系中，卖方一般占据上游市场支配地位，如果没有承诺性最惠国条款，卖方可能有动机降低未来买方的价格，损害初始买方的利益，最终削减卖方垄断利润。因而卖方必须解决让所有买方都放心的承诺问题，即双方签订最惠国条款，防止卖方未来降价的机会主义行为。

（二）文献回顾

为使卖方承诺不降低未来买方的价格，有效解决垄断企业的承诺问题，承诺性最惠国条款经常出现在最终产品和中间产品市场（Neilson and Winter，1993；Schnitzer，1994）。布兹（Butz，1990）研究表明，最惠国条款可以解决耐用品的时间不一致性问题，最惠国条款要求卖方承诺初始价格；如果卖方向后来的买方提供更好的条件，那么之前所有买方都要享受同等待遇，卖方有选择地降低价格的企图就会失败。德格拉巴（DeGraba，1996）认为如果合同的每一个期限卖方和买方的利润都是单调的，那么合同的每一个时期实施最惠国条款能够使管理者在复杂的合约情况下解决承诺问题。马科思和夏弗（Marx and Shaffer，2001）发现最惠国条款保证卖方承诺的最终产量合约有效，当卖方提供的合约存在机会主义行为时，买方会援引最惠国条款要求补偿。一些学者的研究（Corts，1998；Liu and Serfes，2004）表明，在寡头垄断的环境下，价格歧视可能导致全面竞争，从而降低所有企业的价格。而最惠国条款能软化价格竞争。韦德和夏弗（Hviid and Shaffer，2010）证明最惠国条款可能导致更高的价格，如果上游企业

---

① 其概念将在下文具体阐释。

提供该条款后降低批发价，则最惠国条款意味着以退款的形式惩罚上游企业，因为受最惠国条款约束时，公司有合同义务向所有消费者提供相同的价格。因此，如果一家公司提供最惠国条款，它就不能在不退款的情况下进行降价，这就产生放松价格竞争的可信承诺。然而，麦克菲和斯沃兹（McAfee and Schwartz，1994）通过研究纵向合约最惠国条款发现，如果一个供应商使用两部制定价向竞争公司出售投入产品，批发商可能对其供应的下游企业采取机会主义行为，与某些下游企业重新谈判合同条款，牺牲其他下游企业的利益。在这种情况下，最惠国条款可能是一个让下游企业放心的解决方案。当买方的回报是相互依赖的且合同有多个条款时，最惠国条款无法使卖方履行其最初的销售合同，不能遏制多边纵向合同中的机会主义。

除解决承诺问题的动机，占据市场支配地位的企业实施最惠国条款还具有合谋动机，促进下游企业产生合谋效应。库派（Cooper，1986）研究在双寡头垄断定价模型中，最惠国条款策略作为促进合谋协调的一种承诺机制的作用。如果以后降低价格，企业将返还给客户现在支付的价格与未来的价格之间的差额，最惠国条款可以通过诱使竞争对手采取不那么激进的定价方式获得更高的利润，提高了最终产品价格，从而抑制竞争。斯尼泽（Schnitzer，1994）考虑同质耐用品双寡头垄断模型中最惠国条款对合谋的影响。如果没有最惠国条款，合谋是不可持续的，公司的利润为零。然而，当两家公司都采用最惠国条款，且在第二阶段没有新的消费者进入市场的条件下，最惠国条款在一定程度上可以促进串谋，企业利润为正。海尔弗里奇和赫外戈（Helfrich and Herweg，2016）将价格歧视与最惠国条款对比研究，认为价格歧视会阻碍卡特尔的形成，禁止价格歧视的最惠国条款更有可能形成合谋的结果。这也是本书研究承诺性最惠国条款的切入点，通过对比上游企业实施价格歧视与承诺性最惠国条款的垄断利润，阐述企业实施承诺性最惠国条款的激励机制。现有文献不乏研究承诺性最惠国条款的合谋效应，但鲜有文献从企业信念角度，将合谋效应与圈定效应结合起来分析最惠国条款的福利效应。本书重点研究不同信念时，上游存在潜在进入者时占优企业实施最惠国条款动机与福利效应。

部分国外学者从不确定性环境的角度通过对比最惠国条款与区别定价，考察企业实施最惠国条款的策略动机。皮戈（Png，1991）假设存在两个时期且无法保证第二期的价格，卖方可以通过最惠国条款的承诺提前收取更多费用，但是仍然有可能保留过多未售出的产能，当产能较大时，卖方倾向于采用最惠国条款保护，当消费者对第一时期的需求程度不确定时，卖方倾向于价格歧视。格莱尼欧和奥都内德哈欧（Granero and Ordóñez-de-Haro，2015）认为在确定性的情况下，试图阻止竞争对手进入的现有企业可能没有提供最惠客户条款的动机，因为这可能导致更高的进入后价格；而在不确定性的情况下，在位者可以设定一个限价，从而影响进入决策。限制性定价涉及不同于静态垄断价格的进入前价格，由此产生信号成本，这部分成本可以通过消费者从最惠国条款退款的方式分摊到几个时期，如果贴现系数不是很高，在位者就会采用这种定价，并在更大程度上防止进入。本书将上游垄断下游双寡头竞争的理论模型继续拓展至不确定性环境下进行分析，厘清最惠国条款的实施动机与风险分担机制。

二、限制性最惠国条款

（一）核心概念

限制性最惠国条款由来已久，近年来平台经济反垄断更广受关注，通常被称为平台最惠国条款（PMFN 条款）、平价条款或最惠消费者条款。为便于讨论，下文将限制性最惠国条款统称为平台最惠国条款。在平台经济中，限制性最惠国条款抑或平台最惠国条款主要是指协议一方（卖方或者商家，以下简称商家）承诺给予另一方（买方或者平台，以下简称平台）的价格，必须不高于其给予其他方（包括其他竞争平台、商家自有或所属平台等）的交易条件。当然，现实经济中的交易条件还包括数量、范围、付款期限等，暂不在本书讨论范围之内。平台最惠国条款主要包含三个要素：平台、商家与价格，它是平台与商家之间针对第三方（消费者）价格关系的定价协议，与最高转售价格维持协议有相似之处，属于轴辐协议中最基础、最重要的一种表现形式。

根据经营范围，平台最惠国条款可分为广义最惠国条款（Wide MFN 条款）与狭义最惠国条款（Narrow MFN 条款）。前者是指交易期间，平台禁止商家通过任何其他渠道（包括其他竞争平台、商家自有或所属平台与商家的其他合作伙伴）以低于平台的价格销售，或提供更优惠的条款；后者是指交易期间，平台仅禁止通过商家自有平台与所属销售渠道以低于平台的价格销售，或提供更优惠的条款，这给予商家在其他平台或渠道之间区别定价的自由空间。试想若商家在自有或所属直销平台上提供的价格低于在平台上提供的价格，消费者为免于支付平台高昂的费用，可以先利用平台搜索的便利检索合适的匹配对象，然后直接从所选择的商家自有或所属直销平台购买。而平台投资展示产品或服务却遭受直接损失，这种机会主义行为削弱平台的生存能力和盈利潜力，从这个角度来看，实施平台最惠国条款具有一定的合理性。狭义最惠国条款禁止商家通过自有或所属渠道提供更低的价格，例如，在线购买、通过电话订购或线下实体店购买。如果商家没有能力在任何地方宣传展示折扣，离线竞争也会变得不那么激烈。一个良好的平台环境能够提供价低质优的服务，通过扩大商家在该平台上产品销量、降低净搜索成本以及增加商家之间的竞争，来创造盈余。若平台投资于技术与服务撮合买卖双方交易，买家和卖家自然要支付相应的佣金。目前，一些互联网平台已使用广义或者狭义最惠国条款，包括苹果的 iBookstore、亚马逊和 Expedia，此类最惠国条款形式引起学术界和实务界对平台竞争的关注。当一个在线平台要求使用其平台的商家不得在其他竞争平台、商家自有或所属平台，以更低的价格提供产品或服务时，该平台便施加了广义平台最惠国条款。这些合同条款可能被各类在线平台所采用，例如，在线酒店预订、交通出行预订和各种消费品交易等。借助平台最惠国条款解决商家"搭便车"等机会主义行为问题的同时，可能兼具排挤竞争平台或阻挠潜在竞争平台的后果，需要反垄断执法部门具体裁决。与承诺性最惠国条款相比，平台最惠国条款影响范围更广，涉及的反垄断法关系更为复杂。针对平台最惠国条款的反垄断执法有助于维护在线市场的公平竞争。它们一直是欧洲反垄断执法的对象，但在美国只受到有限的反垄断审查。

在产业组织理论的研究中，限制性最惠国条款与最高转售价格维持条款的经济学原理相似，其本质都为 B to B 交易双方约定商品零售价格。商品的零售价接受平台（或供应商）指导或由平台（或供应商）间接决定，商家（或零售商）虽然表面上具有独立定价的权利，但实质上在与现有交易平台之外的平台进行交易时，必须考虑商品在当前交易平台的定价，尤其是现有交易平台具有市场势力时。有可能出现这样一种情况：具有市场支配地位的平台企业通过与商家（或产业链上的另一企业）签订限制性最惠国条款，影响终端产品定价，削弱商家（或下游市场）的价格竞争能力，阻挠高效率平台进入市场；同时消除"搭便车"问题，协调平台（或上游企业）的抽成费用（或批发价），提高（潜在）竞争对手的进入成本，抬高上下游企业的进入壁垒。这类合约通过协调多边（上下游）市场的企业定价达到限制竞争的目的，并以此圈占市场。如2016年美国"苹果电子书案"中，以代理模式经营的苹果公司与图书出版商签订最惠国条款，协助出版商联合以窗口期威胁亚马逊，使出版商成功掌握图书零售定价权，大大压低了以低价销售电子图书的亚马逊的利润，撼动了采用批发零售模式的亚马逊在电子图书零售市场的强势地位，亚马逊无法在平台终端通过降低图书零售价获利，失去部分市场份额，不得不转为类似的代理模式经营，之后苹果公司成功占据电子图书零售市场寡头地位。

（二）文献回顾

近年来，平台最惠国条款由于影响范围广引起全世界竞争管理机构的极大关注。在线平台通常采用这种商业模式：商家是产品（或服务）的所有者，决定最终产品价格，并在售出后向平台支付基于产品（或服务）的佣金。在这种商业模式中，商家（如出版商）和平台（如苹果公司）之间签订最惠国条款合约，商家承诺不在其他任何平台以更低的价格销售其产品或服务。弗欧斯等（Foros et al.，2017）重点关注平台对商业模式的选择，研究表明，即使平台之间的佣金率保持不变，相对于批发零售模式，平价条款在某些条件下可能更适用于代理销售模式。

关于平台最惠国条款的研究主要从效率动机、市场绩效和圈定效应三个角度展开。在平台最惠国条款的效率和动机研究方面，平台为平价条款的限制提供理由，指出这些限制是防止"搭便车"所必需的，因为"搭便车"会削弱它们对平台进行投资的动机（Wismer，2013）。王和瑞特（Wang and Wright，2020）考虑平价条款如何有助于遏制平台"搭便车"的风险，但平台向商家收取更高的佣金，损害消费者利益；当平台之间的竞争被引入时，广义平价条款伤害消费者，而狭义平价条款可能更有利。另外，甘斯（Gans，2012）认为平价条款可能有助于解决套牢问题，有助于提升社会福利。部分学者对平台最惠国条款的具体表现形式进行区分，并分析其市场绩效。艾兹洛奇（Ezrachi，2015）区分狭义和广义最惠国条款的福利效应，并对其合法性及应受竞争干预的程度进行反思。华沙和斯琴科（Walsa and Schinkel，2018）研究发现，狭义的 PPC 结合最优价格承诺的 BPG 使消费者的处境比没有平台运营的情况更糟糕。更有效率的在位平台可以通过最优价格承诺阻碍其他平台进入，而狭义的 PPC 消除了直接销售渠道的竞争。王和瑞特（Wang and Wright，2016）探讨平价条款如何影响平台的投资激励措施，指出广义平价条款导致现有平台过度投资于降低搜索成本，以防止潜在进入者投资，在同质的情况下，总是不利于消费者福利，降低社会福利效应；如果没有这样的平价条款，平台投资相对不足，平价条款的总福利效应是模棱两可的。关于最惠国条款产生的市场绩效，不同的情形下研究结论不一。艾德曼和瑞特（Edelman and Wright，2015）研究表明，平价条款提高直接购买的价格，增加对平台中介服务的需求。在高额佣金的资助下，平台在提供非金钱利益方面过度投资，反过来使企业更有可能加入，可能导致最终价格上涨，社会福利减少。格莱尼欧（Granero，2013）考察内生产品多样性的最惠国条款对福利的影响，认为多产品公司在提供多种产品时预见到最惠国条款抬高价格，最惠国条款虽然可能对社会有害，但对固定成本较大的产品线的影响是中立的。卡尔泽达等（Calzada et al.，2019）研究发现，平价条款的限制诱使卖家独家交易，并最终切断其直销渠道，对消费者福利有明显的负面影响，但不一定影响卖家的利润。罗纳伊那和泰勒（Ronayne and Taylor，2019）分析当市场中的两个卖家生产同质商品，且这种商品既可以直接销售，也可以通过竞争性平台销售时，平台规模对市场结果有显著影响，平价条款会提高佣金费用，诱使一些企业退市，损害消费者利益。瑞和维基埃（Rey and Vergé，2019）扩展多边纵向关系中秘密合约的分析，发现平价协议不一定会提高均衡零售价格的条件；均衡佣金是以成本为基础的，无论是否使用平价条款，边际佣金总是等于平台边际销售成本。郜庆（2020）指出电商平台和上游商品供应商广泛签订的最惠国待遇条款具有明显的反竞争效果，其中横向垄断协议是最惠国待遇条款最优的规制路径。还有学者从实证角度考察 Best Buy 实施最惠国条款的竞争效应，认为最惠国条款降低电子产品的最终产品价格、扩大自身市场份额的同时，拉大与竞争对手的销售差距，因此，在决定是否干预企业实施最惠国条款时需要谨慎（Chen and Liu，2011）。曼特文尼亚等（Mantovania et al.，2021）提供 2015 年法国取消酒店预订网站平价条款的准实验证据，结果显示，短期内产品价格显著下降，但在中期影响更为有限，取消平价条款后使一部分使用预订网站的消费者受益。

国外已有部分文献从圈定效应角度讨论最惠国条款的福利效应。阿吉尔（Aguirre，2000）研究单边最惠国条款对竞争的影响，模型中多市场在位企业的其中一个市场面临进入威胁，研究表明，同时期最惠国条款使在位者变得更具竞争优势，并能用于阻止潜在进入者进入市场。博伊科和考兹（Boik and Corts，2016）分析垄断供应商通过两个差异化平台（收取固定单位佣金费用）销售产品的传统纵向关系模型中，平价条款对价格和进入的影响，研究表明，平价条款导致更高的佣金和最终价格，从而可能阻止低成本竞争者进入。乔森（Johnson，2017）将此模型扩展为需求无弹性和收入共享的框架，研究发现在价格不受限制的情况下，从批发模式转向代理模式对平台和消费者有利，但对商家不利，零售价格下降；如果在代理模式内实行平价条款，平台竞争减弱，费用增加，推高零售价格。在两篇论文中，对价格平价条款这一反竞争方面的直观认识与竞争主管机构的损害理论是一致的。乔汉森和维基埃（Johansen and Vergé，2017）的研究与这两篇文献密切相关，研究表明，平价条款是否导致更高的佣金和价格取决于商家的竞争程度，平价条款也可能同时有利于所有的参与者（包括平台、商家和消费者）；当平台施加平价条款时，商家在所有渠道收取相同的价格，在其他条件相同的情况下，增加了商家销售产品的平均成本。从国内现有文献来看，鲜有考察平台最惠国条款市场圈定问题的研究。焦海涛（2021）认为PMFN条款会引发市场竞争中的共谋效应和排他效应，导致商品价格提高。张靖（2024）指出互联网平台最惠国待遇条款可能存在削弱平台竞争、市场封锁、促进横向共谋等阻碍竞争的消极影响。尽管国内研究单薄，但大多认为平台最惠国条款的反垄断监管应该充分运用经济学方法分析，权衡评判产生的福利效应，坚持具体案件具体分析的原则。黄勇和田辰（2014）认为网络分销模式中MFN条款的定性过程复杂，考察涉案行业业态及市场环境等因素的影响，还应当注重结合互联网产业的特征，并充分运用经济学方法进行分析。孙晋（2018）研究表明，互联网交易语境下的最惠国待遇条款既可能产生横向合谋效果，也可能产生排他性效果；应分别考察MFN条款行为可能带来的反竞争以及促进竞争的效果，并对两者进行权衡。谭晨（2020）从法律结构和经济动因考察，发现平台经济的特性使平台最惠国条款反垄断个案中的经济分析迥异，应在审慎原则下增强竞争政策的灵活性。

既有文献从不同角度评估平台最惠国条款对福利的影响，但鲜有文献结合总需求弹性和平台异质性综合讨论平台最惠国条款的市场圈定效应，而这是平台监管中涉及公平交易和平台竞争最重要的议题，也是平台市场经济的核心基础。下面将结合这两个方面着重分析 PMFN 条款的市场圈定效应。

三、经典案例

虽然目前国内鲜有关于最惠国条款的反垄断案件，但是 2021 年《国务院反垄断委员会关于平台经济领域的反垄断指南》（以下简称《指南》）文件，给予平台最惠国问题极大关注，《指南》第七条第二款明确指出：平台经营者要求平台内经营者在商品价格、数量等方面向其提供等于或者优于其他竞争性平台的交易条件的行为可能构成垄断协议，也可能构成滥用市场支配地位行为。这是我国关于平台最惠国问题最直接的反垄断法律文件。同时《指南》还提出要综合考虑各方面因素来评估影响，说明对最惠国条款的反垄断问题考量持审慎态度。

在过去几年中美国司法部反托拉斯部门已经多次采取关于最惠国条款的执法调查，其中最著名的案件当数 2016 年美国"苹果电子书案"。五大电子书出版商忌惮于亚马逊的零售低价会对实体书的需求和价格产生不利影响，如果亚马逊占据电子图书零售垄断地位，会通过谈判大幅压低出版社的电子书批发价格，与此同时，苹果公司为推出 iPad 需打入电子书零售市场，于是以代理模式经营的苹果公司与图书出版商签订最惠国条款，由出版商确定不同类别电子书的零售价格上限，并向苹果公司支付 30% 的佣金。根据最惠国条款，如果亚马逊或其他电子书零售商提供的特定电子书价格低于出版商为 iBookstore 选定的价格，出版商必须降低 iBookstore 的价格以与之匹配，若亚马逊继续实行电子书折扣定价，将使出版商为这些折扣付出高昂代价。代理模式下的最惠国条款促成出版商联合以窗口期（推迟发布新的电子书）威胁亚马逊，给亚马逊带来巨大的潜在成本，而苹果公司在没有窗口期的情况下如期进入电子图书市场。最终出版商合谋成功地将亚马逊推向代理模式经营，将电子图书零售价提到价格上限，并获取电子书零售定价的控制权，同时撼动了采用批发零售模式的亚马逊在电子图书零售市场的强势地位，亚马逊无法在平台终端通过降低图书零售价获利，失去了部分市场份额，不得不转为代理模式经营，之后苹果公司成功占据电子图书零售市场寡头地位。法院认为，受最惠国条款保护的苹果公司，本身应承担法律责任，因为其纵向合同"策划了出版商被告之间的横向共谋，以提高电子书的价格"，认定苹果公司属于本身当然违反反垄断法。

同时，欧盟各国的竞争主管部门和法院一直密切关注涉及最惠国条款的案件，平台的平价条款是欧洲近年反垄断调查的焦点，经典案例如欧盟在线订房平台案（2013）。Booking.com 是欧盟的在线酒店订房比价网站，市场份额超过60%，通过撮合酒店供应商和订房客户的交易获取一定的佣金收入，并对所有入驻酒店实施平价条款（PPC），要求酒店供应商提供的报价不得高于提供给任何其他平台或渠道的报价，包括酒店的自营平台或者线上线下的其他营销渠道或平台。欧盟许多竞争主管机构认为这类广义最惠国条款是反竞争的，违反《欧洲联盟运作条约》第 101 条和第 102 条及其对应的国内法。这是因为，最惠国条款限制了价格竞争，可能造成圈定市场的后果，最惠国条款不仅限制酒店运营商低价进入不同的销售渠道，还可能使潜在进入者难以进入市场。当受到欧洲几个国家竞争主管部门（National Competition Authorities，NCAs）的反垄断法的制裁时，Booking.com 提出将合同条款中的所有广义平价条款改为狭义平价条款，几乎所有参与调查的国家竞争主管部门（如意大利、法国和瑞典的竞争管理机构）都接受这一承诺。因为法院认为最惠国条款在客观上是必要的，以确保酒店平台和酒店经营者之间的公平关系。为吸引预订，各比价预订平台在网站的开发和改进方面投入大量资金，如果消费者能够通过该平台搜索并找到一家有吸引力的酒店，然后通过酒店自营或所属平台以更低的价格预订，比价平台的投资就会受到损害。在法院看来，狭义最惠国条款是限制性措施来防止"搭便车"。随后，Booking.com 将其承诺范围扩大到欧盟，Expedia 也紧随其后。然而，这并没有消除整个欧洲对其妨碍竞争的担忧。不久之后，德国、奥地利、法国和意大利的立法机构禁止所有最惠国条款，认为狭义最惠国条款与广义最惠国条款具有本质上相同的反竞争效果。此外，英国公平贸易局（OFT）还对亚马逊商城（Amazon Marketplace）采取的最惠国条款展开调查。通过亚马逊平台销售的企业被禁止在任何竞争网站上以更低的价格销售产品，包括卖家自己的网站。德国联邦卡特尔办公室同时展开调查，发现亚马逊在定价和进入市场方面都存在反竞争效应，随后亚马逊取消在欧洲的最惠国条款（但在美国保留这一政策）。

不同形式的最惠国条款反垄断监管与判案问题有待进一步探究，同时梳理竞争主管机构对于最惠国条款的判决方案是非常有必要的，一些机构认为最惠国条款的反竞争效应不大，一些机构认为广义最惠国条款可能会产生反竞争效应，而狭义最惠国条款应当被允许，另一些机构则禁止任何形式的最惠国条款。这些差异反映出，在不同时期不同的市场环境下，经济学家与司法部门对于最惠国条款的竞争效应评估仍然莫衷一是。可以肯定的是，无论在哪个平台或市场（比价网站、酒店预订平台）使用最惠国条款，竞争主管部门都或多或少地关注这类条款的反竞争效应，认为最惠国条款有可能限制平台之间的竞争，抬高最终价格，阻碍潜在竞争者进入市场。无论是传统经营模式还是互联网平台经济环境，最惠国条款的反垄断问题研究均在很大程度上依赖于经济分析，以证实相关市场的反竞争效应。在促进竞争方面，最惠国条款可以降低谈判成本，增强长期合同的价格稳定性，并鼓励进入和投资。另外，最惠国条款可能产生反竞争效应，如促进合谋、减少商家提供折扣的可能、巩固增强具有市场优势地位的企业势力以及限制竞争对手扩张和潜在进入者进入。最惠国条款既有利于竞争的影响，也有反竞争的影响，需要将这些影响系统全面评估，以确定哪种影响更为显著，如果最惠国条款总体上有利于竞争和提高效率，市场可能出现最终价格下降或产量增加。

第二节　承诺性最惠国条款与市场圈定

一、基本假设

有效的承诺需要完备的合约。当上游企业与两个或者多个下游企业交易时，如果没有有效承诺，上游企业可能存在机会主义行为，那么每个下游企业都会担心上游企业与另一个企业签订的合同损害自身利益以此攫取更高的垄断利润。而承诺性最惠国条款一定程度上能够遏制这种机会主义，产生合谋效应，且帮助上游主导企业恢复垄断势力的同时，限制、排挤竞争对手或阻挠潜在竞争者，这可以解释当前最惠国条款的普遍性。

与以往研究不同的是，本书采用的两部制定价能够更好地阐述企业行为动机和市场绩效。为便于理解，本章首先构建上游垄断—下游双寡头的市场结构作为基准模型，研究上游垄断企业与两个下游企业交易的合约问题，这类关系包括一个制造商将产品卖给分销商、一个专利持有人向生产商授予专利权；其次重点分析上游双寡头—下游双寡头的市场结构下，企业实施最惠国条款产生的市场圈定效应以及市场绩效；最后考察在不确定性环境下，最惠国条款的实施动机与风险分担机制。在纵向约束情境下，两部制定价是垄断企业最基本的一种定价方式。为简化说明，我们重点关注两部制定价，假设上游企业提供给下游的是一个两部制定价合约 (w_i, F_i)，其中，F_i 为固定成本，w_i 为上游垄断企业提供给下游企业 D_i 的单位批发价格，即每单位投入品的边际价格。假设上游垄断企业提供一个"要么接受，要么放弃"（take-it-or-leave-it）的合约，博弈顺序如下。

阶段1（提供合约）：上游企业向下游企业 D_i 提供一套合约 $\{w_i, F_i\}$，$i = 1, 2$。

阶段2（接受合约）：下游企业同时接受或者拒绝合约，接受合约意味着要向上游企业支付相应的固定费用 F_i。

阶段3（下游竞争）：下游企业同时确定生产中间品 q_i，将其生产为最终产品并支付相应的费用给上游。同时知晓下游竞争者的边际成本以及最终产品的产量与价格。

考虑基准模型为上游没有替代货源的情形，而后变为上游存在替代货源的情形。建模基本假设如下：

第一，市场的逆需求函数为 $p = a - Q = a - \sum q_i$，其中，p 为下游寡头企业生产的最终产品价格，Q 为下游寡头企业生产的最终产品产出，q_i 为下游寡头企业 D_i 生产的最终产品产量。

第二，上游企业没有固定成本，但有不变的边际成本。在上游垄断—下游双寡头的市场结构理论模型中，上游垄断企业的生产成本为 c^u，满足 $c^u > 0$，且 $c^u = mc$，上游垄断企业 U 的利润函数为 $\pi(q_i)^U = \sum_{i=1}^{2} [F_i + (w_i - c^u) q_i]$；在上游双寡头—下游双寡头的市场结构理论模型中,上游企业的边际成本仍满足 $c_i^u > 0$,其中,c_1^u 为上游主导企业的生产成本,c_2^u 为上游第二货源企业的生产成本,假设上游主导企业具有成本优势,即 $c_1^u < c_2^u$。$c_1^u = c^u - \Delta^u$,$c_2^u = c^u + \Delta^u$,其中,$c^u = \dfrac{c_1^u + c_2^u}{2}$,$\Delta^u = \dfrac{c_2^u - c_1^u}{2} > 0$。

第三,下游企业的投入需求是独立的,每个下游企业都担心上游企业提供给其他企业的合约会损害自己的利益。下游寡头企业 D_i 的成本函数为 $C(q_i)^D = F_i + (w_i + c^d) q_i$,下游企业 D_i 除支付上游投入品的费用以外,还有自身单位生产费用 c_i^d,且下游企业的成本是对称的。下游企业获得的批发价 w_i 越大,边际成本越高;若无穷大,则下游企业因边际成本过高而无法生产。下游寡头企业进行古诺竞争,并满足参与约束:$\pi(q_i)^D \geqslant 0$。由于结果的对称性,假设下游双寡头企业的成本分别为 c_1^d 和 c_2^d,满足条件:$c_1^d < c_2^d$,$c_1^d = c^d - \Delta^d$,$c_2^d = c^d + \Delta^d$,其中,$c^d = \dfrac{c_1^d + c_2^d}{2}$,$\Delta^d = \dfrac{c_2^d - c_1^d}{2} > 0$。

二、模型构建

(一) 上游垄断—下游双寡头的市场结构

1. 秘密合约下的均衡——下游企业持有对称信念

对于下游企业,上游垄断企业产品占据投入品的优势地位,对下游市场区别定价。下游市场为双寡头市场结构,在阶段2(接受合约)时,下游双寡头企业对上游垄断企业具有对称信念。考虑下游双寡头企业持有对称信念的古诺决策模型,运用逆向归纳的方法,求解均衡结果。

上游垄断企业的决策问题:

$$\max_{F_1, F_2, w_1, w_2} \pi^u = \max_{F_1, F_2, w_1, w_2} \left[F_1 + (w_1 - c^u) q_1 + F_2 + (w_2 - c^u) q_2 \right]$$

$$\text{s. t. } \pi(q_i)^U \geqslant 0$$

$$\text{s. t. } \max_{q_1} \pi_1^d = \max_{q_1} \left[(p - w_1 - c_1^d) q_1 - F_1 \right] \geqslant 0$$

$$\max_{q_2} \pi_2^d = \max_{q_2} \left[(p - w_2 - c_2^d) q_2 - F_2 \right] \geqslant 0 \tag{4-1}$$

采用逆向归纳法，在古诺决策模型中，下游企业 D_i 的决策问题：

$$\max_{q_1}\pi(q_1)^D=\max_{q_1}\left[\,(a-q_1-q_2-w_1-c^d+\Delta^d)\,q_1-F_1\,\right]$$

$$\max_{q_2}\pi(q_2)^D=\max_{q_2}\left[\,(a-q_1-q_2-w_2-c^d-\Delta^d)\,q_2-F_2\,\right] \tag{4-2}$$

求解得出：

$$w_1+w_2=\frac{a+3c^u-c^d-9\Delta^d}{2}=\frac{a+3c^u-c^d+9\Delta^d}{2} \tag{4-3}$$

上面两个关于 w_1 和 w_2 之和的等式无法同时满足，说明上式均衡解不存在内点解，只存在角点解，接下来利用角点解的方法求解。此时，上游垄断企业不能同时向两个供货商供货，即不可能满足 $q_1\neq q_2\neq 0$。因此，上式均衡解存在以下三种情况：$\begin{cases}q_1\neq 0\\q_2=0\end{cases}$，$\begin{cases}q_1=0\\q_2\neq 0\end{cases}$，$\begin{cases}q_1=0\\q_2=0\end{cases}$。显然，第三种情况没有现实意义，只需要考虑前两种情况。由于上游垄断企业只向下游其中一家企业供货，此时市场结构变为上游垄断—下游垄断。哪一种情况使上游垄断企业利润更大，则上游垄断企业选择哪一种方案。设定上游垄断企业的目标函数：

$$\max_{F,w}\pi^u=F+(w-c^u)Q$$

$$\text{s. t. } \max_{Q}\pi^d=(p-w-c_i^d)Q-F\geqslant 0 \tag{4-4}$$

求解得出：

$$p=\frac{a+c_i^d+c^u}{2}$$

$$Q=\frac{a-c_i^d-c^u}{2}$$

$$\pi^u=\left(\frac{a-c^u-c_i^d}{2}\right)^2 \tag{4-5}$$

方案 1($q_1\neq 0$，$q_2=0$)需满足以下方程组：

$$\begin{cases}w_1=c^u\\[2mm]q_2=\dfrac{a-2w_2+w_1-c^d-3\Delta^d}{3}=0\end{cases} \tag{4-6}$$

求解得出：

$$w_2 = \frac{a + c^u - c^d - 3\Delta^d}{2}$$

$$\pi^u = \left(\frac{a - c^u - c_1^d}{2} \right)^2 \tag{4-7}$$

方案 2（$q_1 = 0$，$q_2 \neq 0$）需满足以下方程组：

$$\begin{cases} w_2 = c^u \\ q_1 = \dfrac{a - 2w_1 + w_2 - c^d + 3\Delta^d}{3} = 0 \end{cases} \tag{4-8}$$

求解得出：

$$w_1 = \frac{a + c^u - c^d + 3\Delta^d}{2}$$

$$\pi^u = \left(\frac{a - c^u - c_2^d}{2} \right)^2 \tag{4-9}$$

由于 $c_1^d < c_2^d$，以上两种方案对比上游垄断企业的利润：方案 $1\pi^u >$ 方案 $2\pi^u$，上游垄断企业只可能向效率更高的下游企业 1 供货，即上游垄断企业会选择方案 1。按照方案 1 算出均衡解：

$$Q^* = \frac{a - c^u - c^d + \Delta^d}{2}$$

$$p^* = \frac{a + c^u + c^d - \Delta^d}{2} \tag{4-10}$$

上游垄断企业利润 π_{SB}^u：

$$\pi_{SB}^u = \left(\frac{a - c^u - c^d + \Delta^d}{2} \right)^2 \tag{4-11}$$

下游企业利润：

$$\pi_1^d = \pi_2^d = 0 \tag{4-12}$$

上游垄断企业攫取所有的垄断利润。下游企业 2 自身成本高、效率低，产量为 0，批发价满足 $w_2 \geq \dfrac{a + c^u - c^d - 3\Delta^d}{2}$。此时 $w_1 < w_2$，即 $a - c^u - c^d > 3\Delta^d$。进一步分析来看，上文假设下游企业的自身成本存在成本差 Δ^d，直接影响均衡结果。鉴于 $w_1 + w_2 = \dfrac{a + 3c^u - c^d}{2}$，主要分为三种情况：

（1）$c_1^d = c_2^d = 0$，存在多种均衡解；

（2）$c_1^d = c_2^d \neq 0$，存在多种均衡解；

（3）$c_1^d \neq c_2^d \neq 0$，则只存在唯一的角点解。

当下游企业的自身成本相同时，均存在多种均衡解，这与哈特和泰勒尔（Hart and Tirole，1990）研究假设一致。本书放松了这一假设，即假设下游企业自身成本存在差异，揭示了存在唯一的角点解。

2. 秘密合约下的均衡——下游企业持有被动信念

与第一种情形相同的是，对于下游企业，上游垄断企业产品占据投入品的垄断地位，对下游市场区别定价。下游市场为双寡头市场结构，在阶段2（接受合约）时，下游双寡头企业对上游垄断企业具有被动信念。考虑下游双寡头企业持有被动信念的古诺决策模型，运用逆向归纳的方法，求解均衡结果。

上游垄断企业的决策问题：

$$\max_{F_1,F_2,w_1,w_2} \pi^u = \max_{F_1,F_2,w_1,w_2} \left[F_1 + (w_1 - c^u)q_1 + F_2 + (w_2 - c^u)q_2 \right]$$

$$\text{s. t. } \max_{q_1} \pi_1^d = \max_{q_1} \left[(p - w_1 - c_1^d)q_1 - F_1 \right] \geq 0$$

$$\max_{q_2} \pi_2^d = \max_{q_2} \left[(p - w_2 - c_2^d)q_2 - F_2 \right] \geq 0 \tag{4-13}$$

采用逆向归纳法，在古诺决策模型中，下游企业 D_i 的决策问题：

$$\max_{q_1} \pi(q_1)^D = \max_{q_1} \left[(a - q_1 - q_2 - w_1 - c_1^d)q_1 - F_1 \right]$$

$$\max_{q_2} \pi(q_2)^D = \max_{q_2} \left[(a - q_1 - q_2 - w_2 - c_2^d)q_2 - F_2 \right] \tag{4-14}$$

根据被动信念定义求解得出 $q_1 = 0$，$q_2 = 0$。可能的解释是，在被动信念的情景下，当上游垄断企业向一个下游企业提供最优合约时，该下游企业认为此合约是最优的，而竞争对手的合约因偏离最优均衡而停产，故该下游企业利润最大化时，竞争企业的产量为0。当上游企业同时与下游两个企业交易时，如果下游企业都持被动信念，自身利润不受竞争对手合约影响，相当于下游企业独立决策，上游企业将下游企业当作两个独立的市场看待。

上游垄断企业的目标函数更新：

$$\max_{w_1,w_2} \pi^u = \max_{w_1,w_2} \left[(p - w_1 - c_1^d)q_1 + (w_1 - c^u)q_1 + (p - w_2 - c_2^d)q_2 + (w_2 - c^u)q_2 \right] \tag{4-15}$$

由被动信念定义与包络定理求解得出 $w_1 = c^u$，同理，$w_2 = c^u$。下游两个企业

的均衡产量分别为 $q_1^* = \dfrac{a-c^u-2c_1^d+c_2^d}{3}$，$q_2^* = \dfrac{a-c^u-2c_2^d+c_1^d}{3}$。算出均衡解：

$$Q^* = \frac{2(a-c^u-c^d)}{3}$$

$$p^* = \frac{a+2c^u+2c^d}{3} \tag{4-16}$$

上游垄断企业利润 π_{PB}^u：

$$\pi_{PB}^u = \left(\frac{a-c^u-c^d+3\Delta^d}{3}\right)^2 + \left(\frac{a-c^u-c^d-3\Delta^d}{3}\right)^2 \tag{4-17}$$

下游企业利润：

$$\pi_1^d = \pi_2^d = 0 \tag{4-18}$$

3. 公开合约下的均衡——上游垄断企业实施 MFN 条款

如果一份合约（承诺）完备且无法改变，那么这份合约的重要特征就是在有效的时间和范围内无法随着外生因素的变化而灵活应变①。纵向约束合约所面临的承诺问题源于所提供批发价的隐蔽性以及保证合约真实性的难度，因而难以避免出现上游垄断企业对下游企业进行区别定价的情况。而公开合约（MFN 条款）是规避机会主义，确保统一定价的有效手段。假设下游企业均可观察到所有合约，即保证上游垄断企业提供的是公开合约，统一的批发价为 w。由于下游企业自身成本 c_i^d 不同，因此成本高的下游企业所得利润为 0，成本低的下游企业所得利润大于 0。可见，相对于秘密合约而言，公开合约可以使成本低的下游企业留存超额利润。

上游垄断企业的决策问题：

$$\max_{F,w}\pi^u = \max_{F,w}\left[F+(w-c^u)q_1+F+(w-c^u)q_2\right]$$

$$\text{s. t. } \max_{q_1}\pi_1^d = \max_{q_1}\left[(p-w-c_1^d)q_1-F\right] \geq 0$$

$$\max_{q_2}\pi_2^d = \max_{q_2}\left[(p-w-c_2^d)q_2-F\right] \geq 0 \tag{4-19}$$

由于 $c_1^d \leq c_2^d$，下游企业 1 的约束条件是松弛的，下游企业 2 的约束条件是紧的。采用逆向归纳法，在古诺决策模型中，下游企业 D_i 的决策问题：

---

① 这里指的是上下游企业可能存在机会主义行为。

$$\max_{q_1}\pi(q_1)^D = \max_{q_1}\left[\,(a-q_1-q_2-w-c_1^d)q_1-F\,\right]$$

$$\max_{q_2}\pi(q_2)^D = \max_{q_2}\left[\,(a-q_1-q_2-w-c_2^d)q_2-F\,\right] \tag{4-20}$$

计算得出上游垄断企业提供的批发价为 $w=\dfrac{a-c^u-c^d+3\Delta^d+4c^u}{4}>c^u$。下游两个

企业的均衡产量分别为 $q_1^*=\dfrac{a-c^u-(2c_1^d-c_2^d)}{4}$，$q_2^*=\dfrac{a-c^u+(2c_1^d-3c_2^d)}{4}$，不难看出，

$q_1-q_2\geqslant0$，下游企业 1 具有成本优势，产出水平较高。算出均衡解：

$$Q^*=\frac{a-c^u-c^d-\Delta^d}{2}$$

$$p^*=\frac{a+c^u+c^d+\Delta^d}{2} \tag{4-21}$$

上游垄断企业利润 π_{MFN}^u：

$$\pi_{\mathrm{MFN}}^u=\frac{(a-c^u-c^d-5\Delta^d)^2+(a-c^u-c^d+3\Delta^d)(a-c^u-c^d-\Delta^d)}{8} \tag{4-22}$$

下游企业利润：

$$\pi_1^d=(a-c^u-c^d-\Delta^d)\ \Delta^d>0$$

$$\pi_2^d=0 \tag{4-23}$$

（二）上游双寡头—下游双寡头的市场结构

1. 秘密合约下的均衡——下游企业持有对称信念

（1）容纳上游低效率企业进入市场。上游主导企业 U_1 允许第二货源企业 U_2 进入市场，U_1 将下游其中一个企业让给 U_2 与其交易，形成双寡头竞争的市场格局。下游企业成本对称，设定 U_1 与 D_1 交易，U_2 与 D_2 交易，相当于一体化后的企业 U_1-D_1 与 U_2-D_2 展开双寡头古诺竞争。由于上游企业提供合约，因此，下游企业的利润均被上游企业攫取。这只是一种局面的结果求解，并不是子博弈精炼纳什均衡解，目的是求出上游主导企业 U_1 将第二货源企业 U_2 排挤出市场的机会成本 Φ_0。

上游企业 U_i 的决策问题：

$$\max_{F_1,w_1}\pi_1^u = \max_{F_1,w_1}\left[\,F_1+(w_1-c_1^u)q_1\,\right]$$

$$\text{s. t. } \max_{q_1}\pi_1^d = \max_{q_1}\left[(p-w_1-c^d)q_1-F_1 \right] \geq 0$$

$$\max_{F_2,w_2}\pi_2^u = \max_{F_2,w_2}\left[F_2+(w_2-c_2^u)q_2 \right]$$

$$\text{s. t. } \max_{q_2}\pi_2^d = \max_{q_2}\left[(p-w_2-c^d)q_2-F_2 \right] \geq 0 \qquad (4-24)$$

采用逆向归纳法，在古诺决策模型中，下游企业 D_i 的决策问题：

$$\max_{q_1}\pi(q_1)^D = \max_{q_1}\left[(a-q_1-q_2-w_1-c^d)q_1-F_1 \right]$$

$$\max_{q_2}\pi(q_2)^D = \max_{q_2}\left[(a-q_1-q_2-w_2-c^d)q_2-F_2 \right] \qquad (4-25)$$

由对称信念定义与包络定理求解得出 $q_1=-2(w_1-c_1^u)$，同理，$q_2=-2(w_2-c_2^u)$。结果表明，两个等式无法同时满足。说明上式均衡解不存在内点解，只存在角点解，因此接下来利用角点解的方法求解。由于下游企业的对称信念，一体化企业 U_1-D_1 与 U_2-D_2 不可能同时向市场供货，即不可能同时满足 $q_1 \neq q_2 \neq 0$。因此，上式均衡解存在以下三种情况：$\begin{cases} q_1>0 \\ q_2=0 \end{cases}$，$\begin{cases} q_1=0 \\ q_2>0 \end{cases}$，$\begin{cases} q_1=0 \\ q_2=0 \end{cases}$。鉴于上游主导企业的成本优势地位，第一种情况明显优于第二种情况，第三种情况没有现实意义，因此我们只需要考虑第一种情况。这是因为下游企业持对称信念时，产生默契合谋效应，虽然容纳第二货源企业进入市场，但由于上游主导企业的成本优势，第二货源企业被排挤出市场，此时市场结构变为上游垄断—下游垄断。计算得出上游企业提供的批发价为 $w_1=\dfrac{-a+c_1^u+c^d+3c_1^u}{3}<c_1^u$，$w_2=0$。说明对称信念时，上游主导企业 U_1 低于边际成本定价，为获得垄断利润导致市场过度竞争。下游两个企业的均衡产量分别为 $q_1^{*}=\dfrac{2(a-c_1^u-c^d)}{3}$，$q_2^{*}=0$。算出均衡解：

$$Q^{*}=\frac{2(a-c_1^u-c^d)}{3}$$

$$p^{*}=\frac{a+2c_1^u+2c^d}{3} \qquad (4-26)$$

上游主导企业利润 $\widetilde{\pi_{SB}^{u}}$：

$$\widetilde{\pi_{SB}^{u}}=\frac{2(a-c_1^u-c^d)^2}{9} \qquad (4-27)$$

下游企业利润：

$$\pi_1^d = \pi_2^d = 0 \tag{4-28}$$

（2）排挤上游低效率企业进入市场。上游主导企业 U_1 处于成本优势地位，任何低效率企业 U_2 能够提供的合约，它都能够提供。为将第二货源企业排除在外，U_1 只能与下游双寡头企业同时交易。当下游企业持被动信念时，由于存在第二货源企业 U_2，上游主导企业 U_1 必须分配下游企业部分利润，才能将 U_2 排挤出市场，否则下游企业会与 U_2 交易。鉴于上文研究结果，当下游企业持对称信念时，上游主导企业 U_1 低于边际成本定价是可置信威胁，因而上游主导企业 U_1 不需要分给下游两个企业任何利润，即下游企业的净利润为0。

上游主导企业 U_1 的决策问题：

$$\max_{F_1,F_2,w_1,w_2} \pi^u = \max_{F_1,F_2,w_1,w_2} \left[F_1 + (w_1 - c_1^u)q_1 + F_2 + (w_2 - c_1^u)q_2 \right]$$

$$\text{s. t. } \max_{q_1}\pi_1^d = \max_{q_1}\left[(p-w_1-c^d)q_1 - F_1 \right] \geqslant 0$$

$$\max_{q_2}\pi_2^d = \max_{q_2}\left[(p-w_2-c^d)q_2 - F_2 \right] \geqslant 0 \tag{4-29}$$

采用逆向归纳法，在古诺决策模型中，下游企业 D_i 的决策问题：

$$\max_{q_1}\pi(q_1)^D = \max_{q_1}\left[(a-q_1-q_2-w_1-c^d)q_1 - F_1 \right]$$

$$\max_{q_2}\pi(q_2)^D = \max_{q_2}\left[(a-q_1-q_2-w_2-c^d)q_2 - F_2 \right] \tag{4-30}$$

计算得出 $w_1+w_2 = \dfrac{a+3c_1^u-c^d}{2} > 2c_1^u$，说明上式存在多重解。假设极端情形上游主导企业只与一家下游企业交易，设 $w_2 = 0$，$q_2^* = 0$，则 $w_1 = \dfrac{a+c_1^u-c^d+2c_1^u}{2} > c_1^u$，$q_1^* = \dfrac{a-c_1^u-c^d}{2}$。算出均衡解：

$$Q^* = \frac{a-c^u-c^d+\Delta^u}{2}$$

$$p^* = \frac{a+c^u+c^d-\Delta^u}{2} \tag{4-31}$$

上游主导企业利润 π_{SB}^u：

$$\pi_{SB}^u = \frac{(a-c^u-c^d+\Delta^u)^2}{4} \tag{4-32}$$

对比第二货源企业进入前后，上游主导企业利润 π^u：$\pi_{SB}^u > \widetilde{\pi_{SB}^u}$。

下游企业利润：

$$\pi_1^d = \pi_2^d = 0 \tag{4-33}$$

与上一模型结果对比发现，排挤上游低效率企业进入市场后，上游主导企业 U_1 利润增加了，没有积极性接纳第二货源企业 U_2 进入市场。因此，在对称信念的情况下，上游主导企业 U_1 将第二货源企业 U_2 排挤出市场的局面为子博弈精炼纳什均衡。

第一种情况是上游主导企业 U_1 接纳第二货源企业 U_2 进入市场，但事实上下游对称信念使最终只有一体化企业 $U_1 - D_1$ 参与市场交易，虽然完全攫取下游企业垄断利润，但是批发价低于边际成本定价，损失了因倒贴批发价的变动部分收益，对上游主导企业 U_1 利润的负效应更大。而第二种情况是上游主导企业 U_1 将第二货源企业 U_2 排挤出市场，鉴于上一种情况的研究结果，上游主导企业 U_1 低于边际成本定价是可置信威胁，故不需要付出机会成本，即不需要分配垄断利润给下游企业即可圈定整个下游市场；同时，U_1 利用下游的对称信念形成合谋效应，可以关掉一家与另一家交易的批发价高于边际成本定价，增加了上游主导企业 U_1 的总利润。这说明当存在第二货源企业 U_2 且下游企业持对称信念时，上游主导企业 U_1 能够通过自身成本优势和下游企业信念实现市场圈定。

2. 秘密合约下的均衡——下游企业持有被动信念

（1）容纳上游低效率企业进入市场。与对称信念的情形相似，上游主导企业 U_1 允许第二货源企业 U_2 进入市场，U_1 将下游其中一个企业让给 U_2 与其交易，形成双寡头竞争的市场格局。下游企业成本对称，设定 U_1 与 D_1 交易、U_2 与 D_2 交易，相当于一体化后的企业 $U_1 - D_1$ 与 $U_2 - D_2$ 展开双寡头古诺竞争。由于上游企业提供合约，因此，下游企业的利润均被上游企业攫取。这只是一种局面的结果求解，并不是子博弈精炼纳什均衡解，目的是求出上游主导企业 U_1 将第二货源企业 U_2 排挤出市场的机会成本 Φ_1。

上游企业 U_i 的决策问题：

$$\max_{F_1, w_1} \pi_1^u = \max_{F_1, w_1} \left[F_1 + (w_1 - c_1^u) q_1 \right]$$

$$\text{s. t. } \max_{q_1} \pi_1^d = \max_{q_1} \left[(p - w_1 - c^d) q_1 - F_1 \right] \geqslant 0$$

$$\max_{F_2,w_2}\pi_2^u=\max_{F_2,w_2}\left[F_2+(w_2-c_2^u)q_2\right]$$

$$\text{s. t. }\max_{q_2}\pi_2^d=\max_{q_2}\left[(p-w_2-c^d)q_2-F_2\right]\geqslant 0 \tag{4-34}$$

采用逆向归纳法，在古诺决策模型中，下游企业 D_i 的决策问题：

$$\max_{q_1}\pi(q_1)^D=\max_{q_1}\left[(a-q_1-q_2-w_1-c^d)q_1-F_1\right]$$

$$\max_{q_2}\pi(q_2)^D=\max_{q_2}\left[(a-q_1-q_2-w_2-c^d)q_2-F_2\right] \tag{4-35}$$

由被动信念定义与包络定理求解得 $w_1=c_1^u$，同理 $w_2=c_2^u$。下游两个企业的均

衡产量分别为 $q_1^*=\dfrac{a-2c_1^u+c_2^u-c^d}{3}$，$q_2^*=\dfrac{a+c_1^u-2c_2^u-c^d}{3}$。算出均衡解：

$$Q^*=\frac{2(a-c^u-c^d)}{3}$$

$$p^*=\frac{a+2c^d+2c^u}{3} \tag{4-36}$$

上游主导企业利润 $\widetilde{\pi_{PB}^u}$：

$$\widetilde{\pi_{PB}^u}=\frac{(a-c^u-c^d)\ 4\Delta^u}{3} \tag{4-37}$$

下游企业利润：

$$\pi_1^d=\pi_2^d=0 \tag{4-38}$$

上游主导企业 U_1 将第二货源企业 U_2 排挤出市场的机会成本 $\varPhi_1$：

$$\varPhi_1=\left(\frac{a-c^u-c^d-3\Delta^u}{3}\right)^2 \tag{4-39}$$

（2）排挤上游低效率企业进入市场。由于存在第二货源企业 U_2，上游主导企业 U_1 必须给下游企业分配部分利润，才能将第二货源企业 U_2 排挤出市场，否则下游企业会与企业 U_2 交易。为争取下游企业，第二货源企业 U_2 最多给予下游企业其进入时所获得的所有垄断利润 $\varPhi_1$。上游主导企业 U_1 处于成本优势地位，任何 U_2 能够提供的合约，它都能够提供。与前一种情况不同的是，若要将上游第二货源企业 U_2 排挤出市场，上游主导企业 U_1 与 U_2 会展开关于 F_2 的贝特朗竞争直至 $F_2=0$，上游主导企业 U_1 最多分别给予下游两个企业第二货源企业 U_2 所获得的垄断利润 $\varPhi_1$。因此，下游企业的利润有所留存，假设下游企业的净利润为 $\varPhi_1$。

上游主导企业 U_1 的决策问题：

$$\max_{F_1,F_2,w_1,w_2} \pi^u = \max_{F_1,F_2,w_1,w_2} \left[F_1 + (w_1 - c_1^u)q_1 + F_2 + (w_2 - c_1^u)q_2 \right]$$

$$\text{s. t. } \max_{q_1}\pi_1^d = \max_{q_1}\left[(p - w_1 - c^d)q_1 - F_1 \right] \geqslant \Phi_1$$

$$\max_{q_2}\pi_2^d = \max_{q_2}\left[(p - w_2 - c^d)q_2 - F_2 \right] \geqslant \Phi_1 \tag{4-40}$$

采用逆向归纳法，在古诺决策模型中，下游企业 D_i 的决策问题：

$$\max_{q_1}\pi(q_1)^D = \max_{q_1}\left[(a - q_1 - q_2 - w_1 - c^d)q_1 - F_1 \right]$$

$$\max_{q_2}\pi(q_2)^D = \max_{q_2}\left[(a - q_1 - q_2 - w_2 - c^d)q_2 - F_2 \right] \tag{4-41}$$

由被动信念定义与包络定理求解得 $w_1 = c_1^u$。同理，$w_2 = c_1^u$，但这不符合博弈论的推理分析。依据博弈论，w_2 无内点解，只有角点解，上游优势企业没有动机令 $w_2 = c_1^u$。这是因为，上游主导企业为将第二货源企业排除在外，只能与下游双寡头企业同时交易，但是上游企业 U_1 与下游两个企业签约的动机有所不同。由于下游企业成本对称，假设上游主导企业 U_1 与 D_1 交易是为攫取更多利润，而与 D_2 交易是为将上游第二货源企业 U_2 排挤出市场。考虑到机会成本问题，上游垄断企业与下游企业 D_2 交易时的成本只需要等于 U_2 的边际成本 c_2^u 即可达到目的，而余下的市场份额的边际成本仍然为 c_1^u。反观上游企业的目标函数，如果 $w_2 = c_2^u$，所得利润更大。因而，只需满足 $w_2 = c_2^u$。下游两个企业的均衡产量分别为 $q_1{}^* = \dfrac{a - 2c_1^u + c_2^u - c^d}{3}$，$q_2{}^* = \dfrac{a + c_1^u - 2c_2^u - c^d}{3}$。算出均衡解：

$$Q^* = \frac{2(a - c^u - c^d)}{3}$$

$$p^* = \frac{a + 2c^d + 2c^u}{3} \tag{4-42}$$

上游主导企业利润 π_{PB}^u：

$$\pi_{PB}^u = (a - c^u - c^d - \Delta^u)2\Delta^u \tag{4-43}$$

对比第二货源企业进入前后，上游主导企业利润 π^u：$\pi_{PB}^u > \widetilde{\pi_{PB}^u}$。

下游企业利润：

$$\pi_1^d = \pi_2^d = \left(\frac{a - c^u - c^d - 3\Delta^u}{3} \right)^2 \tag{4-44}$$

结果表明，与前一模型区别在于上游主导企业 U_1 利润增加了。上游主导企业 U_1 没有积极性接纳第二货源企业 U_2 进入市场，因此，在被动信念的情况下，上游主导企业 U_1 将第二货源企业 U_2 排挤出市场的局面为子博弈精炼纳什均衡。

第一种情况是上游主导企业 U_1 接纳第二货源企业 U_2 进入市场，虽然完全攫取下游企业垄断利润，但是损失了因第二货源企业 U_2 进入市场后被瓜分的部分收益，对上游主导企业 U_1 利润的负效应更大。而第二种情况是上游主导企业 U_1 将第二货源企业 U_2 排挤出市场，虽然需要付出机会成本，分一部分垄断利润给下游企业，但是因自身圈定下游市场而获得更多垄断收益，能够弥补上游主导企业 U_1 分给下游的利润。

3. 公开合约下的均衡——上游主导企业实施 MFN 条款

由于存在第二货源企业 U_2，上游主导企业 U_1 必须分配下游企业部分利润，才能将第二货源企业 U_2 排挤出市场，否则下游企业会与企业 U_2 交易。为争取下游企业，第二货源企业 U_2 最多给予下游企业所获得的所有垄断利润 Φ。上游主导企业 U_1 处于成本优势地位，任何 U_2 能够提供的合约，它都能够提供。上游主导企业 U_1 最多分别给予下游第二货源企业 U_2 所获得的垄断利润 Φ。由于下游企业成本对称，因此留存利润也是对称的，假设下游企业的净利润为 Φ。当下游企业持对称信念时，上游主导企业 U_1 低于边际成本定价是可置信威胁，上游主导企业 U_1 不需要分给下游两个企业任何利润，即下游企业的净利润为 0。当下游企业持被动信念时，上游主导企业 U_1 需要分给下游两个企业部分利润，即下游企业的净利润为 Φ_1。

上游主导企业的决策问题：

$$\max_{F,w}\pi^u = \max_{F,w}\left[F+(w-c_1^u)q_1+F+(w-c_1^u)q_2\right]$$

$$\text{s. t.}\ \max_{q_1}\pi_1^d = \max_{q_1}\left[(p-w-c^d)q_1-F\right]\geq\Phi$$

$$\max_{q_2}\pi_2^d = \max_{q_2}\left[(p-w-c^d)q_2-F\right]\geq\Phi \tag{4-45}$$

由于存在第二货源企业，下游企业的约束条件始终是紧的，当下游企业持对称信念时，$\Phi=0$；当下游企业持被动信念时，$\Phi=\Phi_1$。

下游企业的毛利润（未扣除 Franchise Fee）记为：

$$\Phi = \max_{q_1}\left[(p-w-c^d)q_1-F\right] = \max_{q_2}\left[(p-w-c^d)q_2-F\right]$$

$$F = \max_{q_1} \left[(p-w-c^d) q_1 - \Phi \right] = \max_{q_2} \left[(p-w-c^d) q_2 - \Phi \right] \tag{4-46}$$

由上式得知 $q_1 = q_2$，采用逆向归纳法，在古诺决策模型中，下游企业 D_i 的决策问题：

$$\max_{q_1} \pi(q_1)^D = \max_{q_1} \left[(a-q_1-q_2-w-c^d) q_1 - F \right]$$

$$\max_{q_2} \pi(q_2)^D = \max_{q_2} \left[(a-q_1-q_2-w-c^d) q_2 - F \right] \tag{4-47}$$

计算得出上游垄断企业提供的批发价为 $w = \dfrac{a-c_1^u-c^d+4c_1^u}{4} > c_1^u$。下游双寡头企业均衡产量水平相同，分别为：$q_1^* = q_2^* = \dfrac{a-c_1^u-c^d}{4}$。算出均衡解：

$$Q^* = \frac{a-c^u-c^d+\Delta^u}{2}$$

$$p^* = \frac{a+c^u+c^d-\Delta^u}{2} \tag{4-48}$$

上游主导企业利润 π_{MFN}^u：

$$\pi_{\mathrm{MFN}}^u = 2 \left(\frac{a-c_1^u-c^d}{4} \right)^2 - 2\Phi + \frac{a-c_1^u-c^d}{4} \times \frac{a-c_1^u-c^d}{2} \tag{4-49}$$

三、行为动机

（一）上游垄断—下游双寡头的市场结构的行为动机

以上分析了秘密合约（包括对称信念与被动信念两种情形）与公开合约（MFN 条款）情形下的均衡解，然而，要知道上游垄断企业是否有动机实施最惠国条款，须对比上游垄断企业利润。在这三种情形下，若上游垄断企业实施最惠国条款所获利润最大，则最惠国条款为优超策略，说明上游垄断企业有动机实施最惠国条款。

经过计算对比表 4-1 中的上游垄断企业利润可知：$\pi_{SB}^u > \pi_{PB}^u$，$\pi_{SB}^u > \pi_{MFC}^u$。由以上结果可知，当下游企业持对称信念时，即上游垄断企业只与一家下游企业交易的情况下，所获利润最高。这是因为，下游企业持对称信念形成合谋效应，此时双方都认为自己接受的合约与对方是一致的，消除下游市场的竞争效应，产生默契合谋，下游市场形同一体；为最大限度攫取垄断利润，上游垄断企业有激励只向一个企业提供合约，仅通过与其中一家成本低的下游企业即可攫取所有的垄断利润，这与 Kockesen（2007）研究结论是一致的。也就是说，如果下游企业持对称信念，上游垄断企业可以关闭成本高的下游企业，只与成本低的下游企业交易。上游垄断企业依靠下游企业的对称信念即可实现市场圈定，恢复其垄断势力的同时提高整体市场生产效率，不需要采取任何措施和策略将效率低的下游企业排挤出市场，此时，上游垄断企业可以攫取所有垄断利润。而上游垄断企业实施最惠国条款带来的合谋效应还需要与下游成本高的企业交易，损失部分效率效应带来的垄断利润，因而没有积极性实施最惠国条款。当然，这是其中一种极端情形，现实的市场经济 B to B 交易，下游企业通常持有被动信念。因此，下面关于下游企业持被动信念与实施最惠国条款的对比更贴近现实。

表 4-1　上游垄断—下游双寡头市场结构的上游垄断企业利润对比

合约（信念）	上游垄断企业利润 π^u
秘密合约（对称信念） π^u_{SB}	$\left(\dfrac{a-c^u-c^d+\Delta^d}{2}\right)^2$
秘密合约（被动信念） π^u_{PB}	$\left(\dfrac{a-c^u-c^d+3\Delta^d}{3}\right)^2+\left(\dfrac{a-c^u-c^d-3\Delta^d}{3}\right)^2$
公开合约（MFN 条款） π^u_{MFC}	$\dfrac{(a-c^u-c^d-5\Delta^d)^2+(a-c^u-c^d+3\Delta^d)(a-c^u-c^d-\Delta^d)}{8}$

上游垄断企业区别定价且下游企业持被动信念时，批发价 w 等于上游垄断企业的边际成本，加剧了下游竞争，降低了垄断总利润；上游垄断企业实施最惠国条款时，批发价 w 大于上游垄断企业的边际成本，缓和了下游竞争，增加了垄断总利润。但是，下游企业上缴给上游垄断企业的固定费用 F 有所不同，即固定费用在上下游之间的分配不一样。简而言之，批发价 w 的作用是租金创造，F 的作用是租金分配。这也是本节研究区别于其他文献的地方，构建两部制非线性定价的上游垄断—下游双寡头的市场结构模型，引入企业信念和合约条款，通过两部制定价策略分析批发价和固定费用的作用机制，探究最惠国条款的合谋动机和竞争效应。

具体来说，上游垄断企业区别定价且下游企业持被动信念时，下游企业净利润为 0，其所获毛利润以固定费用 F_i 的形式全部上缴上游垄断企业，区别定价使下游企业无论生产成本高低，均无利润留存。而实施最惠国条款时，下游生产成本高的企业净利润为 0，其所获毛利润以固定费用 F_2 的形式全部上缴上游垄断企业；但下游生产成本低的企业净利润非 0 且有所留存，除部分利润以固定费用 F_2 的形式全部上缴上游垄断企业外，其毛利润与固定费用 F_2 差值部分是下游低成本生产企业超额自留的净利润。可以从下游成本角度分两种情况进行讨论：①当下游企业成本相差很大时，上游垄断企业实施最惠国条款攫取的垄断利润部分反而变小。这是因为，下游企业上缴上游垄断企业的部分是以下游高成本企业的固定费用 F_2 作为基准上缴的，成本差大说明下游高成本企业的成本过高而毛利润变小，以固定费用 F_2 的形式全部上缴上游垄断企业变小，便利下游低成本生产企业留存更多超额利润，使上游垄断企业攫取的垄断利润减少。此时如果上游垄断企业区别定价且下游企业持被动信念，下游市场竞争激烈，同时下游低成本企业发挥效率优势，其优超成本优势使上游垄断企业能够从高效率下游企业攫取更多垄断利润；虽然下游高成本生产企业没有效率优势，拉低上游垄断企业所获得的总利润，但上游垄断企业所获垄断总利润有可能大于实施最惠国条款所攫取的垄断利润。②当下游企业成本非常接近时，上游垄断企业实施最惠国条款所攫取的垄断租金变大，甚至获得所有垄断租金。这是因为下游企业以固定费用 F_2 的形式全部上缴上游垄断企业的差不多，且下游几乎没有超额自留的净利润，下游市场产生的合谋效应缓解了区别定价时的竞争效应。此时如果上游垄断企业区别定价且下游企业持被动信念，反而加剧下游成本相当的两家企业的竞争效应，再加上下游市场失去了低成本企业的效率优势，效率效应无法抵销竞争效应损失的垄断利润，这时上游垄断企业所获总的垄断利润有可能小于实施最惠国条款所攫取的垄断利润。上游垄断企业区别定价且下游企业持被动信念与上游垄断企业实施最惠国条款的具体对比结果如下：

（1）要使 $\pi^u_{\mathrm{MFC}} < \pi^u_{PB}$，需满足 $\dfrac{(a-c^u-c^d)}{3} > \Delta^d > \left(\dfrac{2}{3} - \sqrt{\dfrac{11}{27}}\right)(a-c^u-c^d)$，即 $18\Delta^d + \sqrt{297}\Delta^d > a-c^u-c^d > 3\Delta^d$ 时，$\pi^u_{SB} > \pi^u_{PB} > \pi^u_{\mathrm{MFC}}$，其中，$a-c^u-c^d$ 代表的是市场平均容量。可能的解释：一方面，下游企业成本差相对较大，有利于下游低成本企业获得更多市场份额，由此产生的效率效应大大增加上游垄断企业的垄断租金；

同时，当市场平均容量处于一定区间范围内，下游市场产生的竞争效应挤压下游高成本企业的生存空间，让位于高效率企业生产能够增加垄断利润。另一方面，上游垄断企业实施最惠国条款带来的合谋效应反而帮助下游高成本企业进入市场生产，在拉低上游垄断企业所获垄断利润，加剧下游市场竞争的同时，使下游低成本企业留存更多的超额利润，阻碍上游攫取垄断租金。因此，在这种情况下，上游垄断企业实施最惠国条款所获得的垄断利润小于下游企业区别定价且持被动信念所获得的垄断利润，上游垄断企业没有积极性实施最惠国条款。然而，这种情况不符合本书的模型特征。这是因为，若下游企业成本相差很大，下游企业之间更有积极性展开贝特朗竞争，下游低成本企业可以此将高成本企业驱逐出市场。因此，本书不考虑这种情况。相对而言，下游企业成本相差不大这一条件更符合本书基于下游企业古诺竞争模型的特征。

（2）要使 $\pi^u_{\mathrm{MFC}} > \pi^u_{PB}$，需满足 $\left(\dfrac{2}{3} - \sqrt{\dfrac{11}{27}}\right)(a - c^u - c^d) > \Delta^d \geq 0$，即 $a - c^u - c^d >$

$18\Delta^d + \sqrt{297}\,\Delta^d \approx 25\Delta^d$ 时[①]，$\pi^u_{SB} > \pi^u_{\mathrm{MFC}} > \pi^u_{PB}$。可能的解释：一方面，下游企业成本差相对较小，不利于下游低成本企业获得更多市场份额，下游市场产生的竞争效应使下游成本接近的两个企业不足以获取更多利润，产生的效率效应有限；同时，当市场平均容量足够大时，下游市场给予下游高成本企业更多生存空间，产生的竞争效应减弱，反而增加低效率企业的市场份额，拉低上游垄断企业所获得的垄断利润。另一方面，上游垄断企业实施最惠国条款带来的合谋效应缓解了下游市场的竞争效应，相差不大的下游固定费用有利于上游攫取更多垄断租金。

由图4-1可知，当 $\Delta^d = 0$ 时，$\pi^u_{\mathrm{MFC}} > \pi^u_{PB}$，说明最惠国条款的合谋效应能够缓解下游竞争效应。当 $\Delta^d = \left(\dfrac{2}{3} - \sqrt{\dfrac{11}{27}}\right)(a - c^u - c^d)$，抑或 $a - c^u - c^d = 18\Delta^d + \sqrt{297}\,\Delta^d \approx 25\Delta^d$ 时，上游垄断企业是否实施最惠国条款对其而言是无差异的。在现实生活中，下游企业所持的信念大多处于对称信念与被动信念之间。因此，在这种情况下，上游垄断企业有积极性实施最惠国条款。

---

① $a - c^u - c^d < 18\Delta^d - \sqrt{297}\,\Delta^d$（与 $a - c^u - c^d > 3\Delta^d$ 相矛盾，解不存在）。

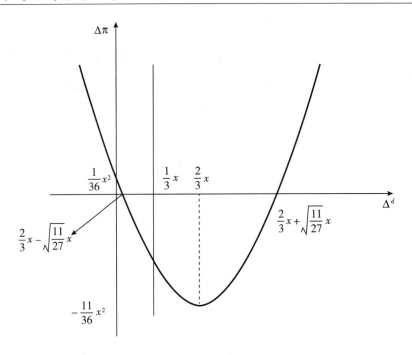

图 4-1 最惠国条款的利润差与下游成本差的关系

综上，在上述三种情况下，上游垄断企业利润大小排序：$\pi_{SB}^{u} > \pi_{MFC}^{u} > \pi_{PB}^{u}$，说明上游垄断企业有积极性实施最惠国条款，三种情况的市场绩效对比如表 4-2 所示。

表 4-2 上游垄断—下游双寡头市场结构的市场绩效对比

合约（信念）	效率效应	合谋效应	批发价	上游是否分割垄断利润	U_1 的利润水平
秘密合约（对称信念）	+	+	高	否（0）	高
秘密合约（被动信念）	+	−	低（等于边际成本）	否（0）	低
公开合约（MFN 条款）	+	+	中	是（D_1 有 D_2 无）	中

注：表中"+"表示相应的效应为正，"−"表示相应的效应为负。

（二）上游双寡头—下游双寡头的市场结构的行为动机

1. 当下游企业持对称信念时，$\Phi = 0$

上游主导企业利润 π_{MFN}^{u}：

$$\pi_{\text{MFN}}^{u} = \frac{(a-c^{u}-c^{d}+\Delta)^{2}}{4} \tag{4-50}$$

下游企业利润：

$$\pi_{1}^{d} = \pi_{2}^{d} = 0 \tag{4-51}$$

对比上游主导企业是否实施 MFN，上游主导企业利润 π^{u}：$\pi_{\text{MFN}}^{u} = \pi_{SB}^{u}$。结果表明，上游主导企业是否实施最惠国条款是无差异的，但是，若从批发价格选择的范围来看，上游主导企业没有动机实施最惠国条款。这是因为，在下游企业持对称信念时，产生默契合谋效应，上游主导企业能够利用自身效率优势，关掉一家并与另一家交易形成上游垄断—下游垄断的市场格局，批发价高于边际成本定价增加了上游主导企业 U_1 的总利润，不实施最惠国条款即可达到实施最惠国条款的效果，更重要的是可以灵活配置下游两个企业的批发价；而且，上游主导企业为排挤竞争对手并圈定下游市场，不需要分割垄断利润给下游企业，保证了上游主导企业可攫取的垄断利润。虽然上游主导企业实施最惠国条款时，也可以利用自身成本优势的效率效应实现圈定市场的目的，但此时下游市场存在两家企业，上游主导企业给下游两家企业的批发价定价一致，变相加剧下游企业竞争，竞争效应抵消了最惠国条款产生的合谋效应，这比下游只有一家企业所产生的垄断利润要少；而且上游主导企业为排挤竞争对手并圈定下游市场，需要付出机会成本，即分配部分垄断利润给下游企业，更加减少上游主导企业可攫取的垄断利润。实施最惠国条款只是上游主导企业区别定价且下游企业持对称信念的特殊情况之一。因此，在下游企业持对称信念时，上游主导企业没有动机实施最惠国条款。

2. 当下游企业持被动信念时，$\Phi = \Phi_1$

上游主导企业利润 π_{MFN}^{u}：

$$\pi_{\text{MFN}}^{u} = \frac{(a-c^{u}-c^{d}+\Delta^{u})^{2}}{4} - 2\left(\frac{a-c^{u}-c^{d}-3\Delta^{u}}{3}\right)^{2} \tag{4-52}$$

下游企业利润：

$$\pi_{1}^{d} = \pi_{2}^{d} = \left(\frac{a-2c_{2}^{u}+c_{1}^{u}-c^{d}}{3}\right)^{2} \tag{4-53}$$

对比上游主导企业是否实施 MFN，上游主导企业利润 π^{u}：$\pi_{\text{MFN}}^{u} \geqslant \pi_{PB}^{u}$。结果

企业市场圈定行为研究

表明，上游主导企业有动机实施最惠国条款。这是因为，在下游企业持被动信念时，下游市场存在很强的竞争效应，批发价等于边际成本定价加剧下游市场竞争，减少总的垄断利润；而且，上游主导企业为排挤竞争对手并圈定下游市场，需要付出机会成本，分一部分垄断利润给下游企业，更加减少上游主导企业可攫取的垄断利润。但实施最惠国条款时，上游主导企业给下游两家企业的批发价定价一致产生合谋效应，批发价高于边际成本定价缓解下游市场竞争，增加总的垄断利润；虽然上游主导企业为排挤竞争对手并圈定下游市场，也分一部分垄断利润给下游两家企业，但是，上游主导企业能够利用自身效率优势，通过最惠国条款的合谋效应，增加自身可攫取的垄断利润部分，最终实现圈定目的。三种情况的市场绩效对比如表4-3所示。

表4-3　上游双寡头—下游双寡头市场结构的市场绩效对比

合约（信念）	效率效应	合谋效应	圈定效应	批发价	上游是否分割垄断利润	U_1 的利润水平
秘密合约（对称信念）	+	+	+	高	否（0）	高
秘密合约（被动信念）	+	−	+	低（等于边际成本）	是（Φ_1）	低
公开合约（MFN 条款）	+	+	+	中	是（Φ_1）	中

注：表中"+"表示相应的效应为正，"−"表示相应的效应为负。

四、市场绩效

（一）上游垄断—下游双寡头的市场结构的市场绩效

如果上游垄断企业有积极性实施最惠国条款，同时增加社会福利，那么政府部门应该鼓励这样的行为；如果上游垄断企业有积极性实施最惠国条款，同时降低社会福利，那么反垄断监管机构应该禁止这样的行为。由消费者剩余公式 $CS = \frac{1}{2}Q^2$，生产者剩余公式 $PS = \pi_{SB}^u + 2\pi_1^d$，以及社会总福利公式 $W = \frac{1}{2}Q^2 + \pi_{SB}^u + 2\pi_1^d$，分别求出不同合约情形下的市场绩效，如下所示。

1. 消费者剩余

$$CS_{SB} = \frac{1}{2}\left(\frac{a-c^u-c^d+\Delta^d}{2}\right)^2$$

$$CS_{PB} = \frac{1}{2}\left[\frac{2(a-c^u-c^d)}{3}\right]^2$$

$$CS_{\text{MFN}} = \frac{1}{2}\left(\frac{a-c^u-c^d-\Delta^d}{2}\right)^2 \qquad (4-54)$$

2. 生产者剩余

$$PS_{SB} = \left(\frac{a-c^u-c^d+\Delta^d}{2}\right)^2$$

$$PS_{PB} = \left(\frac{a-c^u-c^d+3\Delta^d}{3}\right)^2 + \left(\frac{a-c^u-c^d-3\Delta^d}{3}\right)^2$$

$$PS_{\text{MFN}} = \frac{(a-c^u-c^d-5\Delta^d)^2 + (a-c^u-c^d+3\Delta^d)(a-c^u-c^d-\Delta^d)}{8} + (a-c^u-c^d-\Delta^d)\Delta^d$$

$$(4-55)$$

3. 社会总福利

$$W_{SB} = \frac{3(a-c^u-c^d+\Delta^d)^2}{8}$$

$$W_{PB} = \frac{4(a-c^u-c^d)^2 + 18(\Delta^d)^2}{9}$$

$$W_{\text{MFN}} = \frac{1}{8}\left[3\left(a-c^u-c^d-\frac{1}{3}\Delta^d\right)^2 + 14\frac{2}{3}(\Delta^d)^2\right] \qquad (4-56)$$

4. 市场绩效对比分析

（1）对比下游企业持对称信念时，上游垄断企业是否实施最惠国条款对消费者福利与社会福利的影响，可知 $CS_{\text{MFN}} < CS_{SB}$、$W_{\text{MFN}} < W_{SB}$。说明下游企业持对称信念时，上游垄断企业实施最惠国条款，对社会福利和消费者福利产生负向影响，且上游垄断企业也没有实施最惠国条款的动机。这是因为，上游垄断企业利用下游企业的对称信念与其中高效率的下游企业交易，通过效率效应提高垄断利润的同时，也使消费者受益，提高整体社会福利。这说明下游企业持对称信念时，依靠下游高效率企业创造的垄断利润不仅增加了上游垄断企业所攫取的垄断

租金，并且增加了总的社会福利。而最惠国条款使低效率企业进入市场竞争，拉低了先进高效率企业创造的利润，产生的合谋效应无法弥补因阻碍效率效应而损失的垄断利润，既减少了上游垄断企业的利润，也损害了消费者利益和社会总福利。

（2）对比下游企业持被动信念时，上游垄断企业是否实施最惠国条款对消费者福利与社会福利的影响，可知 $CS_{MFN} < CS_{PB}$、$W_{MFN} < W_{PB}$。说明下游企业持被动信念时，上游垄断企业实施最惠国条款，对社会福利和消费者福利产生负向影响。最惠国条款产生的合谋效应削弱了下游市场的竞争效应，提高了垄断利润，此时上游垄断企业有实施最惠国条款的动机，却损害了消费者利益和社会总福利。而下游企业持被动信念，由此产生的竞争效应虽削减了垄断利润，却使消费者受益，提高了整体社会福利。这说明上游垄断企业实施最惠国条款所攫取的垄断租金是从消费者剩余部分搜刮所得，还削减了社会总福利。

综上，下游企业持对称信念时，上游垄断企业没有实施最惠国条款的动机；下游企业持被动信念时，上游垄断企业存在实施最惠国条款的动机。相对于秘密合约而言，上游垄断企业实施最惠国条款，降低了消费者福利和社会总福利。

5. 对比最终产品市场的价格和产量

通过计算对比表4-4可知：$P_{MFN} > P_{SB} > P_{PB}$，同理，$Q_{MFN} < Q_{SB} < Q_{PB}$。综上，虽然上游垄断企业有积极性实施最惠国条款，但是对社会福利效应而言具有限制竞争效应。

表4-4　上游垄断—下游双寡头市场结构的均衡价格与产量对比

均衡解	秘密合约(对称信念)	秘密合约(被动信念)	公开合约(MFN 条款)
最终产品 市场价格 P	$\dfrac{a+c^u+c^d-\Delta^d}{2}$	$\dfrac{a+2c^u+2c^d}{3}$	$\dfrac{a+c^u+c^d+\Delta^d}{2}$
最终产品 市场产量 Q	$\dfrac{a-c^u-c^d+\Delta^d}{2}$	$\dfrac{2(a-c^u-c^d)}{3}$	$\dfrac{a-c^u-c^d-\Delta^d}{2}$

（1）$P_{SB} > P_{PB}$ 充分反映瑞和泰勒尔（Rey and Tirole，2006）的思想：当下游双寡头企业持有对称信念时，下游企业产生的合谋效应使上游垄断企业恢复了垄

断势力，圈定下游市场，从而获取所有垄断利润，抬高最终产品的价格水平；相对而言，下游双寡头企业持有被动信念时，下游企业产生的竞争效应使上游垄断企业无法维持垄断势力，从而无法获取所有垄断利润，降低最终产品的价格水平。

（2）$P_{MFN} > P_{SB}$ 表明，当下游双寡头企业持有对称信念时，下游市场产生的合谋效应使上游垄断企业恢复了垄断势力，圈定下游市场，从而获取所有垄断利润；但是，圈定并不总是有损市场竞争，上游垄断企业向下游成本低、效率高的企业供货，淘汰效率低的落后企业，同时降低最终产品的价格水平。可以说，这是一种优胜劣汰机制。相对而言，上游垄断企业实施最惠国条款带来的合谋效应抵消了下游市场的竞争效应。由于上游垄断企业除向下游成本低、效率高的企业供货之外，还同时向下游成本高、效率低的企业供货，反而造成双重加价问题。在这种情况下，上游垄断企业实施最惠国条款的同时抬高了最终产品的价格水平，最终限制竞争效应，对社会福利效应产生负面影响，违反反垄断法，应当对上游垄断企业实施最惠国条款的行为进行监管。

6. 结论

（1）下游企业持对称信念时，实施最惠国条款是上游垄断企业的严格劣策略，即上游垄断企业没有动机实施最惠国条款以攫取更多的垄断利润。下游持被动信念时，实施最惠国条款是上游垄断企业的优超策略，即上游垄断企业有动机实施最惠国条款以攫取更多的垄断利润。

（2）上游垄断企业实施最惠国条款，最终产品价格上升，产量下降，无论下游持对称信念还是被动信念，对社会和消费者都不利。

（二）上游双寡头—下游双寡头的市场结构的市场绩效

如前所述，如果上游主导企业有积极性实施最惠国条款，同时增加了社会福利，那么政府部门应该鼓励这样的行为；如果上游主导企业有积极性实施最惠国条款，同时降低了社会福利，那么反垄断监管机构应该禁止这样的行为。由消费者剩余公式 $CS = \dfrac{1}{2}Q^2$，生产者剩余公式 $PS = \pi_{SB}^u + 2\pi_1^d$，以及社会总福利公式 $W = \dfrac{1}{2}Q^2 + \pi_{SB}^u + 2\pi_1^d$，分别求出不同合约情形下的市场绩效，如下所示。

1. 消费者剩余

$$CS_{SB} = \frac{1}{2}\left(\frac{a-c^u-c^d+\Delta^u}{2}\right)^2$$

$$CS_{PB} = \frac{1}{2}\left[\frac{2(a-c^u-c^d)}{3}\right]^2$$

$$CS_{MFN} = \frac{1}{2}\left(\frac{a-c^u-c^d+\Delta^u}{2}\right)^2 \tag{4-57}$$

2. 生产者剩余

$$PS_{SB} = \left(\frac{a-c_1^u-c^d}{2}\right)^2$$

$$PS_{PB} = \left(\frac{a-c^u-c^d+3\Delta^u}{3}\right)^2 + \left(\frac{a-c^u-c^d-3\Delta^u}{3}\right)^2 + \frac{(a-c^u-c^d-3\Delta^u)2\Delta^u}{3}$$

$$PS_{MFN} = \frac{(a-c_1^u-c^d)^2}{4} \tag{4-58}$$

3. 社会总福利

$$W_{SB} = \frac{3(a-c^u-c^d+\Delta^u)^2}{8}$$

$$W_{PB} = \frac{2(a-c^u-c^d)\left[2(a-c^u-c^d)+3\Delta^u\right]}{9}$$

$$W_{MFN} = \frac{3(a-c^u-c^d+\Delta)^2}{8} \tag{4-59}$$

4. 市场绩效对比分析

（1）对比下游企业持对称信念时，上游主导企业是否实施最惠国条款对消费者福利与社会福利的影响，可知 $\pi_{MFN}^u = \pi_{SB}^u$、$CS_{MFN} = CS_{PB}$、$W_{MFN} = W_{SB}$。这说明下游企业持对称信念时，上游主导企业有动机实施最惠国条款，但上游主导企业是否实施最惠国条款，对社会和消费者无差异。

（2）对比下游企业持被动信念时，上游主导企业是否实施最惠国条款对消费者福利与社会福利的影响，可知上游垄断企业有实施最惠国条款的动机。若 $\Delta^u < \dfrac{a-c^u-c^d}{3}$，则 $CS_{MFN} < CS_{PB}$、$W_{MFN} < W_{PB}$。说明上游企业成本非常接近时，上游

主导企业实施最惠国条款,对社会和消费者都不利;若 $\Delta^u \geq \dfrac{a-c^u-c^d}{3}$,则

$CS_{\mathrm{MFN}} \geq CS_{PB}$、$W_{\mathrm{MFN}} \geq W_{PB}$。说明上游企业成本相差甚远时,上游主导企业实施最惠国条款,对社会和消费者都有利。

这是因为,上游市场两个效率相当的企业竞争且下游企业持被动信念时,上游市场激烈竞争降低了批发价,产生的竞争效应有利于增加消费者剩余和社会总福利。若此时失去了自身效率优势的上游主导企业实施最惠国条款,强行排挤竞争对手,反而削弱由上游市场竞争形成的改进社会福利正向作用,加上下游企业产生的合谋效应,增加自身可攫取的垄断利润部分,最终实现上游竞争对手的圈定目的;但是效率效应、合谋效应与圈定效应的负面影响,损害了消费者剩余和社会总福利。相对而言,上游主导企业具有明显的效率优势且下游企业持被动信念时,上游市场存在主导企业与低效率竞争对手相互竞争,拉低了上游市场整体的生产效率,产生的竞争效应不利于增加消费者剩余和社会总福利。若此时上游主导企业实施最惠国条款,将没有效率优势的竞争对手排挤出市场,反而提升了上游市场的生产效率,加上下游企业产生的合谋效应,增加自身可攫取的垄断利润部分,最终实现上游竞争对手的圈定目的;同时效率效应的正向作用大于合谋效应与圈定效应的负向作用,增加了消费者剩余和社会总福利。

5. 对比最终产品市场的价格和产量

通过计算对比表 4-5 可知:下游企业持被动信念时,若 $\Delta^u < \dfrac{a-c^u-c^d}{3}$,则

$P^u_{\mathrm{MFN}} > P^u_{PB}$,说明上游企业成本非常接近时,上游主导企业实施最惠国条款,最终产品价格上升,产量下降,对社会福利和消费者福利均存在负向影响;反之,若

$\Delta^u \geq \dfrac{a-c^u-c^d}{3}$,则 $P^u_{\mathrm{MFN}} \leq P^u_{PB}$,说明上游企业成本相差甚远时,上游主导企业实施

最惠国条款,最终产品价格下降,产量上升,对社会福利和消费者福利均存在正向影响。这是因为,当上游存在第二货源与主导企业形成双寡头市场竞争格局时,上游市场同时存在竞争效应与效率效应两种效应。具体来说,下游企业持被动信念时,若上游双寡头企业成本非常接近,相互竞争产生的效应有利于提高社会总福利;若上游双寡头企业成本相差甚远,主导企业的高生产效率产生的效应

也有利于提高社会总福利。最终哪一种效应占据上风需视情况而定，重要的是最惠国条款在这里除合谋效应外还具有圈定效应，在两种不同的情形下，对消费者剩余与社会总福利具有不同的影响。当上游企业成本非常接近时，上游市场竞争激烈，上游主导企业效率优势不明显，若上游企业实施最惠国条款，产生的圈定效应会占据主导地位，削弱下游企业因被动信念带来的竞争效应，导致最终产品价格上升，产量下降，对社会和消费者都不利；当上游企业成本相差甚远时，上游双寡头企业效率效应占据主导地位，此时上游企业实施最惠国条款产生的圈定效应被弱化，导致最终产品价格下降，产量上升，对社会和消费者都有利。

表4-5　上游双寡头—下游双寡头市场结构的均衡价格与产量对比

均衡解	秘密合约（对称信念）	秘密合约（被动信念）	公开合约（MFN条款）
最终产品市场价格 P	$\dfrac{a+c^u+c^d-\Delta^u}{2}$	$\dfrac{a+2c^u+2c^d}{3}$	$\dfrac{a+c^u+c^d-\Delta^u}{2}$
最终产品市场产量 Q	$\dfrac{a-c^u-c^d+\Delta^u}{2}$	$\dfrac{2(a-c^d)-2c^u}{3}$	$\dfrac{a-c^u-c^d+\Delta^u}{2}$

6. 结论

（1）若 $\pi^u_{MFN}<\pi^u_{SB}$，则表明下游企业如果持对称信念，实施最惠国条款就是上游主导企业的严格劣策略，即上游主导企业没有动机实施最惠国条款以攫取更多的垄断利润。若 $\pi^u_{MFN}>\pi^u_{PB}$，则表明下游企业如果持被动信念，实施最惠国条款就是上游主导企业的优超策略，即上游主导企业有动机实施最惠国条款以攫取更多的垄断利润。

（2）下游企业持对称信念时，上游主导企业没有动机实施最惠国条款，而且是否实施最惠国条款对社会和消费者的影响都是无差异的。

（3）下游企业持被动信念时，若 $\Delta^u<\dfrac{a-c^u-c^d}{3}$，则 $P^u_{MFN}>P^u_{PB}$，说明上游企业成本非常接近时，上游主导企业实施最惠国条款，最终产品价格上升、产量下降，对社会福利和消费者福利均存在负向影响；反之，若 $\Delta^u\geq\dfrac{a-c^u-c^d}{3}$，则

$P_{\mathrm{MFN}}^{u} \leqslant P_{PB}^{u}$，说明上游企业成本相差甚远时，上游主导企业实施最惠国条款，最终产品价格下降、产量上升，对社会福利和消费者福利均存在正向影响。

第三节　限制性最惠国条款与市场圈定

一、基本假设

依照前文概念梳理，将产业组织理论纵向控制的分析框架拓展到平台经济中，市场主体分别为平台企业、商家和消费者。其基本假设如下。

（1）平台企业和入驻商家的上下游关系，由平台企业的商业模式决定，拥有零售价定价权的企业为下游企业（即买家）。本书研究的限制性最惠国条款问题中，平台商业模式涉及代理模式与批发零售模式，其中，代理模式通常是通过平台销售商品和服务的商家决定最终零售价格，具有市场优势的平台企业为上游企业；批发零售模式通常是具有市场优势的平台企业决定最终零售价格，通过平台销售商品和服务的商家为上游企业。假设上游企业提供一个"要么接受，要么放弃"（take-it-or-leave-it）的合约。上游企业进行贝特朗竞争，下游企业进行古诺竞争。

（2）消费者在平台企业消费时，购买的是商家的产品或服务以及平台企业服务的捆绑组合。平台企业为商家投入搭建平台，向商家提供平台展示和相关服务，并抽成收费，如阿里、苹果公司等。商家的产品或服务不具备网络外部性，平台企业服务具有网络外部性。

（3）在平台（P）端，存在两个同质化的或差异化的竞争性平台。每个平台均产生进入成本和不变的边际成本，且成本可能（不）相同。这两个平台企业可能都是市场在位平台，也可能是一个在位平台和一个潜在进入平台，两个平台企业同时（不）与商家签订最惠国条款，或其中一个平台企业与商家签订最惠国条款，另一个不签。

（4）在商家（S）端，一家入驻平台的商家是多归属（Multi-homing）、多产品垄断者（通过每个平台销售的产品被视为一种不同的产品），生产同质产品。商家的产品在两个平台同时上架向消费者销售，商家的产品成本包括生产成本 c 和入驻平台收取的抽成费 f，在每个平台设定价格 p。由于平台成本不同所收取的抽成费不同，两种产品 M_1 和 M_2 在不同平台销售的边际成本（c_a+f_1）和（c_a+f_2）不同，其中，c_a 表示产品的边际成本，f 表示平台向商家收取的抽成费，假定商家边际成本定价下的需求为严格正值。

（5）在消费者（C）端，由于平台具有竞争性，所有消费者均是单归属（Single-homing）的：一部分消费者到平台（或企业）1 购物，另一部分消费者到平台（或企业）2 购物。

二、模型构建

互联网平台通常通过吸引足够多数量的用户（包括买家和卖家）来"争夺"市场，而不是"在市场中竞争"，能够吸引更多市场上双方用户的互联网平台最终将赢得更多市场份额，市场份额增加的基础是网络效应，网络效应导致市场向单一或少数平台倾斜。例如，当更多消费者使用 Booking.com 时，Booking.com 就会吸引更多的酒店入驻平台；而当 Booking.com 上有更多的酒店展示时，消费者在预订酒店时使用平台也会更频繁。某些互联网平台的市场集中度很高，如美国的谷歌（在线搜索引擎）和亚马逊（在线购物市场）、中国的阿里和美团等大型公司提供的服务正在成为消费者和企业的"必备"平台，这些平台具备的强大的网络外部性可能会使商家和消费者集中于某一（些）平台，而这一（些）平台市场倾向于形成在位主导者。平台市场的特性使互联网平台在很大程度上存在着熊彼特式竞争，即一家独大，平台市场的双面性和网络外部性使同质潜在竞争者更难进入和扩张，此类市场更有可能向单一平台倾斜，使行业走向垄断，因而平台反垄断问题和维护市场公平竞争环境尤为重要，而在竞争过程中，平台企业选择的商业模式和竞争手段对市场绩效和竞争结果产生直接影响。为更好地分析平台企业实施 PMFN 条款产生的市场绩效，接下来先分析两个平台企业都不签订 PMFN 条款的均衡，再分析两个平台企业均签订 PMFN 条款的均衡以及其中一个签订 PMFN 条款，另一个不签订 PMFN 条款的均衡。

（一）无 PMFN 条款

在没有 PMFN 条款的情况下，假设平台企业与商家签订的是秘密合约，博弈开始前，两个平台企业之间不知道对方的成本和向商家收取的抽成费用 f。可以分两种情况讨论：①若其中一个平台 P_1 成本低，选择低价竞争策略，商家对平台 P_2 的高抽成费 f_2 的反应是提高产品在该平台的价格 p_2，从而将需求转移到另一个利润相对较高的平台 P_1，平台 P_1 销售的产品价格保持原价不变，$f_1 < f_2$，出现两种均衡结果。若商家持被动信念，相当于两个平台市场分割，相互竞争，激烈争夺市场份额，抽成费等于高效率平台的边际成本定价。虽然高成本高费用平台企业被排挤出市场，但需分配部分利润给下游商家，减少了高效率平台的垄断利润。若商家持对称信念，产生默契合谋效应，高效率平台利用市场优势只与其中一个商家交易且圈定市场，高成本高费用平台企业被排挤在市场之外。抽成费高于高效率平台的边际成本定价，增加了高效率平台的垄断利润。②若两个平台成本相同，一般会选择默契合谋，采取合谋定价策略，没有必要激烈竞争，可以通过调节对称的抽成费，均衡商家在两个平台的价格和销量，最终平台获得最优垄断利润。

对于任何一组对称费用，在没有 PMFN 条款的情况下，商家最佳选择是提高产品在高收费平台的销售价格。商家的定价行为意味着，当两个平台的费用对称时，PMFN 条款与商家价格制定无关。平台的价格反应会造成一种情况，即若一个平台提高收费会减少该平台的销售额，而不提高收费的平台的销售额会增加。从平台的角度来看，经过多阶段博弈可知，成本差异的平台最优选择是排挤阻挠竞争对手，形成圈定效应，最后形成上游垄断下游竞争的市场结构，通过垄断定价获得垄断利润；成本相同的平台最优选择是对称收费，形成默契合谋效应，通过合谋定价获得垄断利润。

（二）有 PMFN 条款

从商家的角度来看，当两个平台的 PMFN 条款生效时，商家必须在各个平台上制定统一的价格，当一个平台 P_2 高收费时 $f_1 < f_2$，商家如果提价就意味着两个平台的产品价格同时提高 $p_1 = p_2$，无法通过较低价格促销增利，将销售量转移到另一个平台的灵活性降低。价格与平台抽成费挂钩将降低商家将产品价格上涨转嫁出去的动力，从根本上说，就是诱导平台提高收费的机制。如果 PMFN 条款充

分提高了抽成费，商家可能选择放弃高费用平台，转而通过低费用平台进行销售，但在一定阶段内，也有可能出现的情况是，商家即使预期 PMFN 条款促使费用变高，也不会放弃高费用平台，因为后期垄断平台的费用可能更高，商家更倾向于 PMFN 条款均衡而不是与垄断平台打交道。如果多个平台能充分扩大客户群，那么商家可能会接受高额的平台抽成费。如果不能，那么商家确实会因为高抽成费而放弃高成本平台。因而若平台对商家提高抽成费，会考虑提价对该商家定价的影响，和对平台需求（所有商家产品的需求）的影响。

若模型中的总需求弹性与产品的可替代性并存。当一个平台高收费时，若总需求弹性足够大，该平台会损失部分产品的销量，包括一部分从另一个平台购买，其余部分被外部其他选择所替代。虽然一个平台的高收费促使商家提高产品在该平台（和另一个平台）的销售价格，但现在这样做的成本更高，因为若是总需求足够有弹性，平台的高价反而减少两个平台的销售额；若是总需求缺乏弹性，平台的提价在一定程度上虽然减少两个平台的销售额，但平台利润增加，出现价格高于竞争的结果，这取决于需求函数。反推可知，当总需求缺乏弹性，平台的替代性占主导地位时，PMFN 条款更具有吸引力，有利于增加平台的利润；当总需求足够有弹性，平台的外部隐含需求占主导地位时，PMFN 条款吸引力减弱，对平台增利无益，甚至降低平台的利润。

从平台的角度来看，当边际成本相同时，平台企业有动机实施 PMFN 条款，由于合约规定 $p_1 = p_2$，有利于形成商家零售定价合谋机制，抽成费对称 $f_1 = f_2$，虽然均衡结果无差异，但两个平台企业的定价相对原本无 PMFN 条款时的默契合谋更为稳定，这里的 PMFN 条款充分发挥其合谋效应。当边际成本不同时，商家持被动信念的情况下，平台企业更有动机实施 PMFN 条款，由于合约规定 $p_1 = p_2$，抽成费满足 $f_1 = f_2$。同等零售定价时，高效率平台可将抽成费定价与低效率平台保持一致，PMFN 条款抬高了抽成费，缓解了商家竞争效应。商家仍然更倾向于与低费用、低成本平台签约，横向合谋导致的纵向圈定效应排挤低效率平台企业。这里的 PMFN 条款形成商家零售定价合谋机制的同时，还发挥了圈定效应。商家持对称信念的情况下，平台企业没有动机实施 PMFN 条款，这是因为对称信念形成上游垄断—下游双寡头的市场结构，有利于高效率平台攫取垄断利润，PMFN 条款已无存在的必要性。

命题1：由上述均衡分析推理可知，①成本相同的两个平台如果都签订 PMFN 条款，则抽成费存在唯一的对称均衡，当总需求接近完全无弹性时，PMFN 条款定价与默契合谋定价一致，且抽成费用和最终价格更为稳定；而当总需求弹性足够大时，PMFN 条款可能会降低总利润。②成本差异的两个平台如果都签订 PMFN 条款，则抽成费也存在唯一均衡，抽成费等于高成本平台的边际成本定价，最终高成本平台企业 P_2 被排挤出市场或被阻挠进入市场。

以上分析均假设两个平台企业的经营模式为代理模式，如果两个平台企业的经营模式不同，一个平台为代理模式，另一个平台为批发零售模式，相当于只有一家公司签订 PMFN 条款，存在混合策略均衡。若在位平台为代理模式，且实施 PMFN 条款，潜在进入者为批发零售模式（通常会采取低价竞争策略进入市场），依靠低成本、低价值获取竞争优势的批发零售模式平台企业会受到进入阻挠。这是因为 PMFN 条款使平台商家的终端产品价格均等，寻求进入市场的平台（通常是边际成本优势企业或需求劣势的平台企业）难以凭低价争夺市场份额，如果不能压低高成本的在位企业的价格，相当于把边际成本优势企业排除在市场之外。从这个意义上说，在位者的 PMFN 条款抑制低成本、低价值的平台商业模式的进入，歪曲了商业模式选择的激励机制。而被 PMFN 条款明确排除的低价进入策略对于以低成本或低价值平台取胜的批发零售模式平台企业尤为重要，这需要引起反垄断立法执法的重视。若在位平台为批发零售模式，潜在进入者为代理模式，且实施 PMFN 条款，凭借 PMFN 条款合谋效应抬高零售价的代理模式平台企业更容易进入市场，且诱使商业模式从低成本、低价值向高成本、高价值的商业模式倾斜，这些结果对美国"苹果电子书案"和其他在线市场的反垄断审查具有重要意义。除可能阻挠低成本平台进入或使平台偏离低端商业模式，PMFN 条款还可能对在平台终端支付意愿较低的人产生负面影响。若有消费者希望通过低成本、服务较少的平台来节省成本，那么 PMFN 条款可能会限制这些消费者的选择，迫使他们购买并不看重的捆绑服务，由此产生另一种交叉补贴，即低价值、低收入消费者对高价值、高收入消费者交叉补贴。比如，如果互联网平台提供一个较全面的服务或复杂的界面，包括产品评论、推荐、用户体验和即时发货，那么其成本可能高于无额外附加服务的平台或其他低成本销售渠道，比如制造商或销售商的电话直销。较全面、成本较高的平台与商家签订 PMFN 条款要求各终端实行统一价格，意味着终端平台不能以较低的价格直接销售，尽管直销渠道的成本可能低得多。最终使用低成本平台的消费者与使用高成本平台的消费者支付的价格相同，可见低消费水平的消费者对高消费水平的消费者进行交叉补贴。若使用低成本平台的消费者是低收入人群，这就可视为一种倒退的收入再分配，从政策角度看存在资源配置的扭曲。

从进入成本和圈定效应的角度对比两种经营模式可见，如果进入成本较低，无论有无 PMFN 条款，都会有潜在竞争者进入市场，但 PMFN 条款的存在会扭曲进入者对商业模式的选择，进入者往往选择差异化较小、较高端的商业模式。如果进入成本较高，PMFN 条款会阻挠潜在竞争对手的进入，若潜在竞争对手选择差异化很大的低价策略实现利润最大化，会受到 PMFN 条款过重的惩罚。再次说明，低成本、低价值商业模式的平台进入市场可能会受到阻碍，平台商业模式的选择受到扭曲。通过上述均衡结果推理，每一个平台企业都希望先成为先行在位企业。通过 PMFN 条款，在位平台发挥先发优势将潜在竞争者排除在市场之外。

命题 2：PMFN 条款可能抑制低成本、低价值的平台商业模式的进入，诱使商业模式从低成本、低价值向高成本、高价值的商业模式倾斜，歪曲了商业模式选择的激励机制，进而产生资源错配效应，即低价值、低收入消费者对高价值、高收入消费者交叉补贴。同时，PMFN 条款加剧平台市场抢先战，激励平台企业抢先成为在位企业。

三、行为动机

（一）效率动机

虽然最惠国条款一直受到反垄断审查，但采用这种合同条款可能有效率方面的原因，比如减少"搭便车"问题、抵消拖延交易动机、防止套牢以及降低搜索和交易成本。最惠国条款的效率理由和反竞争效果并不相互排斥。也就是说，为提高效率而实行的最惠国条款可能损害竞争，而出于反竞争原因实行的最惠国条款也可能提高效率。

首先，占据市场主导地位的平台（企业）实施最惠国条款有利于减少"搭便车"问题，防止商家通过其他渠道或平台销售时降低价格。如果平台不实施最惠国条款，商家有动机利用主导平台获取大量客户的优势，同时又在其他渠道或平台低价销售获利。其次，若平台已投入大量人力物力为商家营销，消费者如果通过平台了解到产品或服务信息转而又到定价更低的平台购买，显然损害了平台的利益，削弱了平台的投资动机，若是平台预见到这个问题会延迟甚至搁置投入。再次，占据市场主导地位的平台（企业）实施最惠国条款还有利于防止套牢（Hold-up）问题，提高交易效率。尤其需要事先投资专用资产的交易，能够避免商家变相提价的机会主义行为，激励平台投资行为。最后，公开统一定价还能消除消费者推迟购买的动机，促成交易，减少交易延误，降低交易成本。

（二）策略动机

一方面，占据市场主导地位的企业实施最惠国条款能够促进下游市场合谋，提高中介佣金来软化竞争，抬高最终市场的均衡价格，导致产品或服务总量减少，最终产生限制竞争效应，降低消费者福利和社会总福利。另一方面，占据市场主导地位的企业实施最惠国条款具有圈定市场动机，上游主导企业能够利用自身成本优势地位，依赖既有的网络规模效应和庞大的客户基础，提高竞争对手和进入者的成本，排挤竞争对手或将潜在竞争者排除在市场之外，阻碍市场竞争，达到圈定整个市场的目的。

四、市场绩效

在两个平台企业的经营模式为代理模式的情况下，从总需求弹性的角度来看，对平台而言均衡是否更有利可图，取决于需求函数的特点。根据需求弹性和均衡选择机制的不同，平台在同时设定抽成费之前选择是否采用 PMFN 条款：在总需求缺乏弹性的情况下，两家公司在均衡状态下均采用 PMFN 条款；在总需求弹性足够大的情况下，两家公司在均衡状态下均不采用 PMFN 条款。主要模型虽然是一个商家通过多个平台开展业务，但结果也同样适用于多商家多产品通过多平台开展业务。

从下游商家信念的角度来看，当两个平台企业边际成本不同时，由于商家持对称信念，平台企业没有动机实施 PMFN 条款，因而只需要分析商家持被动信念的情况。此时平台竞争激烈产生的竞争效应降低了抽成费，有利于增加消费者剩余和社会总福利。若实施 PMFN 条款，产生的合谋效应抬高抽成费，增加高效率平台企业可攫取的垄断利润部分，最终实现其圈定目的；合谋效应与圈定效应的负面影响，损害了消费者剩余和社会总福利，最终产品价格上升，产量下降。当两个平台企业边际成本相同时，平台企业有动机实施 PMFN 条款，两个平台企业的定价相对原本无 PMFN 条款时的默契合谋更为稳定，同时消费者剩余和社会总福利不变。

假如两个平台企业的经营模式不同，一个平台为代理模式，另一个平台为批发零售模式，PMFN 条款诱使商业模式从低成本、低价值向高成本、高价值的商业模式倾斜，可能抑制低成本、低价值的平台商业模式的进入，最终产品价格上升，产量下降，损害消费者剩余和社会总福利。

第四节　不确定性环境下的最惠国条款问题

一、基本假设

该部分的基础模型为承诺性最惠国条款中上游垄断—下游双寡头的市场结构模型，与该模型相关的基本假设不变，不确定性环境的基本假设如下：市场是不确定性的，由于原理相似，本节简化考虑不确定性来自需求侧：下游企业订立合约时，a 是未知的，需求系统中的参数 a 不再是一个常量，而是一个服从均匀分布的随机变量 $a \sim U[\underline{a}, \overline{a}]$，其数学期望值 $E(a) = a^e = (\underline{a} + \overline{a})/2$。企业的目标函数是追求期望效用（VNM 期望效用）最大化，企业的效用函数是拟凹的、连续可微分的，即存在 $u'(\pi) > 0$、$u''(\pi) \leqslant 0$，具体地，如果 $u''(x) = 0$，则企业是风险中性的；如果 $u''(x) < 0$，则企业是风险厌恶的；如果 $u''(x) \to -\infty$，则企业是极端风险厌恶的。

古诺寡头决策模型企业的决策变量为产量，均衡产量不是一个随机变量，是双寡头企业面对不确定性环境事前确定的；而价格是事后为实现市场出清由市场机制决定的，是一个随机变量 $p=p(\gamma, q)$，其数学期望值为 $E(p)=p^e$；贝特朗寡头决策模型企业的决策变量为价格，均衡价格不是一个随机变量，是双寡头企业面对不确定性环境事前确定的；而产量是事后为实现市场出清由市场机制决定的，是一个随机变量 $q=q(\gamma, p)$，其数学期望值为 $E(q)=q^e$。

　　由于本节重点考察不确定性条件下上游垄断企业实施最惠国条款在上下游企业间的风险分担问题，故仅求出两种情况下的利润结果，即秘密合约的下游企业持被动信念的情形与公开合约的情形。

二、模型构建

（一）秘密合约下的均衡——下游企业持被动信念

　　与确定性情形相同的是，对于下游企业来说，上游垄断企业产品占据投入品的垄断地位，并且对下游市场区别定价。下游市场为双寡头市场结构，在阶段2（接受合约）时，下游双寡头企业对上游垄断企业具有被动信念。考虑下游双寡头企业持有被动信念的古诺决策模型，运用逆向归纳的方法，求解均衡结果。

　　上游垄断企业的决策问题：

$$\max_{F_1,F_2,w_1,w_2} E[U(\pi^u)] = \max_{F_1,F_2,w_1,w_2} E\{U[F_1+(w_1-c^u)q_1+F_2+(w_2-c^u)q_2]\}$$

$$s.\,t.\ \max_{q_1} E[U(\pi_1^d)] = \max_{q_1} E\{U[(p-w_1-c_1^d)q_1-F_1]\} \geq 0$$

$$\max_{q_2} E[U(\pi_2^d)] = \max_{q_2} E\{U[(p-w_2-c_2^d)q_2-F_2]\} \geq 0 \tag{4-60}$$

　　计算得出 $w_1=c^u$，同理，$w_2=c^u$。下游两个企业的均衡产量分别为 $q_1=\dfrac{a-c^u-2c_1^d+c_2^d}{3}$，$q_2=\dfrac{a-c^u-2c_2^d+c_1^d}{3}$。算出均衡解：

$$Q=\frac{2(a-c^u-c^d)}{3}$$

$$p=\frac{3a-2a+2c^u+2c^d}{3} \tag{4-61}$$

　　上游垄断企业利润 π_{PB}^u：

$$\pi_{PB}^u = \left(\frac{a-c^u-c^d+3\Delta^d}{3}\right)^2 + \left(\frac{a-c^u-c^d-3\Delta^d}{3}\right)^2 \tag{4-62}$$

下游企业利润：

$$\pi_1^d = \frac{(a-c^u-2c_1^d+c_2^d)(a-\underline{a})}{3}$$

$$\pi_2^d = \frac{(a-c^u-2c_2^d+c_1^d)(a-\underline{a})}{3} \tag{4-63}$$

由上述结果可知，上游垄断企业不承担市场风险，攫取所有垄断租金，且没有可能获取风险收益；下游企业利润不为零，而是随机的，这时下游承担市场风险，并可能获取风险收益。

（二）公开合约下的均衡——古诺竞争模型

与确定性情形相同的是，上游垄断企业提供的是公开合约，统一的批发价为 w。由于下游企业自身成本 c_i^d 不同，因此，成本高的下游企业最终所得利润为 0，成本低的下游企业最终所得利润大于 0。

上游垄断企业的决策问题：

$$\max_{F,w} E[U(\pi^u)] = \max_{F,w} E\{U[F+(w-c^u)q_1+F+(w-c^u)q_2]\}$$

$$\text{s. t. } \max_{q_1} E[U(\pi_1^d)] = \max_{q_1} E\{U[(p-w-c_1^d)q_1-F]\} \geq 0$$

$$\max_{q_2} E[U(\pi_2^d)] = \max_{q_2} E\{U[(p-w-c_2^d)q_2-F]\} \geq 0 \tag{4-64}$$

计算得出上游垄断企业提供的批发价为 $w = \dfrac{\underline{a}+3c^u-(2c_1^d-c_2^d)}{4}$。下游两个企业的均衡产量分别为 $q_1^* = \dfrac{\underline{a}-c^u-(2c_1^d-c_2^d)}{4}$，$q_2^* = \dfrac{\underline{a}-c^u+2c_1^d-3c_2^d}{4}$。不难看出，$q_1 \geq q_2$，下游企业 D_1 更具成本优势，产出水平较高。算出均衡解：

$$Q^* = \frac{\underline{a}-c^u-c^d-\Delta^d}{2}$$

$$p^* = \frac{2a-\underline{a}+c^u+c^d+\Delta^d}{2} \tag{4-65}$$

上游垄断企业利润 π_{MFN}^u：

$$\pi_{\mathrm{MFN}}^u = \frac{(\underline{a}-c^u-c^d-5\Delta^d)^2+(\underline{a}-c^u-c^d+3\Delta^d)(\underline{a}-c^u-c^d-\Delta^d)}{8} \tag{4-66}$$

下游企业利润：

$$\pi_1^d = \frac{4a - 3a - c^u - (2c_1^d - c_2^d)}{4} \cdot \frac{a - c^u - (2c_1^d - c_2^d)}{4} - \left(\frac{a - c^u + 2c_1^d - 3c_2^d}{4} \right)^2$$

$$\pi_2^d = \frac{(a - a)(a - c^u + 2c_1^d - 3c_2^d)}{4} \tag{4-67}$$

与上一种情形相同的是，上游垄断企业不承担市场风险，没有可能获取风险收益；下游企业承担市场风险，可能获取风险收益，事后还可能得到"意外收获"。

（三）公开合约下的均衡——贝特朗竞争模型

与上一种情形相同的是，在不确定性环境下，考察公开合约下最惠国条款的风险分担机制。为简化问题，基本模型构建方法不变，不同的是假设下游成本无差异，并进行贝特朗竞争。

上游垄断企业的决策问题：

$$\max_{F,w} E\left[U(\pi_{\text{MFN}}^u) \right] = \max_{F,w} E\left\{ U\left[(a - w - c^d)(w - c^u) \right] \right\}$$

$$\text{s. t. } \max_p E\left[U(\pi_1^d) \right] = \max_p E\left\{ U\left[(p - w - c^d)(a - w - c^d) - F \right] \right\} \geqslant 0$$

$$\max_p E\left[U(\pi_2^d) \right] = \max_p E\left\{ U\left[(p - w - c^d)(a - w - c^d) - F \right] \right\} \geqslant 0 \tag{4-68}$$

计算得出上游垄断企业提供的批发价为 $w = \dfrac{a^e + c^u - c^d}{2}$。算出均衡解：

$$p = \frac{a^e + c^u - c^d}{2} + c^d$$

$$Q = \frac{2a - a^e - c^u - c^d}{2} \tag{4-69}$$

上游垄断企业利润 π_{MFN}^u：

$$\pi_{\text{MFN}}^u = \frac{(2a - a^e - c^u - c^d)(a^e - c^u - c^d)}{4} \tag{4-70}$$

下游企业利润：

$$\pi_1^d = \pi_2^d = 0 \tag{4-71}$$

与古诺竞争模型结果相反的是，上游垄断企业承担市场风险，可能获取风险收益，存在上游垄断企业攫取垄断租金与获取风险收益双重动机；下游企业由于价格竞争，价格差为零，获得充分保险，且没有可能获取风险收益。

三、市场绩效

(一) 上游垄断企业是否实施 MFN 条款的对比分析

为简化分析，假设下游成本无差异 $\Delta^d = 0$，对比上游垄断企业期望利润差值 ΔE $\left[U(\pi^u) \right]$ 可知，$\Delta E \left[U(\pi^u) \right]^{exante} = \dfrac{(a - c^u - c^d)^2}{36} \geqslant 0$。$E \left[U(\pi^u_{MFN}) \right] \geqslant E \left[U(\pi^u_{PB}) \right]$ 的结果表明，即使在不确定性环境下，上游垄断企业也仍然有动机实施最惠国条款。然而，上游垄断企业的事后期望利润均值差为 $\Delta E \left[U(\pi^u) \right]^{expost} = \dfrac{(a^e - c^u - c^d)^2}{36}$，对比得知 $\Delta E \left[U(\pi^u) \right]^{exante} < \Delta E \left[U(\pi^u) \right]^{expost}$。事前期望利润是企业决策时预期的结果，事后利润均值才是真正的市场绩效评价标尺，这里风险中性的上游垄断企业的期望利润会受到极端风险厌恶的下游企业决策的影响。由于下游企业风险偏好被扭曲，对于市场需求前景不看好，事前上缴上游垄断企业的利润相比市场平均情况更低，因此，上游垄断企业所获利润与真实情况相比变低了。这也说明在不确定性环境下，上游垄断企业实施最惠国条款的积极性减弱。

(二) 不同竞争模型的风险分担机制对比分析

一般来说，由风险承担能力强的分担市场风险，风险承担能力弱获得充分保险，有利于资源优化配置和市场可持续发展。从风险分担机制来看，在上游垄断—下游双寡头古诺竞争的模型中，上游垄断企业不承担市场风险，没有可能获取风险收益；下游企业承担市场风险，并可能获取风险收益。与其结果相反的是，在上游垄断—下游双寡头贝特朗竞争的模型中，上游垄断企业承担市场风险，可能存在上游垄断企业攫取垄断租金与获取风险收益双重动机；下游企业获得充分保险，没有可能获取风险收益。由此可见，在上游垄断—下游双寡头竞争的模型中，下游企业不同的竞争方式决定了风险分担的对象不同。

第五节　本章小结

本章考察纵向市场圈定典型行为——最惠国条款，从承诺性最惠国条款和限制性最惠国条款两个角度建模分析最惠国条款实施前后的市场绩效，同时考察不确定性环境下的最惠国条款问题。

在"承诺性最惠国条款与市场圈定"一节中，以上游垄断—下游双寡头基准模型为起点，利用两部制定价构建上游双寡头—下游双寡头的决策模型，引入企业信念分析对比不同合约类型的市场绩效，阐述企业实施最惠国条款的动机与社会福利变化。本节的创新之处在于，利用两部制定价的决策模型，厘清不同合约类型的上下游的利润分配问题，尤其是将秘密合约中企业的对称信念和被动信念的均衡解、市场绩效与实施最惠国条款后进行对比分析，阐述企业实施最惠国条款的动机与社会福利变化。研究表明，上游双寡头—下游双寡头的市场结构条件下，下游持对称信念时，上游主导企业没有动机实施最惠国条款，而且是否实施最惠国条款对社会和消费者都是无差异的。下游企业持被动信念时，上游主导企业有动机实施最惠国条款，并且，若上游企业成本非常接近，上游主导企业实施最惠国条款对社会和消费者都不利；若上游企业成本相差甚远，上游主导企业实施最惠国条款对社会和消费者都有利。由此可见，当存在潜在进入者或者竞争对手时，平台有动机通过实施最惠国条款达到圈定市场的目的，以此最大限度地攫取垄断利润。更为重要的是，对社会福利的影响需考察上游两家企业的成本差异情况，这也是当前反垄断实践中经济学分析的重难点，需要反垄断执法机构采取论辩原则根据具体的反垄断案件情况裁决。

在"限制性最惠国条款与市场圈定"一节中，将产业组织理论纵向控制的分析框架拓展到平台经济中，通过平台企业、商家和消费者三个维度从总需求弹性和平台异质性的角度分析平台最惠国条款的动机与社会福利变化。本节的创新之处在于，结合总需求弹性、平台异质性和市场圈定效应综合经验推演平台最惠国条款的市场绩效，结果表明，PMFN条款更有利于（高效率）平台企业获取（垄断）利润，同时可能抑制低成本、低价值的平台商业模式的进入，诱使商业模式从低成本、低价值向高成本、高价值的商业模式倾斜，歪曲商业模式选择的激励机制，进而产生资源错配效应。

在"不确定性环境下的最惠国条款问题"一节中，基于承诺性最惠国条款中上游垄断—下游双寡头的市场结构，构建两部制定价的古诺模型和贝特朗模型，厘清不同类型竞争模型下，企业实施最惠国条款的动机以及风险分担的机制。研究表明，不确定性环境下，上游垄断企业实施最惠国条款的积极性减弱了，并且，下游企业不同的竞争方式决定风险分担的对象不同：贝特朗竞争模型中，上游垄断企业承担市场风险，可能存在上游垄断企业攫取垄断租金与获取风险收益双重动机；下游企业获得充分保险，且没有可能获取风险收益。古诺竞争模型的结果正好与之相反。现实情况往往存在诸多不确定性，这启示反垄断执法机构判案时，需多方面考察不确定性因素给最惠国条款带来的激励变化，以及风险分担机制给企业和社会带来的市场绩效。

第五章　主要结论及研究展望

一、主要结论

本书首先从产业组织理论与反垄断经济学角度，梳理市场圈定的基本概念、分类、监管和经典案例，分析产权控制型圈定行为和合约控制型圈定行为的重点与难点，为各类合约控制型圈定行为的研究做铺垫。其次，为探讨产生市场圈定效应的企业行为，聚焦搭售与最惠国条款两种策略，通过建模分析市场圈定行为的动机与后果，评估其市场绩效和圈定效应。最后，在不确定性框架下进一步研究市场圈定效应，以期为我国反垄断监管提供不同的判案视角。主要结论如下：

第一，在搭售章节中，"终端产品搭售与市场圈定"一节研究表明，搭售行为引发的杠杆效应，提高了竞争对手的进入成本，产生市场圈定效应；不确定性环境带来的负向影响，使原本处于极端风险厌恶状态的竞争对手更加厌恶风险，越发扭曲了其市场资源配置，主导企业的期望利润是否变大，还需具体讨论。"中间产品搭售与市场圈定"一节研究表明，上游主导企业如果同时生产可竞争产品与关键基础设施，那么可以调整两种产品定价所占售价的比例攫取利润，通过搭售排挤低效率的上游竞争对手，产生圈定效应，但不损害消费者福利，说明圈定市场行为并不一定都是对社会总福利不利的。不确定性环境下，上游垄断企业分担了下游市场的风险。这为反垄断案件的执法判定提供新的视角。

第二，在最惠国条款章节中，"承诺性最惠国条款与市场圈定"一节研究表明，当存在潜在进入者或者竞争对手时，企业有动机通过实施最惠国条款达到圈定市场的目的，以此最大限度攫取垄断利润；不确定性环境下，上游垄断企业实施最惠国条款的积极性减弱，下游企业不同的竞争方式决定风险分担的对象不同，这表明反垄断执法机构判案时，需多方面考察不确定性因素给最惠国条款带来的激励变化和风险分担机制产生的市场绩效。"限制性最惠国条款与市场圈定"一节研究表明，PMFN 条款更有利于（高效率）平台企业获取（垄断）利润，同时可能抑制低成本、低价值的平台商业模式的进入，诱使商业模式从低成本、低价值向高成本、高价值的商业模式倾斜，歪曲商业模式选择的激励机制，进而产生资源错配效应。

综上所述，上游主导企业很可能通过市场圈定行为（及其合谋效应）把更有效率的潜在进入者排除在外，或者为上游潜在竞争者进入市场设置壁垒，形成市场圈定效应。在市场环境不确定的情况下，上下游企业之间的风险分担机制或者主导企业与竞争对手之间的风险偏好有所不同。特别是圈定行为会扭曲极端风险厌恶企业的期望利润，对其在资本市场上的融资能力造成更加负面的影响。

二、政策启示

在现实情况下，市场环境与企业的情况非常复杂，占据市场支配地位的企业实施的合约条款种类多样，必须将经济学与反垄断法结合起来，根据具体的案例分析行为后果，为反垄断案件的执法判定提供参考借鉴。研究发现，具有市场支配地位的企业圈定市场并不一定属于滥用市场支配地位，有可能是恢复市场垄断势力。虽然企业在大多数情况下实施圈定行为，在不确定性环境下对市场竞争的负面影响可能更为严重，不利于消费者和社会总福利，但有的企业实施圈定市场行为不一定对社会总福利产生不利影响。特别是不确定性环境下产生市场圈定效应的企业行为，其风险分担机制和竞争效应的分析尤为复杂。研究不确定性环境下企业市场圈定的反垄断经济学问题，并以此为基础完善反垄断执法判案思路，有助于建立健全我国反垄断法律法规，引导各市场主体增强相关法律意识，尤其是规范具有市场势力的主导企业在经济活动中的市场行为，确保各类市场主体平等、公平地参与市场竞争，推动我国市场经济高质量发展。这些不同情景下的结论，不断启示反垄断执法机构需要运用论辩原则根据特定情景下的具体案例分析判案。

三、研究局限与展望

由于时间与篇幅的限制，作为针对企业市场圈定行为的反垄断经济学研究的阶段性成果，本书存在一些不足和可拓展的空间，主要体现在以下几个方面：

第一，为方便推导得出均衡解，对需求函数和成本函数都进行简化处理，即假设需求函数为线性的，而在非线性甚至更复杂的需求函数或成本函数的情形下，其研究结论能否成立，有待进一步研究；构建的数理模型属于离散静态模型，其研究结论在连续动态环境下能否成立，需要进一步检验。

第二，在不确定性环境下，期望值只是市场绩效其中一个衡量指标，另一个重要的衡量标准是方差，书中并未展开讨论；本书假设企业风险偏好是外生的，然而现实中交易双方的风险态度与财务融资状况相互影响，具有内生性，还需深入探讨。

第三，本书采用数理模型推导与反垄断案例分析相结合的研究范式，实证材料基本以网络收集为主，缺乏实地调研的一手资料，一定程度上降低了案例研究质量；计量实证研究也是产业经济学理论与反垄断规制经济学的主要研究方法之一，现阶段数据收集渠道非常有限，收集数据进行实证计量分析将成为未来继续研究的方向。

参考文献

［1］白让让，王光伟．结构重组、规制滞后与纵向圈定——中国电信、联通"反垄断"案例的若干思考［J］．中国工业经济，2012（10）：135-147．

［2］白让让．纵向所有权安排与跨国公司的纵向市场圈定——基于轿车产业的模型分析和案例考察［J］．财经研究，2009，35（12）：61-72．

［3］蔡婧萌．论搭售行为的反垄断法分析——对杠杆理论的质疑和对价格歧视的新认识［J］．中国社会科学院研究生院学报，2019（4）：71-79．

［4］曹洪．捆绑销售的经济学层面思考［J］．安徽大学学报，2004（2）：91-94．

［5］常峰，张子蔚．市场圈定条件下"药品差比价规则"分析［J］．软科学，2009，23（9）：64-68．

［6］高维和，王震国．伯川德悖论，消费者转换成本与市场圈定——中国移动通信市场结构的微观分析［J］．安徽大学学报，2005（6）：121-125．

［7］邰庆．垄断协议视角下的最惠国待遇条款［J］．人民论坛，2020（15）：252-253．

［8］顾永红．竞争性研发联盟的进入壁垒研究［J］．科学管理研究，2007（3）：58-61，108．

［9］郭晓玲，李凯，孟一鸣．基于不同市场圈定策略下的垂直整合与创新激励研究［J］．工业技术经济，2019，38（2）：3-12．

［10］黄勇，田辰．网络分销模式中最惠国待遇条款的反垄断法分析［J］．法律适用，2014（9）：49-53．

［11］霍光顺，李仕明．基于上游企业的纵向兼并效应分析［J］．预测，2004（1）：47-50，55.

［12］焦海涛．互联网平台最惠国条款的反垄断法适用［J］．商业经济与管理，2021（5）：72-84.

［13］李凯，郭晓玲．产业链的垂直整合策略研究综述［J］．产经评论，2017，8（3）：81-95.

［14］李凯，司马林，冯飞．纵向市场中的排他理论研究评述［J］．产经评论，2018，9（3）：47-56.

［15］李美娟．电信企业基于价格行为的纵向市场圈定与接入规制［J］．经济评论，2011（2）：48-54.

［16］李叶．捆绑与搭售行为的反垄断质疑——基于市场经济学视角分析［J］．现代管理科学，2013（3）：80-82.

［17］曲创，刘洪波．交叉网络外部性、平台异质性与对角兼并的圈定效应［J］．产业经济研究，2018（2）：15-28.

［18］曲创，刘洪波．平台非中立性策略的圈定效应——基于搜索引擎市场的试验研究［J］．经济学动态，2017（1）：28-40.

［19］曲创，刘龙．互联网平台排他性协议的竞争效应——来自电商平台的证据［J］．西安财经大学学报，2021，34（3）：32-42.

［20］曲创，刘伟伟．双边市场中平台搭售的经济效应研究［J］．中国经济问题，2017，5（401）：72-84.

［21］曲创，王夕琛，李国鹏．用户规模差异与平台独家交易的反竞争效应研究［J］．财经问题研究，2022（12）：46-56.

［22］司马林，杜晶晶．买方抗衡势力下忠诚折扣的排他效应分析［J］．产经评论，2018，9（4）：19-29.

［23］孙晋，宋迎．数字经济背景下最惠国待遇条款的反垄断合理分析［J］．电子知识产权，2018（12）：12-19.

［24］谭晨．互联网平台经济下最惠国条款的反垄断法规制［J］．上海财经大学学报，2020，22（2）：138-152.

［25］王妮妮．互联网搭售行为的反垄断规制——"3Q 案"与"微软案"

的比较 [J]. 江西社会科学, 2015, 35 (4): 187-192.

[26] 王勇, 张雷. 市场圈定与我国广电业的制播分离改革: 一个新的分析框架 [J]. 当代经济科学, 2009, 31 (6): 86-91, 125.

[27] 徐杨, 管锡展. 企业独占交易策略的基本理论及其反垄断政策意义 [J]. 财经问题研究, 2006 (4): 28-33.

[28] 于立宏, 郁义鸿. 买方垄断下的后向一体化及其规制——新古典视角研究述评 [J]. 学术论坛, 2006 (4): 93-99.

[29] 于立宏. 论需求波动与资产专用性对煤电产业纵向一体化的影响 [J]. 经济评论, 2008 (1): 68-74.

[30] 张爱萍, 余晖. 数字化交通平台搭售: 特征、机制与反垄断治理 [J]. 江海学刊, 2022 (6): 91-98, 255.

[31] 张福利, 白宇欣, 达庆利. 基于下游企业具有不同战略力量的纵向兼并 [J]. 数量经济技术经济研究, 2004 (9): 101-110.

[32] 张靖. 互联网平台最惠国待遇条款的反垄断规制 [J]. 求索, 2024 (3): 163-171.

[33] 张凯, 李向阳. 双边市场中平台企业搭售行为分析 [J]. 中国管理科学, 2010, 18 (3): 117-124.

[34] 张谦, 祝树金. 贸易政策、网络外部性与数字平台搭售决策 [J]. 管理科学学报, 2023, 26 (12): 19-41.

[35] 章伟果, 扈文秀. 基于产品差异化双寡占供应链下的纵向并购时机决策 [J]. 系统工程, 2022, 40 (3): 95-106.

[36] 赵玻, 陈阿兴, 岳中刚. 瓶颈要素视角的市场圈定理论研究评述 [J]. 经济学动态, 2009 (9): 131-135.

[37] 郑鹏程. 论搭售的违法判断标准 [J]. 中国法学, 2019 (2): 183-201.

[38] 钟洲, 王麒植. 忠诚折扣、产品和消费者的异质性与竞争壁垒 [J]. 中国工业经济, 2018 (9): 174-192.

[39] 周江. 市场圈定现象及其对策分析 [J]. 价格理论与实践, 2003 (1): 32-33.

[40] Adams W J, Yellen J L. Commodity Bundling and the Burden of Monopoly [J].

Quarterly Journal of Economics, 1976, 8 (90): 475-498.

[41] Aghion P, Bolton P. Contracts as a Barrier to Entry [J]. American Economic Review, 1987, 77: 388-401.

[42] Aguirre I. The Most-Favoured-Customer Pricing Policy and Competitive Advantage [J]. Bulletin of Economic Research, 2000, 52 (3): 3307-3378.

[43] Allain M, Chambolle C. Anti-Competitive Effects of Resale-Below-Cost Laws [J]. International Journal of Industrial Organization, 2011, 29: 373-385.

[44] Arya A, Mittendorf B. Disclosure Standards for Vertical Contracts [J]. The Rand Journal of Economics, 2011, 42 (3): 595-617.

[45] Bakos Yannis, Brynjolfsson E. Bundling Information Goods: Pricing, Profits, and Efficiency [J]. Management Science, 1999, 45 (12): 1613-1630.

[46] Banal-Estañol A, Ottaviani M. Mergers with Product Market Risk [J]. Journal of Economics and Management Strategy, 2006, 15 (3): 577-608.

[47] Belleflamme P, Peitz M. Price Disclosure by Two-Sided Platforms [J]. International Journal of Industrial Organization, 2019 (67): 102529.

[48] Bhaskar V. Games Played in A Contracting Environment [J]. Games and Economic Behavior, 2009, 67: 389-398.

[49] Bisceglia M, Padilla J, Salvatore P. When Prohibiting Wholesale Price-Parity Agreements May Harm Consumers [J]. International Journal of Industrial Organization, 2021, 76: 102738.

[50] Boik A, Corts K S. The Effects of Platform Most-Favored-Nation Clauses on Competition and Entry [J]. Journal of Law and Economics, 2016, 59: 105-134.

[51] Bork R H. The Antitrust Paradox: A Policy at War with Itself [M]. New York: Basic Books, 1978.

[52] Bousquet A, Cremer H, Ivaldi M, Wolkowicz M. Risk Sharing in Licensing [J]. International Journal of Industrial Organization, 1998, 16 (5): 535-554.

[53] Bowman W. Tying Arrangements and the Leverage Problem [J]. Yale Law Journal, 1957, 67: 19-36.

[54] Burstein M L. A Theory of Full-Line Forcing [J]. Northwestern University

Law Review, 1960, 55 (2): 62-95.

[55] Butz D A. Durable-Good Monopoly and Best-Price Provisions [J]. American Economic Review, 1990, 12, 80 (5): 1062-1076.

[56] Caillaud B, Jullien B, Picard P. Competing Vertical Structures: Precommitment and Renegotiation [J]. Econometrica, 1995, 63 (3): 621-646.

[57] Calzada J, E Manna, and A Mantovani. Platform Price Parity Clauses and Segmen tation [R]. UB Economics Working Papers, 2019, 387.

[58] Carlton D W, Waldman M. The Strategic Use of Tying to Preserve and Create Market Power in Evolving Industries [J]. Rand Journal of Economics, 2002, 7: 194-220.

[59] Chen J, Liu Q. The Effect of Most-Favored Customer Clauses on Prices [J]. The Journal of Industrial Economics, 2011, 9 (3): 343-371.

[60] Chipty T. Vertical Integration, Market Foreclosure, and Consumer Welfare in the Cable Television Industry [J]. American Economic Review, 2001, 91 (3): 428-453.

[61] Choi J P, Jeon D. A Leverage Theory of Tying in Two-Sided Markets [J]. Cesifo Working Paper No. 6073, 2016: 9.

[62] Choi J P, Stefanadis C. Bundling, Entry Deterrence, and Specialist Innovators [J]. The University of Chicago Press, 2006, 9, 79 (5): 2575-2594.

[63] Choi J P, Stefanadis C. Tying, Investment, and the Dynamic Leverage Theory [J]. Rand Journal of Economics, 2001: 52-71.

[64] Choi J P, Yi S. Vertical Foreclosure with the Choice of Input Specifications [J]. Rand Journal of Economics, 2000, 30: 717-743.

[65] Choi J P. Tying in Two-Sided Markets with Multi-Homing [J]. The Journal of Industrial Economics, 2010, 9 (3): 607-626.

[66] Cooper T E. Most-Favored-Customer Pricing and Tacit Collusion [J]. Rand Journal of Economics, 1986, 17 (3): 377-388.

[67] Corts K. Third-Degree Price Discrimination in Oligopoly: All-Out Competition and Strategic Commitment [J]. Rand Journal of Economics, 1998, 29: 306-323.

［68］ Daskalakis Constantinos, Deckelbaum A, Tzamos C. Strong Duality for a Multiple-Good Monopolist ［J］. Econometrica, 2017, 85 （3）: 735-767.

［69］ DeGraba P. Most-Favored-Customer Clauses and Multilateral Contracting: When Nondiscrimination Implies Uniformity ［J］. Journal of Economics and Management Strategy, 1996, 5 （4）: 565-579.

［70］ Denicolo V. Compatibility and Bundling with Generalist and Specialist Firms ［J］. The Journal of Industrial Economics, 2000, 6 （2）: 177-188.

［71］ Dewan R I, Fremer J L. Consumers Prefer Bundled Add-Ins ［J］. Journal of Management Information Systems, 2003, 20 （2）: 99-111.

［72］ Director A, Levi E. Law and the Future: Trade Regulation ［J］. Northwestern University Law Review, 1956, 51: 281-296.

［73］ Edelman B, Wright J. Price Coherence and Excessive Intermediation ［J］. Quarterly Journal of Economics, 2015, 130: 1283-1328.

［74］ Evans D S, Salingee M. The Role of Cost in Determining When Frims Offer Bundles ［J］. The Journal of Industrial Economics, 2008, 56, 3 （1）: 143-168.

［75］ Evans D S, Salinger M A. The Role of Cost in Determining When Firms Offers Bundles ［J］. The Journal of Industrial Economics, 2008, 56: 143-168.

［76］ Ezrachi A. The Competitive Effects of Parity Clauses on Online Commerce ［J］. European Competition Journal, 2015, 11: 2-3, 488-519.

［77］ Fan Y, Kühn K U, Lafontaine F. Financial Constraints and Moral Hazard: The Case of Franchising ［J］. Journal of Political Economy, 2017, 125 （6）: 2082-2125.

［78］ Foros Ø, Kind H J, Shaffer G. Apple's Agency Model and the Role of Most-Favored Nation Clauses ［J］. Rand Journal of Economics, 2017, 48 （3）: 673-703.

［79］ Gabrielsen T S, Johansen B O. Resale Price Maintenance with Secret Contracts and Retail Service Externalities ［J］. American Economic Journal: Microeconomics, 2017, 2, 9 （1）: 63-87.

［80］ Gans, Joshua. Mobile Application Pricing ［J］. Information Economics and

Policy, 2012 (24): 52-59.

[81] Giat Y, Subramanian A. Dynamic Contracting under Imperfect Public Information and Asymmetric Beliefs [J]. Journal of Economic Dynamics and Control, 2013, 37: 2833-2861.

[82] Granero L M, Ordóñez-de-Haro J M. Entry Under Uncertainty: Limit and Most-Favored-Customer Pricing [J]. Mathematical Social Sciences, 2015 (76): 1-11.

[83] Granero L M. Most-Favored-Customer Pricing, Product Variety, and Welfare [J]. Economics Letters, 2013, 120: 579-582.

[84] Greppi A, Menicucci D. On Bundling and Entry Deterrence [J]. Review of Industrial Organization, 2020, 8 (27).

[85] Hadfield G K. Problematic Relations: Franchising and the Law of Incomplete Contracts [J]. Stanford Law Review, 1990, 42 (4): 927-992.

[86] Hart O, Tirole J. Vertical Integration and Market Foreclosure [J]. Brookings Papers on Economic Activity: Microeconomics, 1990: 205-286.

[87] Helfrich M, Herweg F. Fighting Collusion by Permitting Price Discrimination [J]. Economics Letters, 2016, 145: 148-151.

[88] Hitt L M, Chen P. Bundling with Customer Self-Selection: A Simple Approach to Bundling Low-Margin-Cost Goods [J]. Management Science, 2005, 51, 10 (10): 1481-1491.

[89] Hortacsu A, Syverson C. Cementing Relationships: Vertical Integration, Foreclosure, Productivity, and Prices [J]. Journal of Political Economy, 2007, 115 (2): 250-301.

[90] Hurkens S, Jeon D, Menicucci D. Dominance and Competitive Bundling [J]. American Economic Journal: Microeconomics, 2019, 11 (3): 1-33.

[91] Hviid M, Shaffer G. Matching Own Prices, Rivals' Prices, or Both [J]. The Journal of Industrial Economics, 2010, 58: 479-506.

[92] Iacobucci E M. Tying in Two-Sided Markets, with Application to Google [R]. Unpublished Manuscript, 2014: 9.

[93] Janssen M. Vertical Contracts in Search Markets [J]. International Journal of Industrial Organization, 2020, 70: 102527.

[94] Jeon D, Menicucci D. Bundling and Competition for Slots [J]. American Economic Review, 2012, 102 (5): 1957-1985.

[95] Johansen B O, Vergé T. Platform Price Parity Clauses with Direct Sales [J]. Working Papers in Economics, University of Bergen, Department of Economics, 2017: 2017-2045.

[96] Johnson, J. P The Agency Model and MFN Clauses [J]. Review of Economic Studies, 2017, 4 (3): 1151-1185.

[97] Joskow P L. Contract Duration and Relationship-Specific Investments: Empirical Evidence from Coal Markets [J]. American Economic Review, 1987, 77 (1): 168-185.

[98] Katz M L. Vertical Contractual Relations [J]. Handbook of Industrial Organization, 1989, 1: 655-721.

[99] Kockesen L, Ok E. Strategic Delegation by Unobservable Incentive Contracts [J]. Review of Economic Studies, 2004, 71: 391-424.

[100] Kockesen L. Unobservable Contracts as Precommitments [J]. Economic Theory, 2007, 31: 539-552.

[101] Laffont J J, Martimort D. Mechanism Design with Collusion and Correlation [J]. Econometrica, 2000, 68: 309-342.

[102] Liu Q, Serfes K. Quality of Information and Oligopolistic Price Discrimination [J]. Journal of Economics and Management Strategy, 2004, 13: 671-702.

[103] Lømo T L. Vertical Control, Opportunism, and Risk Sharing [J]. Economics Letters, 2020, 191: 109114.

[104] Mantovania A, Pigab C A, Reggianic C. Online Platform Price Parity Clauses: Evidence from the EU Booking. com Case [J]. European Economic Review, 2021, 131: 103625.

[105] Martin S, Normann H T, Snyder C M. Vertical Foreclosure in Experimental Markets [J]. RAND Journal of Economics, 2001, 32: 466-496.

［106］ Marx L M, Shaffer G. Opportunism in Multilateral Vertical Contracting: Nondiscrimination, Exclusivity, and Uniformity: Comment ［J］. The American Economic Review, 2004, 94, 3 (6): 796-801.

［107］ Mathewson G F, Winter R A. An Economic Theory of Vertical Restraints ［J］. Rand Journal of Economics, 1984, 75 (4): 27-38.

［108］ McAfee R P, McMillan J, Whinston M D. Multiproduct Monopoly, Commodity Bundling, and Correlation of Values ［J］. Quarterly Journal of Economics, 1989, 103: 371-383.

［109］ McAfee R P, Schwartz M. Opportunism in Multilateral Vertical Contracting: Nondiscrimination, Exclusivity, and Uniformity ［J］. American Economic Review, 1994, 84 (1): 210-230.

［110］ McKenzie L. Ideal Output and the Interdependence of Firms ［J］. Econnomic Journal, 1951, 61: 785-803.

［111］ Menicucci, Domenico, Hurkens S, Jeon D. On the Optimality of Pure Bundling for a Monopolist ［J］. Journal of Mathematical Economics, 2015, 60: 33-42.

［112］ Milgrom Paul R, Roberts J. Economics, Organization, Management ［M］. Englewood Cliffs, NJ: Prentice Hall, 1992.

［113］ Milliou C, Petrakis E. Upstream Horizontal Mergers, Vertical Contracts, and Bargaining ［J］. International Journal of Industrial Organization, 2007, 25 (5): 963-987.

［114］ Moellersa C, Normanna H, Snyderb C M. Communication in Vertical Markets: Experimental Evidence ［J］. International Journal of Industrial Organization, 2017, 50: 214-258.

［115］ Nalebuff B. Bundling as an Entry Barrier ［J］. Quarterly Journal of Economics, 2004, 2 (119): 159-188.

［116］ Nalebuff B. Bundling, Tying, and Portfolio Effects ［R］. DTI Economics Paper No. 1, 2003.

［117］ Neilson W S, Winter H. Bilateral Most-Favored-Customer Pricing and Collusion ［J］. Rand Journal of Economics, 1993, 24 (1): 147-155.

[118] Nocke V, Rey P. Exclusive Dealing and Vertical Integration in Interlocking Relationships [J]. Journal of Economic Theory, 2018, 177: 183-221.

[119] O'Brien D P, Shaffer G. Vertical Control with Bilateral Contracts [J]. Rand Journal of Economics, 1992, 23 (3): 299-308.

[120] Ordover J, Saloner G, Salop S C. Equilibrium Market Foreclosure [J]. American Economic Review, 1990, 80: 127-142.

[121] Pagnozzi M, Piccolo S, Reisinger M. Vertical Contracting with Endogenous Market Structure [J]. Journal of Economic Theory, 2021, 196: 105288.

[122] Peitz M. Bundling May Blockade Entry [J]. International Journal of Industrial Organization, 2008, 26: 41-58.

[123] Perry M K, Porter R H. Can Resale Price Maintenance and Franchise Fees Correct Sub-Optimal Levels of Retail Service? [J]. International Journal of Industrial Organization, 1989, 4, 8 (1): 115-141.

[124] Png I P L. Most-Favored-Customer Protection versus Price Discrimination over Time [J]. Journal of Political Economy, 1991, 99 (5): 1010-1028.

[125] Posner R A. Antitrust Law: An Economic Perspective [M]. Chicago: University of Chicago Press, 1976.

[126] Rey P, Tirole J. A Primer on Foreclosure [R]. Handbook of Industrial Organization, 2003.

[127] Rey P, Tirole J. The Logic of Vertical Restraints [J]. American Economic Review, 1986, 76 (5): 921-939.

[128] Rey P, Vergé T. Secret Contracting in Multilateral Relations [R]. Mimeo, 2016.

[129] Riordan M H, Salop S C. Evaluating Vertical Mergers: A Post-Chicago Approach [J]. Antitrust Law Journal, 1995, 63: 513-568.

[130] Rochet J, Tirole J. Tying in Two-Sided Markets and the Impact of the Honor All Cards Rule [R]. Unpublished Manuscript, 2003: 9.

[131] Ronayne D, G Taylor. Competing Sales Channels [R]. Working Paper, 2019.

[132] Salinger M A. A Graphical Analysis of Bundling [J]. Journal of Business, 1995, 68 (1): 85-98.

[133] Salinger M A. Vertical Mergers and Market Foreclosure [J]. The Quarterly Journal of Economics, 1988, 77: 345-356.

[134] Schmalensee R G. Demand and Commodity Bundling [J]. Journal of Business, 1984, 57: S211-S230.

[135] Schmalensee R. A Note on the Theory of Vertical Integration [J]. Journal of Political Economy, 1973, 81 (2): 442-449.

[136] Schnitzer M. Dynamic Duopoly with Best-Price Clauses [J]. Rand Journal of Economics, 1994, 25: 186-196.

[137] Sheng S, Parker A M, Nakamoto K. The Effects of Price Discount and Product Complementarity on Consumer Evaluations of Bundle Components [J]. Journal of Marketing Theory and Practice, 2007, 15 (1): 53-64.

[138] Snyder C M. Empirical Studies of Vertical Foreclosure [J]. Industry Economics Conference Papers and Proceedings, University of Melbourne and Bureau of Industry Economics, 1995, 95 (23): 98-127.

[139] Spector D. Bundling, Tying and Collusion [J]. International Journal of Industrial Organization, 2007, 25: 575-581.

[140] Stigler G J. United States v. Loew's Inc.: A Note on Block Booking [J]. Supreme Court Review, 1963, 152: 152-157.

[141] Tirole J. The Theory of Industrial Organization [M]. Cambridge, MA: MIT Press, 1988.

[142] Walsa F, Schinkel M P. Platform Monopolization by Narrow-PPC-BPG Combination: Booking et al. [J]. International Journal of Industrial Organization, 2018, 61: 572-589.

[143] Wang C S, Wright J. Search Platforms: Showrooming and Price Parity Clauses [J]. Rand Journal of Economics, 2020, 51 (1): 32-58.

[144] Wang C, Wright J. Platform Investment and Price Parity Clauses [J]. NET Institute Working Paper No. 16-17, 2016, 9: 1-31.

［145］ Warren-Boulton F R. Vertical Control with Variable Proportions ［J］. Journal of Political Economy, 1974, 82 (4): 783-802.

［146］ Whinston M D. Tying Foreclosure and Exclusion ［J］. American Economic Review, 1990, 80 (4): 837-859.

［147］ White L. Foreclosure with Incomplete Information ［M］. Oxford University and University of Toulouse, Mimeo, 2000.

［148］ Williamson O E. The Economic Institutions of Capitalism ［M］. New York: Free Press, 1985.

［149］ Wismer S. Intermediated vs. Direct Sales and a Non - Discrimination Rule ［R］. Bavarian Graduate Program in Economics, University of Erlangen-Nuremberg, Working Papers, 2013: 131.